0-3 岁
婴幼儿早期发展
专业人才培养

我国西部农村地区
0—3 岁儿童早期发展研究

儿童早期发展领域 10 年的
探索与实践

岳 爱◎著

华东师范大学出版社
·上海·

图书在版编目(CIP)数据

我国西部农村地区 0—3 岁儿童早期发展研究:儿童早期发展领域 10 年的探索与实践/岳爱著.—上海:华东师范大学出版社,2023

ISBN 978-7-5760-3602-2

Ⅰ.①我…　Ⅱ.①岳…　Ⅲ.①农村-学前儿童-早期教育-研究-中国　Ⅳ.①G61

中国国家版本馆 CIP 数据核字(2023)第 007523 号

我国西部农村地区 0—3 岁儿童早期发展研究
儿童早期发展领域 10 年的探索与实践

著　　者　岳　爱
责任编辑　蒋　将
特约审读　秦一鸣
责任校对　时东明
装帧设计　卢晓红

出版发行　华东师范大学出版社
社　　址　上海市中山北路 3663 号　邮编 200062
网　　址　www.ecnupress.com.cn
电　　话　021-60821666　行政传真 021-62572105
客服电话　021-62865537　门市(邮购)电话 021-62869887
地　　址　上海市中山北路 3663 号华东师范大学校内先锋路口
网　　店　http://hdsdcbs.tmall.com

印 刷 者　上海景条印刷有限公司
开　　本　787 毫米×1092 毫米　1/16
印　　张　19
字　　数　415 千字
版　　次　2023 年 1 月第 1 版
印　　次　2023 年 1 月第 1 次
书　　号　ISBN 978-7-5760-3602-2
定　　价　50.00 元

出 版 人　王　焰

目　录

图目录

表目录

序 一

　　促进婴幼儿早期发展，提高人力资本未来竞争力，是国家发展战略的一个重要选择，也是推动经济长期发展和社会稳定最具公平与效率的公共政策。世界卫生组织、联合国儿童基金会、世界银行等国际组织将婴幼儿早期发展作为重要的全球议题。《柳叶刀》儿童早期发展系列报告及"圣何塞共识"等也强调了婴幼儿早期发展的重要性，并达成了全球共识，肯定其在促进教育公平，消除贫困中的重要作用。

　　0—3岁是大脑可塑性最强的时期，投入早期儿童发展的回报率高达1∶17，同时也更加有效。国际上长期追踪项目的经验表明，早期发展干预均对儿童后期的语言、阅读和数学等认知能力发展，以及社会情感等非认知能力发展均有显著的正向影响，而且从这些儿童早期发展干预项目的长期追踪评估结果来看，干预组往往具有更高的受教育水平、更少的特殊教育需求、薪酬更高、住房拥有率更高、接受福利救济的人数更少或犯罪率更低等特点。

　　自改革开放以来，中国在婴幼儿早期发展方面取得的成就不容小觑，但农村0—3岁儿童的早期发展仍然面临着诸多挑战。中国政府陆续出台了一系列政策促进和保障0—3岁儿童早期发展，在政策支持下，政府部门和社会机构一起开展了一系列行动研究实践项目，试图从多方合作的角度探索促进农村儿童早期发展的有效手段和影响机制，为我国在人力资本儿童早期发展方面提供了投入依据、落地方案和预期效果等开创性贡献。

　　岳爱老师及其所在团队为了帮助更多农村地区婴幼儿实现发展潜能，阻断贫困代际传递，在2012—2021年近10年中，从早期与各级政府合作在我国西部农村地区开展了营养包项目开始逐步探索，到启动"养育未来"项目，并在国内多个县区内建设儿童早期发展活动中心，克服了种种自然条件、社会条件带来的严峻挑战，对西部农村地区儿童早期发展面临的挑战及其可能的原因有了愈发深刻的认识，总结出了一系列通过儿童早期发展干预促进农村儿童成长的可行性办法，探索出儿童早期发展从业人员培养的具体操作模式，并在此基础上为政府相关政策的制定、推行和完善提供参考，希望能使农村"吃饱穿暖、不碰不摔"的传统的养育模式转变到可以促进儿童更好发展的科学养育模式，使所有农村的儿童都能更好地实现发展潜能。该项目得到国内外的认可，2020年荣获具有"教育界的诺贝尔奖"之称的世界教育创新峰会教育项目奖（WISE Awards）等奖项。

　　学术研究的路径需要遵循"理论学习—实践检验—经验总结"的客观规律。通过10年的实践和经验积累,岳爱老师将10年在儿童早期发展的研究成果已浓缩进了这本书中。本书不仅从理论上阐述了0—3岁儿童早期发展的重要性,还从实践层面找到了有效方法和路径,字里行间投射出对农村地区0—3岁儿童的关切和勤勉务实的工作风格,同时也彰显了陕西师范大学教育实验经济研究所团队解决社会问题的不变初心。本书不仅适合相关学术领域学者研究,也适合相关政府部门和社会组织阅读。希望本书可以进一步推动各级政府和社会力量发挥合力优势,将0—3岁儿童早期发展纳入健全农村低收入人口常态化帮扶机制中,能让更多人参与到我国婴幼儿科学养育的伟大事业中来,一路同行,互助互勉,助力中国人口素质的全面提升,改善中国的未来竞争力。

史耀疆
陕西师范大学教育实验经济研究所

序 二

2012年夏初的时候,我和岳爱老师所在的团队结缘。当时,我所在的国家人口计生委培训交流中心在财政部的支持下,刚刚完成与世界银行合作的有关中国婴幼儿早期发展的大样本调查研究报告。在那个报告中,通过大量数据分析得出的基本研究结论是:提高出生人口素质是打破贫困代际传递、改善未来竞争力的主要途径。由此,我们认为要抓紧开展实操研究,为我们这样一个正在不断进步的发展中大国提供一组由政府推动、各方参与、干预有效、成本可控的工作方案。

在思考、寻觅的过程中,我们阅读了大量文献,与许多国内外专家进行了沟通,不少人在讨论时建议我们与岳爱老师所在的团队进行交流。在2012年夏初的深入讨论之后,我们开始了长达10年的合作。岳爱老师所在的团队为了帮助更多的农村地区婴幼儿实现发展潜能,与人口计生部门紧密合作,通过对基层人口计生干部进行培训,在欠发达地区实施了营养包干预和养育干预等一系列儿童早期发展项目,通过循证研究,深入分析农村地区0—3岁婴幼儿早期发展面临的挑战、原因,通过随机对照研究,验证干预方法的有效性,探索了适合中国国情的入户家访干预模式和养育中心干预模式,形成了有效、可行的落地方案,在国内率先出版了促进0—3岁婴幼儿发展的实践操作课程,且在全国5个省进行了推广,在全球人力资本早期开发领域,为"讲好中国故事,总结中国经验"做出了开创性的贡献。

国际国内都已经充分认识到促进儿童早期发展的重要性。美国自1995年开始实施面向0—3岁婴幼儿的"早期开端计划",英国政府从1998年开始实施"确保开端计划",即通过给家庭提供婴幼儿早期发展服务,不仅在短期内显著改善婴幼儿身体健康状况,还能促进婴幼儿智力、能力快速发展。巴西和阿根廷等南美国家在儿童早期发展方面的支出占到了GDP的0.5%,挪威在这个领域的投资占到了GDP的1.4%。

中国政府在以人民为中心的发展理念指引下,把"幼有所育"放在民生工作的突出位置,出台了一系列政策促进和保障0—3岁儿童早期发展,2019年5月9日国务院办公厅发布《关于促进3岁以下婴幼儿照护服务发展的指导意见》,强调"加大对农村和贫困地区婴幼儿照护服务的支持,推广婴幼儿早期发展项目"。很多社会力量也在研究机构的技术支持下开展了一系列行动研究项目,力图从多方合作的角度探索促进农村婴幼儿早期发展的有效方案,以期为国家探索乡村振兴的有效路径提供可参考的科学依据和可操作的执行方案。

近日,岳爱老师发来了书稿《我国西部农村地区 0—3 岁儿童早期发展研究》。该书稿不仅在理论上阐述了 0—3 岁儿童早期发展的重要性,而且从实践层面找到了方法和路径,将通过循证的行动研究促进 0—3 岁儿童早期发展领域政策发展的多年成果进行了总结,字里行间投射出对农村地区 0—3 岁儿童的关切和勤勉务实的工作风格。读完书稿,十年来与陕西师范大学教育实验经济研究所(CEEE)的老师、同学们一起走过的路程,一幕幕浮现在眼前。我曾经为他们在暴风雨的夜晚还在田野调查的回程路上所面临的安全风险而无限担忧,也曾经无数次对他们严谨的科学探究精神和高水平的研究成果表达敬佩。十年同行,并不都是阳光蓝天,但即使有那么多的风风雨雨,我们也坚持了下来。我为这些年轻的专家学者所取得的成就而感到骄傲,我也为拥有这么一群好朋友而感到自豪。

乡村振兴,从根抓起。希望这本凝聚着年轻学者智慧、心血、汗水的书籍可以进一步推动各级政府和社会力量发挥合力优势,将 0—3 岁婴幼儿早期发展纳入健全农村低收入人口常态化帮扶机制中,通过我们的共同努力,提升出生人口素质,提升劳动力素质,用中国人越来越强大的创新力、竞争力,实现我们国家第二个百年目标,实现中华民族的伟大复兴。

蔡建华
国家人口计生委培训交流中心

前　言

21世纪开始,随着人口出生率的快速下降,低素质劳动力不能满足工业化发展的市场需求,我国实现现代化面临严峻挑战,大力投资人力资本对我国经济保持稳定发展有着重要的意义。而生命前1000天是人力资本发展的关键时期,如果在这个关键期缺乏营养和有效刺激儿童发展的家庭及社会环境等要素,将对儿童未来的学业表现、人力资本的形成和积累以及成年后的收入水平产生很大的负面影响。同时这个时期也是投资回报率最高的时期,诺贝尔经济学奖获得者赫克曼(Heckman)的研究表明,投入儿童早期发展的回报率可高达1:17。由此可知,抓住儿童早期大脑发育这一关键期开展干预,对提高农村地区人力资本质量乃至帮助农村地区实现乡村振兴至关重要。

但当前我国西部农村地区0—3岁儿童仍存在多方面的发展挑战,与城市孩子有着明显差距。罗仁福(2015)对样本农村地区2000名6—24月龄婴幼儿追踪调研发现,几乎一半的0—3岁儿童存在认知发展风险。中国政府已经充分认识到促进儿童早期发展的重要性。如果可以在恰当的时间进行正确的干预,就能促进儿童大脑发育,从而有助于阻断贫困代际传递,为每个儿童创造更加公平的人生开端。中国政府相继出台一系列全国性政策以促进儿童早期发展服务更加完善。

目前关注0—3岁儿童早期发展的学者和专家越来越多,但是没有系统的论著通过实地调研的数据描述我国西部农村地区儿童早期发展现状,且通过科学的影响评估方法探索可行易推广的方案。且纵观市场上的关于0—3岁儿童早期发展的书籍,主要是从理论层面总结儿童早期发展重要性,或者对国外开展的0—3岁儿童早期发展相关研究进行描述总结,没有一本针对我国0—3岁儿童发展,既包括理论,又包括探索实践的书籍,更不用说针对西部农村地区的相关书籍。

而且从国家2020年1月开始运行的托育机构备案信息系统来看,全国已经有近3000家托育机构进行了备案。按照规划,到2025年全国每千人拥有3岁以下婴幼儿托位数4.5个,按1:3的比例计算,共需养育人员210万。全国未来估算需要1000万从业人员。但是据作者前期的调查和分析,这些从业人员对于0—3岁儿童早期发展重要性以及我国0—3岁儿童的现状和可能的解决方案存在一定的认识不清的问题,这将给托育行业的发展带来很大的阻力。

基于此背景及作者在西部农村地区儿童早期发展领域的10年探索与实践,作者撰写了本书，主要记录了2012年到2019年我国西部农村样本地区0—3岁儿童早期发展面临的挑战及原因，在人力资本发展的关键期用科学的影响评估方法探索促进人力资本发展的可行路径，为我国政府了解西部农村地区儿童早期发展开展儿童早期发展服务提供一手数据和科学决策依据。本书适合儿童早期发展领域学术研究者、儿童早期发展的实操从业人员，以及基金会、NGO等公益项目和政策模拟项目的设计者、执行者和决策者阅读。

感谢以下项目和机构的支持：高等学校学科创新引智计划（项目编号B16031）、国家社科基金一般项目（项目编号22BGL212）、陕西师范大学中央高校基本科研业务费专项资金项目（18SZYB22）、陕西省卫生健康委员会、国家自然科学基金项目（71703083）。

由于知识和经验有限，本书还有诸多不够完善的地方，恳请各位读者多多包涵，也欢迎读者提供反馈和意见。

岳爱

陕西师范大学教育实验经济研究所

2022年9月

第一章

绪 论

一、研究背景

改革开放 40 多年来,中国取得了举世瞩目的成就,经济快速增长,脱贫攻坚战取得决定性胜利,国内生产总值稳居世界第二,对世界经济增长贡献率超过 30%。但是发展不平衡不充分的突出问题尚未解决,到 2035 年基本实现社会主义现代化仍面临新的挑战(十九大报告,2017)。"十四五"规划提出,针对绝对贫困的脱贫攻坚举措要逐步调整为针对相对贫困的日常性帮扶和解决根本性问题的反贫困政策。发展经济理论认为,当物质资本投资到一定程度后,物质资本投资对经济发展的作用相对有限,需要挖掘人力资本对解决贫困问题的意义。而人力资本的贫困理论主要从贫困主体自身的角度来研究贫困问题,认为人力资本存量低下且人力资本不足是贫困的主要根源(Becker,1962)。

人力资本的形成和发展是长期持续积累的过程,把握不同年龄段儿童大脑发育规律及特点对有效提高人力资本素质有重要意义(Grantham-McGregor et al.,2007;Hübenthal,Ifland,2011)。根据发展中国家儿童发展系列报告,个体生命最初的 1 000 天经历大脑的快速发育、突触修剪和髓鞘形成等过程,是大脑可塑性最强的时期,也是多数能力(听觉、视觉、语言和认知等)的最佳发展期。遗传因素决定着儿童发展潜能,而营养和有效刺激儿童发展的家庭及社会环境等要素则决定儿童自身发展潜能的实现程度(Black et al.,2013;Walker et al.,2007)。如果在这个关键期缺乏营养和有效刺激儿童发展的家庭及社会环境等要素,将对儿童未来的学业表现、人力资本的形成和积累以及成年后的收入水平产生很大的负面影响(Campbell et al.,2001;Currie,Almond,2011;Engle et al.,2007;Horton,2008)。

儿童早期发展已经成为经济学家、社会学家、宏观战略研究专家关注的重要课题。基于大量科学研究新的发现和证据,国际社会对儿童早期发展的重要性和策略形成了共识。一致的看法是,儿童早期发展不仅关系到儿童的健康,还会影响成人期的健康和对疾病的敏感性(朱宗涵,2014)。《柳叶刀》近几年发表了很多有关儿童早期发展的文章,从不同角度总结儿童早期发展的重要性和存在的问题(Engle et al.，2007；Grantham-McGregor et al.，2007)。丹麦的哥本哈根共识中心每4年由全球顶尖经济学家组成的小组,对解决世界最严峻问题的各种途径进行成本与收益分析。在2004年、2008年和2012年多数经济学家提出了同样的共识,把儿童早期营养和教育排列在最重要的投资领域,认为这些措施是针对全球发展的一系列投资中最值得做的(陈春明,吕书红,2012)。

投资儿童早期发展预防性的干预措施,远比投资后期学校教育和成人教育等干预措施的收益高,同时也更加有效。诺贝尔经济学奖获得者赫克曼的研究表明(见图1-1),平均而言,人力资本投资回报率随着年龄增加会逐步下降,0—3岁婴幼儿早期人力资本投资的回报率最高,据估算,投入儿童早期发展的回报率可高达1∶17(人民网,2015；Heckman et al.，2001)。除此之外,研究认为针对早期阶段进行干预取得的社会回报远远高于私人回报(Currie，Thomas，2001)。投资儿童早期发展等预防性干预措施,可以产生较高的个人和社会回报率,远比投资后期学校教育和成人教育等干预措施的成本收益更高,也更加有效(Bernardes，2010)。由此可知,抓住儿童早期大脑发育这一关键期开展干预,对提高农村地区人力资本质量乃至实现乡村振兴有着重要意义。

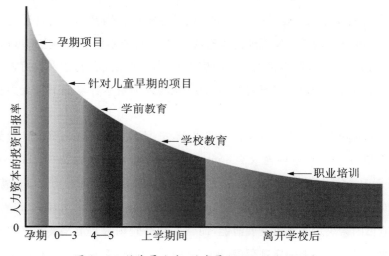

图1-1 赫克曼曲线:赫克曼(2008)的翻译版本

发展中国家儿童早期发展滞后状况给提升人力资本素质带来严峻挑战(Walker et al.，2007)。研究发现,发展中国家大量的0—3岁儿童存在早期发展滞后风险(Engle et al.，2007；Grantham-McGregor et al.，2007；Luo et al.，2014)。根据发展中国家儿童早期发展系列报告,大约2亿5岁以下儿童存在发展滞后风险,未能发挥其潜能(Grantham-Mcgregor，Ani，2001；Hasanbegović，Sabanović，2004；Idjradinata，Pollitt，1993；Lozoff et al.，1987；Lozoff et al.，1996)。《中国0—6岁儿童营养发展报告》指出,2010年贫困地区尚有20％的5岁以下儿童生长迟缓(卫生部,2012)。

中国政府已经充分认识到促进儿童早期发展的重要性。习近平总书记指出,让贫困地区的孩子们接受良好教育是扶贫的重要任务,也是阻断贫困代际传递的重要途径;要对农村贫困家庭幼儿特别是留守儿童给予特殊关爱,探索建立贫困地区学前教育公共服务体系(人民网,2015)。中国政府相继出台一系列全国性政策以促进儿童早期发展服务更加完善。2018年12月举行的中央经济工作会议明确将"增加对学前教育、农村贫困地区儿童早期发展、职业教育等的投入"确定为2019年度重点工作任务。2022年8月,国家卫健委、国家发改委等17部门发布《关于进一步完善和落实积极生育支持措施的指导意见》,其中特别提到要增加普惠托育服务供给,鼓励和支持有条件的幼儿园招收2—3岁幼儿。

二、研究意义

我国经济发展面临着产业结构转型、人口红利减弱等挑战,在知识经济的大背景下,低素质劳动力不能满足工业化发展的市场需求,我国实现现代化面临严峻的挑战,大力投资人力资本对我国经济保持持续稳定发展有着重要的意义。而基于儿童早期发展在人力资本发展过程中的重要性及其投资回报率,亟需在了解占我国人口较大比例的农村地区婴幼儿发展现状的基础上,找到促进人力资本发展的可行路径。因此本书记录了2012年到2019年期间我国西部样本农村地区0—3岁儿童的发展及其养育环境现状,在人力资本发展关键期探索促进人力资本发展的可行路径,为我国政府了解我国西部农村地区婴幼儿早期发展提供一手数据,同时也为我国人力资本积累和经济发展提供参考和决策依据。

一、研究目标

基于本书的研究意义,本书的目标是在了解0—3岁儿童早期发展及其养育环境现状及其影响因素的基础上,使用随机干预实验的方法探索促进儿童早期发展的可行模式,评估三种可行模式的影响及其影响机制,且根据婴幼儿及其家庭的特征开展异质性分析,为我国政府制定婴幼儿早期发展相关政策提供一手实证决策依据,促进儿童早期发展,最终促进人力资本发展,实现乡村振兴的目的。

二、研究内容

基于本书的目标,主要包括以下几个方面的内容:

第一,基于团队和各级政府合作建立的0—3岁儿童数据集,在梳理国内外儿童早期发展现状的基础上,使用多期面板数据,通过描述性分析和回归分析了解我国西部农村地区0—3岁儿童的健康、认知和运动、社交情绪和语言现状,同时从婴幼儿个人特征、家庭层面和照养人层面了解可能的影响因素。

第二,在了解0—3岁儿童健康、认知和运动、社交情绪和语言现状及影响因素的基础上,分析导致0—3岁儿童存在发展风险的原因,具体从照养人养育行为、养育知识、养育态度、管教态度和照养人心理健康等几个方面分析0—3岁儿童面临的养育环境,找到可能产生影响的途径。

第三,基于我国经济的发展和政策环境的变化,分析留守儿童、独生子女和家庭社会经济地位对养育环境和认知能力等的影响,针对这些不同的群体设计有效的干预方案,更好地促进不同发展阶段和不同群体人员的人力资本发展。

第四,项目团队在了解了0—3岁儿童早期发展的现状及其可能原因的基础上,通过随机干预实验的方法探索促进儿童早期发展的可行路径。主要从影响大脑发育的营养和养育两个因素入手开展了营养包随机干预实验、养育师入户随机干预实验和儿童早期发展活动中心随机干预实验,通过分析为我国开展儿童早期发展服务提供方法和科学决策依据。具体分为以下两个阶段:

首先,从影响婴幼儿大脑发展的营养元素入手,项目组使用随机干预实验的方法在351个村开展了大规模的营养包干预项目,通过为0—3岁儿童每天提供一袋营养包的方法,降低婴幼儿患缺铁性贫血的风险,促进婴幼儿的健康,从而促进人力资本的发展。

其次,从影响婴幼儿大脑发育的养育元素入手,项目组首先使用随机干预实验的方法,开展养育师一对一入户活动,与婴幼儿照养人及其婴幼儿一起开展亲子游戏活动,测试干预方案的有效性。在验证了干预方案的有效性后,项目组为了提高收益,找到适合不同地域及发展条件的不同方案,开展了儿童早期发展活动中心干预模式,通过在西部农村地区建立村级儿童早期发展活动中心的形式,探索促进儿童早期发展的可行路径,进而形成可操作化的实施方案。

一、本书主要使用的数据

(一) 数据集一

项目名称:通过提供营养包的方式促进儿童早期发展—基于随机干预实验

(1)　项目简介

针对西部农村地区儿童早期发展存在的贫血和认知潜能未充分发挥的挑战,研究团队查阅相关文献,发现有一些针对不同样本地区 0—3 岁婴幼儿的相关项目,研究结果发现营养干预可以有效的促进农村地区婴幼儿的身高、体重和贫血等健康发展(丁小婷,等,2016;徐娇,等,2017;Shi et al.,2010),而且一定程度上改善了儿童的认知发展水平(Sheng et al.,2019)。但是这些项目大部分在城市地区,因此基于国内外研究经验,为了了解西部农村地区 0—3 岁婴幼儿健康和认知等发展现状,且找到可能的解决方案,陕西师范大学教育实验经济研究所和中国科学院农业政策研究中心于 2013 年 4 月到 2015 年 10 月在西部农村地区开展了 0—3 岁婴幼儿营养包干预项目,此研究为针对实际问题,探索解决问题方法的应用研究。

在确定样本量之前,项目组根据样本地区的特征进行功效计算(power calculation),测算项目所需的最少样本量。具体计算方法如下:

利用统计功效计算软件(Optimal Design)计算出满足 80% 的统计功效所需要的干预组和控制组的村数量。计算统计功效的相关因素假设如下:村庄平均儿童数量(n)为 10 名,样本村内儿童发展水平的相关性(ρ)估计为 0.1,最小影响规模(MDE)估计为 0.2,干预组样本比例(P)为 0.5,干预前儿童的发展水平可以解释干预后样本的发展水平变化的比例($R2$)为 0.6。根据以上参数估计,大约干预组和控制组各需要 30 个村便可以在 α 为 0.5 的显著水平上达到 80% 的统计功效。为降低控制组与干预组之间的样本污染问题,随机分配时考虑以自然村落聚集区和距离划分随机分配区域。

项目组在全国 31 个省份财富排名中等偏下。本研究采用多阶段整群抽样的方法，首先，从 2012 年 11 个国定贫困县选择所有的乡镇作为样本框，共 174 个乡镇。为保证选取的样本能够代表农村地区婴幼儿发展现状，以及样本村有足够 6—11 月龄婴幼儿，项目组制定了两条标准：排除城关镇（城关镇多为县政府所在地），排除总人口不足 800 人的乡镇。

其次，选取样本村。2013 年 4 月，使用政府官方编制的村名单数据，从每个乡镇中随机选择了 2 个村庄，为了满足统计功效，也随机抽取了备选村，共 351 个村；最后在每一个村庄，从计生专干处获得所有过去 12 个月新出生的人口名单，将所有 6—11 月龄的婴幼儿作为本研究的调查样本。2013 年 10 月，我们再次从相同的样本村招募了第二批 6—11 月龄的婴幼儿。最终，基线样本包括 1 802 名婴幼儿及其家庭。

表 1－1　HS 营养素的成分构成[a]

营养成分	单位	每包含量 (1 g)	中国每天 RNI 或 AI[b] (6—11 月龄)	中国每天 RNI 或 AI (12—36 月龄)	RNI[c] 或 AI (%)	
					6—11 月龄	12—36 月龄
铁（乳酸亚铁）	mg	6.0	10	12	60%	50%
锌（硫酸锌）	mg	4.80	8	9	60%	53%
维生素 A	μgRE	200	400	500	50%	40%
维生素 C	mg	50.0	50	60	100%	83%
维生素 D	μg	5.0	10	10	50%	50%
维生素 E	mg	1.55	3	4	52%	39%
维生素 B1	mg	0.30	0.3	0.6	100%	50%
维生素 B2	mg	0.50	0.5	0.6	100%	83%
维生素 B2	mg	0.30	0.3	0.5	100%	60%
维生素 B12	μg	0.5	0.5	0.9	100%	56%
叶酸	μg	66	80	150	83%	44%
烟酸	mg	3.0	3	6	100%	50%
能量	kJ	15			—	—
蛋白质	g	0			—	—
脂肪	g	0			—	—
碳水化合物	g	0.9			—	—

[a] 营养素可以与水或食物（如粥）混合，推荐年龄为 6—36 个月的儿童使用。建议每周食用 5—7 包（每天 1 包）

[b] AI：适宜摄入量

[c] RNI：推荐摄入量

2013 年 4 月项目组对所有的样本地区的儿童进行了基线测试,基于基线测试的结果,项目组随机将 117 个村分到了控制组,控制组的儿童不接受任何形式的干预活动,跟未接受调查前一样。将 234 个村分配到了干预组,干预组的儿童接受免费的营养包项目干预。项目组使用的营养包是世界卫生组织(World Health Organization,WHO)推荐的治疗缺铁性贫血的营养补充物(WHO,2011)。每天向婴幼儿提供一袋营养包,其中含有 6 毫克的铁、锌和维生素 A、C、D 等微量元素(见表 1-1)。营养包被推荐给 6—36 月龄的婴幼儿服用。其全部成分基于中国食品标准(中华人民共和国卫生部,中国国家标准化管理委员会,2008),并且已经被批准用于国家项目,通过国定贫困县当地的诊所发放(这项研究开始后,国家的计划试点已经开始实施,但并没有在我们的样本地区实行)。

项目从 2013 年 4 月完成基线调研后开始向干预组儿童的父母普及贫血的原因和结果,及其如何给婴幼儿喂养营养包的相关知识等简单培训,比如如何将营养包混合到食物中给婴幼儿服用。同时给干预组的 6—12 月龄的婴幼儿免费发放每天服用一次的营养包。项目每 6 个月对样本儿童进行一次跟踪调查,用贝利测试工具和问卷跟踪测试样本儿童的认知、运动和饮食等情况,项目组持续跟踪这些孩子成长到 30—36 月龄。2013 年 4 月对婴幼儿及家庭进行了第一期入户调查。分别于 2013 年 10 月进行第二期追踪调查(12—18 月龄婴幼儿),2014 年 4 月进行第三期追踪调查(18—24 月龄婴幼儿),2015 年 10 月进行第四期追踪调查(24—30 月龄婴幼儿)(见图 1-2)。第一期研究样本为 1834 名,第二期样本为 1592 名,第三期追踪样本为 1585 名,第四期追踪样本为 1490 名,每隔半年对这些婴幼儿及家庭进行 1 次追踪调查。没有样本村流失,样本个体流失率干预组和控制组中没有显著差异(表 1-2)。

表 1-2　营养包组和控制组流失率比较(N=1802)

	至少在一次随访中流失 (1= 是, 0= 否)	
	差异 (95% 置信区间)	P 值
营养包组(对比)控制组	0.018(—0.026—0.063)	0.412
R^2	0.03	
观测值	1802	

注:使用多元线性回归进行回归分析,调整县级固定效应。标准误在村级层面进行聚类。

营养包干预组的照养人每隔 6 个月会得到足够 6 个月服用的袋装营养包。在第一次发放时,他们除了接受了贫血的原因、后果以及如何给婴幼儿喂食营养包(特别是每天将 1 袋混合在孩子的食物中)等相关知识的辅导外。每个家庭还会收到一个塑料信封用以存放使用过的营养包袋子,方便项目组核对服用数量。因此,干预被设计成政策模拟实验(包含营养包的干预信息、营养包的使用和两者的相互作用),从而获得能够推测政策影响效果的信息。

(2) 收集的变量

项目组对所有的婴幼儿都使用了贝利婴幼儿发展量表第一版测量 0—3 岁婴幼儿的认知和

运动发展能力。在每一轮的调查中,都由西安交通大学医学院的护士收集婴幼儿的血红蛋白浓度数据。

研究团队从样本家庭中收集了社会经济数据。确定每一个孩子的主要照养人,主要照养人是指主要负责照料和养育婴幼儿的家庭成员(通常为孩子的妈妈或祖母),通过照养人访谈的形式了解婴幼儿个人、父母和家庭的相关特征。

在每一轮数据调查中的家庭问卷中,主要照养人还被询问了孩子在家中的喂养情况,了解孩子在前一天的饮食是否包含以下七种食物:谷物根茎块茎类、坚果类、奶制品、肉类、鸡蛋、富含维生素 A 的蔬菜水果类、其他蔬菜水果类。我们把关于食物摄入的问题设计成一系列是/否的问题,以将测量误差最小化。此外还询问了母乳喂养和配方奶粉摄入的问题。

调研员对未使用和已使用的营养包袋子分别进行统计,估计依从率。尽管可能存在的测量误差难以规避,但因为家庭成员和调研员没有动机误报袋装营养包的使用情况,因此这种依从率误差存在的可能性不高。此外,为减少误差清点未使用和已使用的袋装营养包的方法是一致的。整体获得的照养人关于营养包的使用情况回复是一致的。

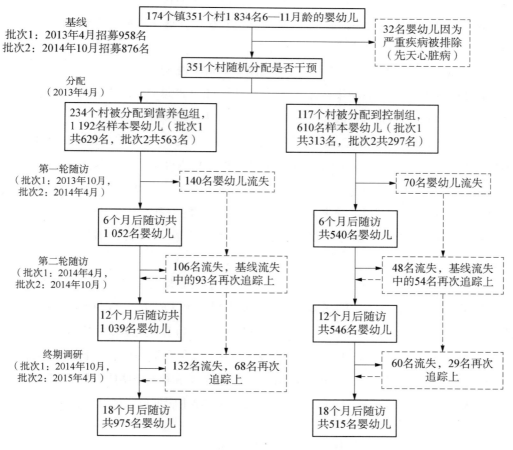

图 1-2 营养包随机干预实验设计过程

(二) 数据集二

项目名称：通过养育师入户干预促进儿童早期发展—基于随机干预实验

(1) 项目简介

项目组于 2014 年和国家卫健委合作，在秦巴山区开展了"养育未来：通过养育师入户干预促进儿童早期发展"项目。

我国农村地区的行政管理是由村庄（最低层）、乡镇（中层）和县（上层）组成的三级体系。为了确定样本的范围，首先从所选地区的四个县中选择乡镇，除县城所在乡镇之外，每个县的所有乡镇都包括在内，在每个乡镇内，利用政府数据编制人口至少为 800 人的所有村的名单。然后，从每个乡镇的名单中随机抽取两个村。设定这些样本选择标准是为了确保所选样本均是农村样本，并增加样本村在目标年龄范围内有足够数量儿童的可能性。最终样本共计 131 个村[①]。样本村所有年龄在 18—30 个月之间儿童均被纳入研究。在基线调查时，共收集 592 名儿童的数据。

在收集基线数据后，65 个村被随机分配到养育干预组，其余 66 个村被分配到控制组。从干预组所在村的名单中每个村最多随机抽取四个家庭，开展养育师入户干预，共有 212 名儿童接受了干预作为养育干预组，其余 79 名未接受干预作为控制组。这些儿童是随机选择的，因此两组儿童有着相同的预期特征，不存在显著的统计差异。

每个乡镇的计生干部负责将项目组开发的亲子活动课程、适合不同年龄段儿童发展的玩具和绘本课程带到农户家里，针对婴幼儿及其家长开展一对一的每周一次的入户亲子指导活动，项目从 2014 年 11 月开始，持续开展 6 个月。具体分为以下几个步骤：

第一，2014 年 7 月，项目团队组织营养学、公共卫生、教育学、心理学和儿童安全和保护等领域专家开展了多次论证会。通过论证会和国际相关经验检索确定了科学养育活动包括营养、卫生健康、安全和保护等方面知识的培训，结合国家"贫困地区儿童营养改善试点项目"对营养包服用提供家庭指导，开展促进儿童早期发展的亲子活动家庭指导等内容，并于当月正式启动了相关培训材料信息整理和亲子活动的开发工作，组建了包括营养学、公共卫生、教育学、心理学以及儿童安全和保护等方面专家在内的近 40 人的开发团队。

第二，开发了一套适合我国 0—3 岁儿童的《养育未来：婴幼儿早期发展活动指南》（见图 1-3）。项目组成专家团队，结合国际公认的儿童早期发展干预的成功经验，参考国家教育部、联合国儿童基金会共同发布的《0—6 岁儿童发展的里程碑》及其世界卫生组织标准等，通过到城市和农村试点地区进行反复试验，历时 2 年时间，最终开发了一套适合中国国情、具有中国特色的，内容更加丰富和细化，针对 6—36 月龄儿童的认知、语言、运动和社交情绪能力发展，且配套了能够促进粗大动作/精细动作发展、认知能力发展的玩教具和绘本图书包。每周 2 个活动，一个月共 8

---

① 其中一个村的儿童不在目标年龄范围内，因此在随机分组前被剔除。

个活动,共有 248 个活动,这些活动基于该年龄段婴幼儿的能力发展特点,既不会太难,也不会太简单,其中还包括了拓展的内容。

图 1-3　养育未来:婴幼儿早期发展活动指南

　　这套亲子游戏活动指南已于 2017 年出版,2019 年被中国家庭教育协会推荐为"百部家庭教育指导读物"。该指导手册是一套服务于中国从中高收入国家迈入高收入国家行列这一阶段儿童早期发展的干预材料,未来可配合政府发展战略服务于"一带一路"国家和其他发展中国家。

　　第三,养育师由每个乡镇的计划生育办公室挑选(见表 1-3),乡镇计划生育办公室挑选的养育师中约有 60% 是男性,并且大多数养育师均已婚,自己也有孩子。养育师受过良好教育,其中大多数人都是大专及以上教育程度,约 29% 的人获得了学士学位。养育师的平均年龄为 34 岁,平均在计生委的工作年限为 12 年。乡镇计划生育办公室指派养育师为所在乡镇的家庭提供服务,并且为大多数养育师分配的家庭都位于一个村。

表 1-3　养育师特征的描述性统计

变　量	均值	标准差
男性	0.623	0.488
年龄	34.246	5.984
已婚	0.899	0.304
有孩子	0.855	0.355
最小的孩子的年龄	7.134	6.286
本科学历	0.290	0.457
月薪(人民币)	3 238.159	496.749
作为计生干部的工作经验(年)	12.116	7.118

项目组对70名乡镇计生干部及其县上的带队人员进行了为期7天的室内培训和实操培训，从婴幼儿发展规律，项目逻辑、农村家长沟通的艺术等方面开展了全方位综合训练(见图1-4)。培训结束后安排全体"养育师"在非试点县区的两个镇、四个村进行了具体的实践操作活动。在实践过程中，不断强化、熟悉培训知识。通过培训，这些农村计生干部都成功成长为我国第一代农村婴幼儿养育师。

图1-4　室内培训和实操培训

为确保活动顺利进行，样本省卫健委和样本市卫健委制定了科学合理的活动流程和工作办法。每个养育师每周抽出一天时间到婴幼儿家庭中开展婴幼儿亲子活动入户指导干预，平均每个养育师负责3个婴幼儿。在征求养育师们的意见后，确定每周三作为活动日，和孩子一起玩游戏、做美工、唱儿歌，与孩子一道完成专为婴幼儿设计的课程任务，记录婴幼儿是否能跳高、数数儿、单脚站立等成长指标，每次互动需要一个小时。在亲子活动入户指导期间，养育师会先给婴幼儿家长回顾上周的活动情况，讲解和示范本周的新活动，并让家长和孩子一起做本周的2个亲子活动，并根据活动开展情况有针对性提出相关建议。在照养人完全了解如何和孩子开展新的亲子活动后，养育师会给家长讲婴幼儿营养、健康、卫生和安全保护等方面的知识。最后留下和本周亲子活动对应的玩具和绘本书，收回上周发的玩具和绘本书，并赶赴下一位婴幼儿家。

(2)　收集的主要变量

对所有的婴幼儿都使用了贝利婴幼儿发展量表第三版测量0—3岁婴幼儿的认知、语言、运动和社交情绪发展能力。

类似与数据集一，研究团队从样本家庭中收集了社会经济数据。确定每一个孩子的主要照养人，主要照养人是指主要负责照料和养育婴幼儿的家庭成员(通常为孩子的妈妈或祖母，通过照养人访谈的形式了解婴幼儿个人、父母和家庭的相关特征，以及孩子在家中的喂养情况，了解孩子在前一天的饮食情况、母乳喂养和配方奶粉摄入等问题。

在数据集二中项目组还通过国际通用的测试量表收集了主要照养人的养育行为、养育态度和养育知识等内容。

（三）数据集三

项目名称："儿童早期发展活动中心"促进儿童早期发展——基于随机干预实验

（1）项目简介

研究团队在测算"一周一次养育师入户干预"研究的成本—效益后,同时考虑到项目覆盖的婴幼儿数量,项目组开始探索降低干预成本、进一步扩大干预覆盖面的方案,跟儿童早期发展的专家讨论是否可以通过建立"儿童早期发展活动中心"(简称养育中心)来降低入户项目的成本,同时扩大项目的覆盖面。因此从 2015 年开始项目组在秦巴山区的 100 个村随机选择了 50 个村,建立了 50 个养育中心,其他的 50 个村作为自然状态的控制组。

在 50 个养育中心建立之前,项目组就已经完成了随机干预实验的干预设计,开展了功效计算。

在确定实验所需要的样本量后,接下来需要确定样本框。项目组先获取了样本地区三个市内所有县区的名单,根据以下几个标准进行筛选:非城关镇,人口在 1 000 以上,村政府能提供 60 平方以上空房和村中 6—24 个月儿童不少于 10 人,根据这四项标准最终确定了 20 个样本县/区的 100 个镇。确定样本村的具体规则为:如果某个镇符合上述标准的村超过一个,那么在该镇内随机抽取一个村作为样本村,如果某个镇仅有一个村符合上述条件,那么符合条件的村会被确定为样本村,根据上述原则最终抽取了 100 个样本村。选择 6—24 月龄段的儿童是因为他们至少还有一年的时间才到幼儿园的入学年龄,便于项目追踪评估,另一方面,研究发现,0—2 岁是一个非常关键的干预机会,因为孩子个性尚未完全结构化,并且实现改变的可能性比成长后期更大。

（2）随机干预实验的设计具体包含以下几个步骤

第一,明确目标与预期结果之间的关系。本研究的目标是探索可行的儿童早期干预方案,预期结果是提高儿童早期发展水平。

第二,制定因果关系链,分析并确定从项目实施前的问题现状到项目实施后是否达到预期的结果或者变化的中间结果变量,假设条件和衡量指标。具体来讲,因果关系链的分析需要从以下几个方面进行分析,分别是投入、活动或过程、产出、结果与其所对应的内容、假定条件和衡量指标(张林秀,2013)。就本研究而言,需要建立干预方案和儿童早期发展之间的因果链。在投入方面,项目组有足够的预算在干预组的村建立村级儿童早期发展活动中心,并在干预期间运行该中心。具体开展的活动为免费为本村的 6—24 月龄儿童提供一对一的亲子游戏和亲子阅读指导等活动。这一活动的假设条件是养育中心顺利运行,且 3 岁以下的儿童家长有时间带孩子到养育中心玩玩具和看书。开展活动后的产出为家长和儿童加入养育中心,项目以家庭参与为衡量指标,前提条件是家长理解并掌握了活动内容以及了解儿童早期发展的重要性。开展活动后的结果是通过家长知识和养育行为等的转变,改善了儿童早期发展水平(见附表 1,本书第 282—283 页)。

第三,开展随机干预实验及数据收集工作,具体分为以下三个阶段(见图1-5)。

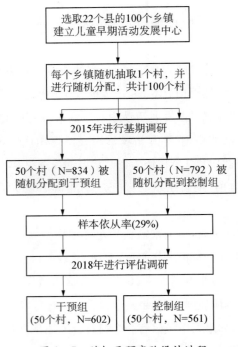

图 1-5 随机干预实验设计过程

基线调查阶段:项目组于 2015 年 8 月对 1 626 名儿童及其主要照养人进行基线调查。在随机干预实验中,通过基线调研主要实现两个目标,第一是收集儿童认知、语言、运动和社交情绪四种能力的发展水平,基线儿童早期发展的水平可以解释一部分评估期儿童发展水平变化的情况,减少估计量的标准误,增加统计功效;第二是通过基线收集个人和家庭特征信息,有助于分析干预效果在不同群体之间的差异,并且验证实验设计中的因果链和假设条件是否成立。

随机分配阶段:根据基线调查数据,将 100 个村随机分成两个组,其中 50 个村的 792 名样本儿童为控制组(即不进行干预),其他 50 个村的 834 名样本儿童为干预组(即建立村级养育中心),并检验两组之间是否存在显著性差异。

数据集(三)使用与数据集(二)相同的干预指导手册《养育未来:婴幼儿早期发展活动指南》。

建立养育中心、培训养育师及确定项目运营方式。针对干预组,首先在村级层面建立"养育中心",根据儿童数量的多少给每个"养育中心"配备 1—2 套适合 6 个月—3 岁婴幼儿能力发展的亲子活动玩具和 200 绘本图书等。由婴幼儿养育方面的专家对样本乡镇所在地参与人(聘请当地符合要求的人员作为养育师和管理员)进行集中培训。这些人员将以"儿童早期发展活动中心"为依托,对婴幼儿照养人开展基本的儿童养育知识、儿童安全和保护、卫生与健康知识、科学的观念和养育方法等方面的培训,同时使用前期开发的婴幼儿发展指导手册《养育未来:儿童早期发展活动指南》，组织婴幼儿及其主要照养人开展相应的一对一亲子游戏活动，并根据项目组集体活动培训内容与儿童及其家庭开展多个家庭共同参与的集体活动（见图1-6）。

图1-6　村养育中心

中心还邀请阅读专家对儿童早期发展活动中心的管理员进行亲子阅读培训，让管理员学会如何指导婴幼儿照养人和孩子进行很好的集体阅读，并于每周开展一次集体阅读活动。中心每周开放6天，每天开放6个小时，除了每周开展一次一对一亲子游戏活动、阅读活动和集体活动外，干预组家庭可以在中心开放时间内带孩子去中心自由活动，免费使用"儿童早期发展活动中心"内所有的玩具和绘本书。为了保证干预组家庭熟悉"儿童早期发展活动中心"的运行规则，鼓励他们积极参与中心的活动，在开始实施干预前，"儿童早期发展活动中心"会召开家长会，向样本家庭的儿童主要照养人传递中心的日常使用规范、活动时间安排以及儿童早期发展的重要性等知识，保证干预组内的样本家庭清楚地了解中心的使用，并有意愿带孩子来玩耍。

在干预实施过程中，项目组会每天对干预组样本家庭到访村级儿童早期发展活动中心情况做详细的记录，根据签到等资料监测儿童的参与情况，项目组会收集这部分信息以了解每个样本家庭来中心活动的频率，通过收集这部分数据以便之后分析评估平均意向干预的影响效果（average treatment effect on the treatment）。

评估调查阶段：项目组在2018年评估调查中收集了1163名样本儿童和及其照养人的信息，干预组的流失率12.35%，控制组的流失率是14.71%，样本流失的主要原因是样本家庭外出打工（流失后的控制组和干预组样本在基线重要变量上通过了平衡性检验）。

（3）　收集的主要变量

本项目收集了儿童早期认知、语言、运动和社交情绪能力发展情况。

项目组结合样本地区实际情况及研究目标设计了样本儿童及其家庭特征信息的家长问卷，调查收集了儿童、照养人及其家庭层面的基本情况，如性别、月龄、是否早产、出生体重、主要照养人是否为母亲，受教育水平和家庭收入等。

基于项目因果链分析,早期干预对儿童早期发展的影响需要通过影响照养人的养育行为来实现。因此,收集了照养人养育时间投入、管教行为、相处方式、养育技能和养育知识等变量。

(四) 数据集四

项目名称:通过养育干预促进儿童早期发展——宁陕县整县模式探索

2018 年 6—7 月由项目团队与宁陕县政府合作开展的"养育未来:宁陕县整县模式探索"项目。此县地处秦岭中段南麓,总面积 3 678 平方公里,人口 7.4 万,地广人稀;该县地理位置特殊,地形复杂,全县分为高山、中山和低山河谷 3 种地貌类型;下辖 11 个镇,县政府驻城关镇;动植物资源丰富,经济发展状况较差,被定为国家级贫困县,2016 年全县全体居民可支配收入 14 615元,城镇居民人均可支配收入 25 358 元,全年农村居民人均可支配收入 8 270 元。

项目组于 2018 年在样本县选取非城关镇且人口在 800 以上的 20 个乡镇作为样本镇,在 20个乡镇中每个乡镇随机抽取一个村,将该村所有常住的 6—24 月龄的婴幼儿及其家庭纳入样本。此次调查覆盖此县符合条件的全部婴幼儿,最后收集了 995 个儿童及其家庭的信息。干预的方式与数据集三相同,唯一的区别是建立了 20 个村级儿童早期发展活动中心和 6 个入户服务点。收集的变量与数据集三基本相同。

(五) 数据集五

项目名称:通过养育干预促进儿童早期发展——基于东部某县的实践探索

该数据是陕西师范大学教育实验经济研究所于 2019 年 7 月和 2020 年 7 月在东部某县开展的随机干预实验项目。样本县 2018 年实现国内生产总值(GDP)272.47 亿元,按常住人口计算,人均生产总值达到 54 581 元。同年,我国居民人均生产总值达到 64 521 元,样本县全体居民人均可支配收入 20 383 元,同比增长 8.8%。其中,农村居民人均可支配收入 15 361 元,同比增长 8.4%。因此不论是居民人均生产总值,还是农村居民人均可支配收入,样本县均未达到平均水平。

项目组于 2019 年在样本县选取非城关镇且人口在 800 以上的 20 个乡镇作为样本镇,在 20个乡镇中每个乡镇随机抽取一个村,将该村所有常住的 6—24 月龄的婴幼儿及其家庭纳入样本。该项目收集了两期面板数据,第一期收集了 20 个村的 332 名 6—24 月龄的婴幼儿及其照养人的信息,第二期在 1 年后追踪调查了 287 样本儿童及其照养人的信息。收集的变量和干预的方式与数据集三基本相同。

表 1-4　数据集介绍

序　号	时　间	地点	干预方式及样本量
数据集一	201304—201410	A 省	共 11 个县 174 个乡镇 351 个村 6—11 月龄 1 802 个婴幼儿。 控制组:117 个村 610 名婴幼儿; 干预组 1(营养包组):117 个村 600 名婴幼儿;

序　号	时　间	地点	干预方式及样本量
			干预内容：每天补充一包适合 6—36 月龄的富含铁等微量元素的营养包。 干预组 2（营养包＋短信组）：117 个村 592 名婴幼儿； 干预内容：在干预组 1 的干预内容上增加信息干预，发送一条提醒每天服用营养包的信息； 干预持续时间：干预持续 18 个月，每三个月送一批营养包，每半年开展一次追踪评估。
数据集二	201411—201505	A 省	共 131 个村的 592 名 18—30 月龄的婴幼儿。 控制组：66 个村 380 名婴幼儿； 干预组：65 个村 212 名婴幼儿； 干预内容：国家卫计委的计生专干开展 1 对 1 的入户家访活动，指导照养人和婴幼儿开展有利于婴幼儿发展的亲子游戏活动； 干预持续时间和频率：项目持续 6 个月，每周入户一次，每次 40 分钟。
数据集三	201511—201906	A 省	共 100 个村 1 626 个 6—24 月龄的婴幼儿。 控制组：50 个村 834 名婴幼儿； 干预组：50 个村 792 名婴幼儿； 干预内容：在每个村建立了一个儿童早期发展活动中心，免费为本村的 6—36 月龄儿童提供一对一的亲子游戏和亲子阅读等活动，3 岁以下的婴幼儿可以到儿童早期发展活动中心玩玩具和看书。
数据集四	201806—201904	A 省 C 县	共 70 个村/社区 995 名 6—36 月龄婴幼儿。 控制组：499 名婴幼儿； 干预组：496 名婴幼儿； 干预内容：在人口密集地区（服务中心所在地 1 公里交通距离范围内常住 6—36 月龄儿童达到 10 名及以上）采用了养育中心与走访相结合的模式，在人口分散地区则采用家访与家庭小组活动相结合的方式，为照养人和婴幼儿提供一对一亲子游戏和亲子阅读，以及集体故事会和集体游戏活动。
数据集五	201907—202007	B 省 D 县	共 20 个村 332 名 6—24 月龄的婴幼儿。 控制组：162 名样本儿童； 干预组：170 名样本儿童； 干预内容：在人口密集地区（服务中心所在地 1 公里交通距离范围内常住 6—36 月龄儿童达到 10 名及以上）采用了养育中心的模式，为照养人和婴幼儿提供一对一亲子游戏和亲子阅读，以及集体故事会和集体游戏活动。

二、本书主要使用的研究方法

（一）文献综述法

文献研究可帮助本书从浩如烟海的文献中筛选出关于儿童早期发展研究等有价值的信息，在一定程度上文献研究是本书的基础，贯穿于整个过程。本书文献的收集、归纳与整理大致分为三个阶段：首先是研究前期相关文献，收集、归纳和整理儿童早期发展的相关文献，并对其进行深入的再研究，初步明晰儿童早期发展干预的类型、方式和效果，评估的模型和框架，且为本书奠定坚实的基础；其次，撰写过程中的相关文献研究，主要是收集和处理有关研究对象的大量原始资料，为本书提供佐证性材料；再次是文献整理与分析，通过对前几个阶段文献的加工，深度挖掘材料背后隐含信息和意蕴，为研究结论的提出奠定基础。

（二）调查研究法

调查法主要分为问卷调查和访谈法。问卷调查是以书面提问的方式间接收集原始资料，具有调查范围广、效率高、匿名性强、结果易量化等优点，适合做大样本的调查研究，这正是本研究所需要的、也是最主要的研究方法。本研究拟在文献梳理、个别访谈和开放式问卷的基础上编制《儿童及其照养人基本信息及其家庭环境调查问卷》，问卷编制过程大致经历"初步理论构想——开放式问卷和访谈——形成初始问卷——修订问卷——形成正式问卷"几个阶段。访谈法是指通过访员和受访人面对面地交谈来了解受访人的心理和行为的心理学基本研究方法。因研究问题的性质、目的或对象的不同，访谈法具有不同的形式。根据访谈进程的标准化程度，可将它分为结构型访谈和非结构型访谈。访谈法运用面广，能够简单而叙述地收集多方面的工作分析资料，因而深受人们的青睐。

（三）随机干预实验（Randomized Controlled Trial，以下简称 RCT）

随机干预实验方法是在社会科学研究中借鉴自然科学的研究方法，在现实世界里做社会实验，同时分析干预方案的效果。跟倍差分析法和倾向得分匹配法等非 RCT 的方法不同。RCT 中哪些个体在干预组，哪些个体在控制组是随机分配的，这种干预的随机分配可以较好地克服样本选择偏误的问题。在实施干预前，通常需要开展基线调查，干预期满以后要实施追踪调查。基于 RCT 所形成的面板数据，可以通过直接比较干预组和控制组的结果变量，识别干预的影响并剖析机理。为了提高干预影响估计的有效性，分析中还可以控制一些对结果变量有影响的因素。随机干预实验的原理如下：

对于个体 i 而言，某项干预有两种潜在结果：

$$\text{潜在产出} = \begin{cases} Y_{1i} & \text{if} \quad T_i = 1 \\ Y_{0i} & \text{if} \quad T_i = 0 \end{cases} \qquad \text{(公式 1)}$$

观察到的结果 Yi 可用潜在产出的线性组合表示：

$$Y_i = Y_{0i} + (Y_{1i} - Y_{0i}) \times T_i \qquad \text{(公式 2)}$$

T_i 表示个体 i 是否受到干预，Y_{1i} 表示个体 i 受到干预的结果，Y_{0i} 表示个体 i 未受到干预的后果。在这里，因果效应指个体 i 受到政策影响或干预的变化，可以表示为 $Y_{1i} - Y_{0i}$。影响评估的一个主要挑战是：个体 i 无法同时受到干预，又不受干预，即我们无法同时观测 Y_{1i} 和 Y_{0i}，也就无法得到个体层面的因果效应。

研究者希望评估的参数是平均干预效应（Average Treatment Effect，ATE），即计算平均意义上的干预效果：$\tau_{\text{ATE}} = E[Y_{1i} - Y_{0i}]$。我们可以简单地将受到干预和未受到干预的平均结果相减来估算 $E[Y1i - Y0i]$：

$$E[Y_{1i} \mid T_i = 1] - E[Y_{0i} \mid T_i = 1] + E[Y_{0i} \mid T_i = 1] - E[Y_{0i} \mid T_i = 0] = E[Y_{1i} - Y_{0i} \mid T_i = 1]$$
$$+ E[Y_{0i} \mid T_i = 1] - E[Y_{0i} \mid T_i = 0] \qquad \text{(公式 3)}$$

$E[Y_{1i} - Y_{0i} | T_i = 1]$ 即平均因果效应。第二项 $E[Y_{0i} | T_i = 1] - E[Y_{0i} | T_i = 0]$ 就是选择性偏误（Selection Bias）。如果干预（T_i）不是随机分配的，而是自选择，那么我们可能存在选择偏误问题。解决选择性偏误的其中一个办法是随机。如果给定 T_i 分配的随机性，那么 T_i 与 Y_{0i} 和 Y_{1i} 之间就是独立的，有：

$$E[Y_{0i} \mid T_i = 1] = E[Y_{0i} \mid T_i = 0] \qquad \text{(公式 4)}$$

此时选择性偏误为零。

在个体处理稳定性假设（Stable Unit Treatment Value Assumption，SUTVA）下，个体的潜在产出与其他个体的干预状态无关，有：

$$D = E[Y_{1i} \mid T_i = 1] - E[Y_{0i} \mid T_i = 1] = E[Y_{1i} - Y_{0i} \mid T_i = 1] = E[Y_{1i} - Y_{0i}] \quad \text{(公式 5)}$$

观察到的结果 Yi 可用潜在产出的线性组合表示：

$$Y_i = Y_{0i} + (Y_{1i} - Y_{0i}) \times T_i \qquad \text{(公式 6)}$$

对等式求条件期望，得到估计的回归方程：

$$Y_i = \alpha + \beta T + \varepsilon_i \qquad \text{(公式 7)}$$

用 OLS 估计该方程，得到 $\hat{\beta}_{\text{OLS}} = \hat{D} = \hat{E}[Y_{1i} \mid T_i = 1] - \hat{E}[Y_{0i} \mid T_i = 0]$。当随机干预实验的设计正确，并且是严格和有效的按规定来实施，同时没有被其他因素影响，估计得到的结果是无偏的。因此，在各类影响评估方法中，RCT 方法被认为是影响评估的"黄金准则"。

随机干预实验解决了选择性偏误问题,帮助建立项目干预与儿童发展的因果关系。这一个结果成立的条件是干预组和控制组在干预前的儿童健康、能力发展水平、家庭特征、照养人特征、养育知识和行为等在统计上没有显著差别(即干预的随机分配是成功的)。本研究将通过平衡性检验确认随机分配是否成功。然后通过意向性分析(Intention To Treat Analysis)研究项目影响。设项目干预为虚拟变量($T_i=1$ 如果儿童 i 被分配到干预组,其他情况 $T_i=0$)。项目影响的测算指标(Y_{ij})为 J 村能力发展(认知、运动、语言和社交情绪等)和幼儿园的表现等结果变量。计量模型为

$$Y_{ij}=\alpha+\beta T_i+\upsilon_j+\omega_{ij} \tag{公式 8}$$

其中 υ_j 为村级层面的随机扰动项,ω_{ij} 为个人层面的随机扰动项。由于本研究实验为组群层面的随机干预实验(Cluster-level RCT),如果同村内儿童的组内相关性高,则统计功效低。因此系数的方差调整为聚类稳健标准误(Cluster Robust Standard Errors)。因要检验的结果变 Y_{ij} 多,那么有可能一些变量存在假性显著问题,回归系数的方差进行了调整,运用罗曼诺(Romano)和沃尔夫(Wolf)(2016)的多元假设检验(Multiple Hypothesis Testing)方法实现。

相较于准实验方法,RCT 的显著优点是它能相对直接地检验其假设条件是否得到数据的支持。研究人员可以简单地通过检验干预组和控制组在干预前的主要特征变量上是否有显著差异来检查随机化是否成功完成。如果随机化是成功的,那么干预组和控制组在除了他们是否接收干预之外的所有重要的特征方面都是相似的。因此,干预组和控制组之间在结果变量上的任何差异都可以归因于干预。尤其是与传统经济学采用的非实验性方法(倍差分析法和倾向得分匹配法等)相比(Guo, Fraser, 2014),RCT 中哪些个体在干预组,哪些个体在控制组是随机分配的,这种干预的随机分配可以较好地克服样本选择偏误的问题,实现因果效应的测度,达到有效度量因果关系的目的(Stock, Watson, 2003)。

我们可以进一步通过图示理解利用 RCT 数据识别因果关系的原理。识别干预效果的核心是进行归因,即需要研究四个部分的数据:干预组进行干预的数据、干预组未进行干预的数据、控制组的数据和控制组如果进行干预的数据。但是在实际研究中,只能获得两部分的数据,即干预组进行干预的数据和控制组的数据,无法同时观测到控制组进行干预和干预组未进行干预的反事实的数据。如图 1-7 所示,假设干预前干预组和控制组的结果变量的水平都为 OC,干预后干预组的结果变量水平为 OA,控制组为 OB。那么,干预组的变化为 AC,即干预导致的变化与自然变化的结果的总和;而控制组的变化为 BC,即在没有任何干预情况下的自然变化。因此,AB(AC−BC)为干预的净效果(Peduzzi et al., 2002; Schulz, Grimes, 2002)。基于 RCT 所形成的面板数据,可以通过直接

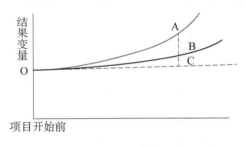

图 1-7 随机干预实验原理

比较干预组和控制组的结果变量,识别干预的"净影响"。进一步借助于因果链分析,RCT可以帮助研究者和政策决策者打开影响评估的"黑匣子",理解项目或政策的作用机理,从而寻找到项目或政策成功或失败的源头,为未来进一步完善设计和改进决策奠定基础。

三、测量工具介绍

促进儿童发展需要准确了解儿童的发展现状及其可能影响儿童发展的养育环境,及早筛查出儿童的发展偏离或者异常的情况,找到解决问题的可能方案,及时尽早干预,为促进儿童发展提供决策依据。因此,本小节主要介绍本书研究中用到的测量0—3岁婴幼儿发展、照养人心理健康及其养育环境的量表,包括测试领域、时长、年龄范围及其包含的条目。

(一) 0—3岁儿童早期发展量表

(1) 贝利婴幼儿发展量表 (Bayley Scales of Infant and Toddler Development, BSID)

贝利婴幼儿发展量表测试婴幼儿的成长发育情况。该量表由美国加州大学伯克利分校的心理学家南希·贝利(Nancy Bayley)编制,1969年由美国心理协会发布第一版,是适用于5个月15天—42个月15天的婴幼儿的综合性量表,贝利婴幼儿发展量表是目前国际通用量表中最准确的量表之一,其评估全面精确、评分便捷并且具有较高的信度和效度,不仅在临床上使用,也在科研项目中得到广泛运用。中国医科大学易受蓉教授于1993年对贝利第一版进行了修订和标准化,形成了中国城市修订版的贝利量表。2006年在贝利第二版的基础上进行了修订,在剔除、增加和更新了部分条目后形成了贝利第三版。2019年已经发展到第四版。

该量表对婴幼儿在认知、语言(具体包括接受性语言和表达性语言)、运动(具体包含大运动和精细运动)、社会情感和适应性行为五个维度上的发展水平进行评估(图1-8),其中前三个维度由专业人员基于对婴幼儿行为的观察进行评估,后两个维度通过家长填写问卷进行反馈。目

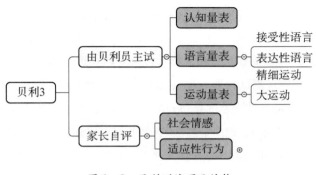

图1-8 贝利测试项目结构

前该版已成为更常用的评估婴幼儿行为发展的工具量表。

贝利的工具包括：指导手册，测试书，量表，社会情感和适应性行为问卷，照养人报告，12块积木（8个无洞积木，4个有洞积木），16个桩钉（8个黄色，4个红色，4个蓝色），储蓄罐，小熊，摇铃，蓝色模块（4个圆形，4个方形），有盖瓶子，手镯带扣子的袖子，汽车，透明盒子，梳子，嵌套积木，带把杯子，娃娃，束口袋，5个圆盘（红色，绿色，蓝色，黑色，黄色）系带卡，大球，记忆卡，镜子，桩板，图片书，蓝色模版，球形平板，冰淇淋拼板，小狗拼板，拨浪鼓，红色模版组（方形，圆形，三角形），带绳的环，一套7个鸭子（3个大号，3个小号，1个中号），鞋带，小球，挤压玩，步行带，故事书，3个塑料杯，3个勺子，2支铅笔，2支红色蜡笔，2块抹布，纸巾，5个小硬币，食物丸，无线条空白卡片，安全剪刀，楼梯组，秒表，无线条空白纸（如图1-9）。

图1-9 贝利玩具和测试场景

贝利测试为现场测试，需要主试使用一套玩具与婴幼儿进行时长为1小时至2.5小时不等的一系列任务游戏，主要通过测试者现场观察儿童对测试项目的反应和完成情况进行评判。测试时首先根据被试儿童年龄计算开始的条目，早产儿童需要调整开始的条目，向下开展施测，如果儿童连续三个条目未回答正确，则向上施测，直到儿童可以连续答对3个测试条目。如该儿童连续答错5道施测条目，则结束本领域测试，主试要根据孩子的反应或完成情况进行评分。尽管贝利3测试结果更加准确全面，但成本较高。

测试环境要求：家中温暖、安静、背风的地方；1张桌子，2个小板凳；年龄较小的孩子可以坐在妈妈的腿上,年龄较大的孩子可以站在桌子前。保证双手肘部可以够到桌子。

(2) **韦氏幼儿智力量表第四版测试** (Weschler Preschool and Primary Scale of Intelligence,以下简称 WPPSI‐IV)

WPPSI‐IV 量表是为 2 岁 6 个月—7 岁 7 个月儿童施测的认知能力评估工具。该量表已经根据我国语境进行翻译和适应(Luiselli et al.,2013),并于 2014 年在我国城乡制定常模,修订后的 WPPSI‐IV 中文版正式适应了我国的语言和环境,并在我国各地的研究中得到了应用(Chen et al.,2015;X. Hu et al.,2018)。该量表结合了有关智力、认知发展、神经系统发育和认知神经科学的最新研究,将认知测量分为 15 个分测试。最终将 15 个分测试按照其测试内容,可以组成生成 1 个总指数(FSIQ)、5 个主要指数和 5 个辅助指数。总指数和主要指数通常用于全面地描述和评价幼儿的认知能力。辅助指数一般用于相关临床情况中补充说明主要指数的分数。这个分数也是国际上最广泛使用的儿童智力功能的衡量标准(Luiselli et al.,2013)。

测量工具包括:韦氏箱物品清单主要包括六个部分(如图 1‐10);(1)动物家园布局图(规格为 3 张双面 44×28 厘米);(2)动物家园配套的动物卡片 64 张(3 套),测试题本(1—3)(共 3 本),积木(白色 4 个,红色 6 个,红白相间 4 个),拼图(12 套),涂鸦笔 2 支。

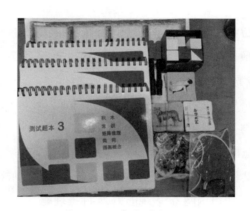

图 1‐10　韦氏测试工具

韦氏测试为现场测试,需要主试使用一套玩具与婴幼儿进行时长为 1 小时至 1.5 小时不等的一系列任务游戏,主要通过测试者现场观察儿童对测试项目的反应和完成情况进行评判。测试时首先根据被试儿童年龄计算使用的量表。

测试环境要求:家中温暖、安静、背风的地方;1 张桌子,2 个小板凳;年龄较小的孩子可以坐在妈妈的腿上,年龄较大的孩子可以站在桌子前;保证双手肘部可以够到桌子。

(3) **年龄与发展阶段测试量表** (The Ages and Stages Questionnaire, ASQ)

年龄与发展阶段测试量表(以下简称 ASQ)由美国俄勒冈大学早期干预项目的研发者开发,主要为了开展广泛的儿童早期发育筛查,及早发现发育迟缓风险而开发的一套适用于 1 月龄至

66 月龄婴幼儿的测试量表。ASQ 问世以来,已经更新了三个版本:1995 年的第一版、1999 年的第二版、2009 年的第三版。

对 ASQ-3(英文版)按正规步骤进行翻译和文化适应性改编,于 2003—2004 年在 100 例 3—31 月龄婴幼儿中进行测试,建立常模(界值)。于 2007—2008 年,对 ASQ-C 在上海市 8 472 例 3—66 月龄儿童中进行了标准化研究;2007—2010 年对 32 例发育高危儿使用 4 个月 ASQ-C 进行了队列研究。于 2011 年春夏季 2012 年春夏对中国的儿童进行了标准化研究,建立常模界值。

ASQ 包括 2,4,6,8,9,10,12,14,16,18,20,22,24,27,30,33,36,42,48,54 及 60 月龄 ASQ 问卷。

ASQ-3 包括 21 个子量表,每个子量表由 30 个简明的问题组成。该量表可用于筛查在解决问题、沟通、精细运动、大运动和个人社交行为五大能区是否存在发展迟缓风险。该量表具有较好的信效度,被翻译为多国语言与 Bayley-3 相比,ASQ-3 使用成本更低廉,调查所需时间更短,并且易于操作。

测试是父母在专业人员的指导下完成项目评估,专业人员将父母勾选的题目答案输入 ASQ 网络版,生成并打印筛查报告及针对结果建议的干预措施等。专业人员向家长解释筛查结果,指导干预措施。绝大多数家长可以在 20 分钟内完成测试。项目评分有三个选项:"是"、"有时是"、"否"。如果儿童表现出项目特指的行为,勾选"是";如果项目特指的行为是儿童偶尔或新出现的行为,勾选"有时是";如果项目特指的行为儿童尚未表现出来,还不会或还不能,勾选"否"。

(4) 格里菲斯智力发育量表

年龄较大的儿童使用格里菲斯智力发育量表进行评估(Luiz et al.,2006),该量表在评估儿童早期发展方面已被证明与贝利具有可比性(Cirelli et al.,2015)[1]。

调查员接受了如何实施格里菲斯智力发育量表的培训。与贝利一样,测试员根据儿童在游戏中的表达给儿童打分。格里菲斯智力发育量表包括六个子量表:运动能力、个人社交能力、语言能力(接受能力和表达能力)、手眼协调能力、表现能力、实际推理能力[2]。

(5) 年龄与发展阶段社交情绪 (The Ages and Stages Questionnaire-Social Emotion, ASQ-SE)

该量表由俄勒冈大学的斯奎尔(Squires)教授和和布里克(Bricker)教授等人于 1996 年研发,当前我国一般使用的是卞晓燕和解慧超等人修订的中文版。用于筛查 3—66 月龄儿童的社交—情绪行为,是 ASQ 的配套工具。是一个通过照养人问卷反馈来衡量儿童发展情况的测试量表。每份问卷涉及以下几个方面:自我调控、依从性、沟通、适应功能、自主性、情感和人际互动七个能区。自我调控是一种能使自己平静、安顿下来或适应生理或环境情景的能力或愿望;依从性是一

---

① 贝利与格里菲斯的 Pearson 相关系数大于 0.8。
② GMDS-ER 的最后一个子量表"实用推理"仅用于评估年龄较大的儿童的发育情况,因此不属于这一特定年龄组。

种听从他人命令和恪守规则的能力或愿望;沟通是指对自身的情感或内在状态反应做出言语或非言语信号的能力和愿望;适应能力是指正确地解决或处理生理需要(例如,吃饭、睡觉、安全和排便)的能力;自主性是指个体在无指令下自动发起的行为(如,独立移动)。情感是指与他人表达情感和同情心的能力和愿望;人际互动是指个体对父母、其他人或同伴做出相应的社交反应的能力和愿望。

(6) **照养人报告的儿童早期发展量表** (The Caregiver Reported Early Development Instrument,以下简称 CREDI)

CREDI 测试量表由哈佛大学教育研究生院及瑞士热带和公共卫生研究所专家组成的 CREDI 研发团队于 2018 年发布,用于衡量从出生到三岁之间的儿童在人群层面的总体发展状况,该量表的设计初衷是为了能够在不同文化和国家之间的人群层面进行儿童早期发展总体水平的比较。

作为规模总体水平的评估工具,CREDI 并不用于筛查和诊断个人的特定发育问题或发育迟缓,而是为照养人提供有关儿童发育状况的反馈,或通过干预来跟踪个体发展水平的变化。量表通过儿童的主要照养人回答"是"或"否"的简单选项进行测评,不需要与婴幼儿直接互动。该量表的优点是简单易操作,父母参与测试也可以帮助他们获得有关婴幼儿发育的重要知识,并了解儿童在该年龄的表现。与直接评估工具相比,照养人报告早期发展工具需要较少的培训和测试时间,并且这样的工具不太可能对不熟悉临床评估、与陌生人的潜在行为变化或不理解口头指示的婴幼儿有偏见。

作为规模较大项目的一部分,CREDI 的短版和长版形式都是从相同的广泛项目中集中开发的。长版量表可以为每个领域(即认知,语言,运动和社交情绪)的发展状况评分,而短版量表只能为婴幼儿的整体发展状况进行评分。长版量表是向有意测量特定发展领域的研究人员提供详细信息。CREDI 的短版量表,旨在成为一种度量标准,可以将家庭调查和监测工作进行整合,以概述人口整体儿童早期发展状况。长版量表总共有 108 个题,测量起点是根据孩子的年龄确定的,终点是根据五连错/不确定性因素确定的。CREDI 的短版量表包含 20 个题项,选择以六个月为一个间隔进行年龄段划分(即 0—5 个月,6—11 个月等),以表征婴幼儿发展水平。该简表最初是基于广泛的多阶段,多国家试点工作而开发,其中包括定性和定量数据分析,重点是该项目的心理计量特性以及文化和发展适应。

当前研究的所有结果表明,CREDI 可以被认为是衡量中国大规模儿童早期发育状况的合适工具。

(7) **汉语言沟通量表** (Putonghua Communicative Development Inventory-Short Form,以下简称 PCDI - SF)

PCDI - SF 采用父母报告的形式,对 8—30 月龄说普通话的儿童的早期语言发展水平进行评估。汉语言沟通量表有 2 个分量表,分别适用于发育正常的 8—16 月龄的婴儿(PCDI - SF:词汇和手势），以及16—30月龄的幼儿（PCDI‐SF：词汇和句子）。目前该量表还没有正式进行汉化，项目组根据我国婴幼儿的语言习惯进行了翻译。

该量表包含以下内容，且易于操作。"词汇和手势"部分包含了106项问题，内容有"婴幼儿初期对语言的反应""动作及手势"和"词汇"。在婴儿"词汇和手势"短表中，家长要报告儿童能"理解"表里哪些词汇，"会说"哪些词汇。"词汇和句子"部分包含113项问题，内容有"词汇"和"句子"，家长则只需要回答儿童"会说"哪些词汇。"词汇和语言使用"部分包含了106项问题，内容有"词汇""句子"和"语言使用"，家长需要回答儿童"会说"哪些词汇。最后我们将计算孩子会说的词汇数量作为总得分。

（二）儿童健康水平

（1）身高、体重和贫血

儿童发展中的一个重要指标是儿童健康水平，我国现行的儿童健康测量主要依据《中国儿童发展规划纲要（2011—2020年）》中"儿童与健康"板块提出的目标。沈纪（2019）根据《中国儿童发展规划纲要（2011—2020年）》提出的14项要求，将儿童健康测量划分三类：出生素质、发育质量和卫生保障情况。具体而言，出生素质指标包括：婴儿死亡率、出生缺陷发生率、低出生体重发生率、新生儿破伤风发病率和母乳喂养率；发育质量指标包括：5岁以下儿童死亡率、生长迟缓率、低体重率、贫血患病率、常见疾病和重大传染性疾病情况、因伤害所致死亡率和残疾率、中小学生《国家学生体质健康标准》达标率、视力不良和龋齿情况、超重/肥胖和营养不良发生率、心理行为问题发生率和精神疾病患病率；卫生保障包括：疫苗接种率、适龄儿童性与生殖健康知识普及率，以及环境污染伤害情况（沈纪，2019）。国内学者在儿童身体健康维度方面多采用：身高（陈丽，等，2010）、体重、超重或肥胖率等作为描述儿童身体健康维度的指标。本书借鉴了婴幼儿健康研究的相关经验，主要选取了儿童血红蛋白水平、身高和体重作为测量指标（赵如婧，周皓，2018）。

测试工具：①上海市疾病防疫与控制中心推荐采用瑞典进口的HemocueHb 201＋型号血红蛋白分析仪和测试片，该设备采用叠氮高铁血红蛋白法检测血红蛋白含量，具有检测速度快，易于携带，检测结果稳定等优良特性，比较适合进行实地的田野调查。②儿童身高和体重采用中国疾病防疫与控制中心认可的身高和体重测量设备，使用0—3岁儿童专用身长尺和专用的体重秤。基于这些数据使用世界卫生组织生长图表构建了三个标准化指标：身高/年龄—Z评分（Height-for-age Z-score，以下简称HAZ），体重—年龄Z评分（Weight-for-age Z-score，以下简称WAZ）和身高—体重Z评分（Weight-for-Height Z-score，以下简称WHZ）。HAZ被认为能够衡量一段时间内累积的营养投入和疾病状态，对2岁以下婴幼儿施测较为敏感（Schroeder et al.，1995；WHO，1983）。相比之下，WAZ和WHZ被认为对婴幼儿饮食的即时变化更敏感。作为衡量一般健康程度的指标，我们使用照养人对婴幼儿近期所患疾病情况作问题的回应。

评价标准：①血红蛋白水平：婴幼儿缺铁性贫血的诊断采用世界卫生组织标准，以血红蛋白浓度（Hemoglobin）在 90 到 110 g/L 之间为轻度贫血，血红蛋白浓度在 60 到 89 g/L 之间为中度贫血，血红蛋白浓度小于 60 g/L 为重度贫血（袁敏，2015）。②身高、体重：婴幼儿的身高、体重根据卫生部《中国 7 岁以下儿童生长发育参照标准》，以 Z 值评分为依据，分别计算婴幼儿年龄别身高、年龄别体量、身高别体量，Z 评分（实测值参考标准中位数）/参考标准标准差。营养不良评估标准为以下范围：生长迟缓：HAZ＜−2；低体重：WAZ＜−2；消瘦：WHZ＜−2；超重：2＜WHZ≤3。

注意事项：第一，为了得到更为精确稳定的测量结果，血红蛋白检测一般通过采取儿童指尖血进行检测。第二，进行儿童健康水平测量的人员需要经过医学专业人员的培训方可参与测量操作。

（2）营养膳食表

关于婴幼儿饮食行为，我们询问了照养人过去 24 小时内与孩子一起做特定活动的时间。关于喂养习惯，我们根据母乳喂养、配方喂养及喂固体食物的方法制定测量标准。此外，因为该地区严重缺乏铁元素状况高发，需要铁补充剂。在每一轮调查中，研究团队都根据婴幼儿喂养指标构建测量标准（WHO，2009）。

（三）照养人心理健康和幸福指数

照养人心理健康和幸福指数会影响儿童的早期发展，因此对这些维度进行测评也是非常必要的。

（1）抑郁-焦虑-压力量表（Chinese Short Version of Depression Anxiety and Stress Scales 21，以下简称 DASS 21)

DASS 21 量表可用于测量照养人在抑郁、焦虑和压力三个维度的状况。DASS‑21 包含 21 个"过去一周内"负性情绪体验或相应生理反应的条目，由抑郁、焦虑和压力 3 个分量表组成，每个分量表含 7 个条目。受测者就各条目的描述与自身情况的符合程度进行分级计分。如抑郁分量表得分在 0—9 分为正常，10—13 分为轻度抑郁症状，14—20 分为中度抑郁症状，21—27 分为重度抑郁症状，28 分及以上为严重抑郁症状。

（2）幸福量表（Happiness Scale）

《幸福量表》可用于了解儿童照养人平常的情绪和总体感受，家长情绪波动对儿童情绪和性格发展的影响以及儿童成长环境现状。每个条目从 0—10 分，被测者根据自己的感受选择 0—10 之间的分数。

（四）家庭养育环境测试量表

家庭养育环境直接影响儿童的发展，为了找到可能促进婴幼儿发展的可能路径，我们有必要测量婴幼儿的家庭养育环境，因此本小节主要介绍家庭养育环境测试量表的使用方法和测量条目。

（1）**家庭养育指标量表**（Family Care Indicators，以下简称FCI）

FCI量表由联合国儿童基金会组织根据家庭环境观察评价量表（Home Observation for Measurement of the Environment，HOME）改编而成（Hamadani et al.，2006），并在若干国家进行初步试点后形成，能够很好地反应儿童家庭环境质量。该量表分为五个部分："玩具来源多样性"（1—4题），"玩具种类多样性"（5—11题），"亲子互动活动多样性"（12—17题），"家庭书籍数量"（18题），"杂志和报纸种类和数量"（19题）。问题的答案选项均为"是"或"否"，分别得分1分和0分。

（2）**照养人养育知识量表**（Knowledge of Infant Development Inventory，以下简称KIDI）

KIDI量表由美国学者大卫·麦克菲（David MacPhee）于1981年编制，被广泛运用于养育知识与婴幼儿发展问题研究上。该量表包含58个问题，每一个问题都是关于儿童发展的正确或错误的陈述，照养人基于自己的经验回答。KIDI量可用于了解儿童日常行为以及家长对这些行为的理解程度。

KIDI-P量表是在KIDI基础上筛选出的缩略版本。KIDI-P由两部分组成：第一部分包含39个条目，用来评估照养人对婴幼儿行为的理解。该部分条目描述了典型婴幼儿可能的表现以及一些会影响婴幼儿发展的行为，由照养人判断是否同意或是不确定，如"跟宝宝说出他（她）正在做的事情可以帮助他（她）的智力发育"，然后由照养人回答是否同意或是不确定。第二部分包含19个条目，由照养人判断婴幼儿在某个发展阶段是否能够完成某些事情，如果不能，是更大还是更小的时候能做到，如"3岁的宝宝能够区分左右手"，然后由照养人判断是更小的孩子能够做到，还是3岁的时候可以做到，还是更大的时候才可以做到。该量表有标准答案，答对得1分，答错或者不确定均不得分。

（3）**教养方式和家庭环境测试量表**（Parenting and Family Adjustment Scales，以下简称PAFAS）

PAFAS量表由桑德斯（Sanders）等研究者于2010年编制，用于测评家庭教养方式和家庭适应性，该量表最初由40个条目组成，后通过在澳大利亚347名儿家长和国际育儿调查研究的573名包含4个国家儿童家长在内的样本测试中进行信效度检验，对原有量表进行修正和完善，最终确定为现有的30个问题。量表包括教养方式模块和家庭调适应性模块，其中教养方式模块包括四个因子模块——养育一致性、强迫性、鼓励性和亲子关系的质量；家庭适应性模块包括家长情绪调节、家庭关系的积极程度和家庭合作关系。

（4）**忽视量表**

该量表是由西安交通大学编制，共有57个条目，划分为6个层面：身体、情感、教育、安全、医疗和社会。各层面的标准界值分别为18、35、33、16、11和8分，量表总标准界值为121分。根据忽视评价常模，若调查儿童在任一层面或总分超过了标准界值，即可被视为忽视，分数越高表示被忽视的程度越严重。儿童忽视情况由忽视率和忽视度反映。忽视率等于被忽视儿童数/被测试儿童数×100%,表示儿童受忽视的频率。忽视度等于儿童的忽视分值(或某一忽视层面的分值)/忽视满分值(或该层面的满分值)×100,表明儿童受忽视的强度。量表的内在信度为0.904,分半信度为0.820,重测信度为0.613。该量表通过与主要样本儿童的主要照养人进行一对一无纸化化问卷访谈收集数据。

(5) **教养方式问卷** (Parenting Styles Dimension Questionnaire,以下简称 PSDQ)

PSDQ 问卷由罗宾逊(Robinson)等人于 2001 年编制,用于测量学前儿童的父母教养方式。该问卷分为原版(62 题)和简版(32 题),共包含两种教养方式,其中权威型教养方式有 15 个条目,是包括民主参与、温暖接纳、理解引导三个维度;专制型教养方式有 12 个条目,包括专断惩罚、体罚、言语敌意三个维度(Robinson et al.,2001)。该问卷由 Wu 等人进行了中文版修订,对收集到的数据进行信度检验,得出该量表的内部一致性系数 α 为 0.75,适用于评估我国学前儿童的父母教养方式(Wu et al.,2002)。问卷采用 5 点计分,从"从不"到"总是",分别记为 1—5 分,分值越高表示该倾向越明显。

第二章

国内外 0—3 岁儿童发展研究综述

  基于对儿童早期发展重要性的认识及儿童早期发展现状的了解,国际上从很早就开展了关于促进儿童早期发展的相关探索,我国在国际经验的基础上也开展了一些实践探索。本章主要对儿童早期发展现状及其影响因素、家庭喂养和养育环境现状和影响因素,及其国内外开展的儿童早期发展领域的实践探索进行综述,了解目前研究的现状,为进一步开展研究提供方向和思路。

第一节　0—3 岁儿童发展现状及影响因素综述

儿童早期发展除了体格健康的发展,还包括认知、语言、运动和社交情绪四个方面能力的发展。而且随着社会经济的发展,人们越来越关注这四种能力发展。脑科学和社会科学的相关研究发现,这四个方面的能力在儿童早期得到有效的发展,将对他们后期的心理健康、学习成绩和收入等产生很多的正面影响(孙艳艳,2015)。因此本小节主要就国内外开展的 0—3 岁儿童的健康、认知和运动、社交情绪和语言发展现状及其影响因素进行综述。

一、0—3 岁儿童健康现状及影响因素分析

(一) 0—3 岁儿童健康现状综述

贫血是全球最严重的公共卫生问题之一,发展中国家的儿童贫血问题尤为严重(《中华儿科杂志》编辑委员会,等,2010;Balarajan et al.,2011;McLean et al.,2009)。婴幼儿时期的贫血问题不仅导致缺铁性贫血,而且会影响大脑发育,制约语言、认知和社交情绪等能力的发展(梁颖,赵亚茹,2002;赵惠君,2012)。大量研究显示,婴幼儿时期贫血会给儿童入学后的学业表现以及成年后的收入和劳动生产率带来严重的负面影响(黄中炎,等,2015;邵洁,2015;Lozoff et al.,2000)。并且即使贫血在之后得到改善,造成的后果也可能是不可逆转的(Haas,Brownlie,2001;Lozoff et al.,2000;Lozoff et al.,2006;Maluccio et al.,2009;Walker et al.,2007)。

尽管改革开放四十余年以来中国人民的水平有了很大的提高,但仍有很多人处于低收入水平。在我国农村地区,尽管不良和消瘦儿童的比率较低,但儿童营养不良的情况仍高居不下,仍有很大比例的儿童存在微量营养元素缺乏风险(常素英,等,2007;陈迎春,等,2006;Luo et al.,2011)。其中,最常见的是缺铁(Balarajan et al.,2011;R. E. Black et al.,2013;Stoltzfus et al.,2004)。根据中国食品和营养监测数据,2005 年在全国低收入的农村地区,2 岁以下儿童的贫血率为 30%—40%(常素英,等,2007;崔颖,等,2007;卫生部,2012;Chen et al.,2011)。更有部分

地区的研究表明,儿童贫血率高于 50%(崔颖,等,2007;崔颖,等,2008;卫生部,2012;Luo et al.,2014)。考虑到中国农村地区每年出生的儿童超过 800 万,这意味着大约有 300 万 2 岁以下儿童会患有贫血(国务院人口普查办公室,国家统计局人口和就业统计司,2010)。在中国,据推测90%的婴幼儿贫血是由于缺铁造成的(林良明,等,2003)。

(二)婴幼儿健康的影响因素综述

联合国儿童基金会首先论述了孕母和儿童营养不良的性质和决定因素,指出儿童营养不良的影响因素有很多,主要包括食物、健康和保健三大方面(Black et al.,2013;UNICEF,2013)。食物、健康和保健受社会、经济、政治的影响,影响程度因国家和地区而异。其中,婴幼儿营养不良的个体层面(直接原因)的影响因素包括:(1)食物摄取不足,(2)疾病的发生;婴幼儿营养不良的家庭层面(潜在原因)的影响因素是家庭对土地、教育、工作、收入等资源的可及性,包括:(1)家庭食物不健康,(2)喂养和照顾不科学,(3)家庭生活环境不健康以及健康服务不充分;婴幼儿营养不良的社会层面(根本原因)的影响因素包括:(1)社会经济发展状况,(2)社会文化、经济和政治环境。营养不良与感染之间存在交互作用,可能会带来疾病恶化和营养不良之间的恶性循环。只有当儿童能够获得丰富多样的食物,适当的照看和健康保健服务,健康的饮水、卫生环境并且拥有良好的个人习惯时,儿童才会处于良好的营养状况(张亚南,2016)。

一些实证研究显示,婴幼儿时期的营养健康很大程度上缘于照养人喂养行为的影响,不合理喂养行为是婴幼儿营养不良的主要原因之一(Luo et al.,2019;Yue et al.,2018;Zhou et al.,2016),比如母乳喂养不足,包括纯母乳喂养和 24 月龄内母乳喂养不足;添加辅食的月龄不当;摄入的能量、蛋白质和微量营养素不足;医疗服务缺乏;用水和卫生条件差;腹泻、疟疾、肠道蠕虫感染等疾病或者传染病的发病可以进一步加剧儿童生长发育不良状况(汤蕾,等,2019)。也有研究发现用配方奶粉喂养的婴幼儿更有可能具有更高的血红蛋白水平和运动水平,以及更低的贫血率(岳爱,等,2019;Luo et al.,2014),这可能是因为奶粉中含有更多的铁和微量元素。同时发现喂配方奶粉的婴幼儿的膳食多样性显著高于未喂配方奶粉的婴幼儿(包括纯母乳喂养的儿童、仅仅食用食物的儿童和非纯母乳喂养的儿童),并且 4 个年龄段(6—12 月龄,12—18 月龄,18—24 月龄和 24—30 月龄)都存在这样的结果。推测这可能与儿童的家庭经济水平有关系,那些富裕的家庭,具有更高的教育水平和更多的关于喂养的知识,也可以为儿童提供高质量的食物,这导致相对富裕家庭的孩子具有相对较高的健康和发展水平(汤蕾,等,2019)。国外研究发现在 17 周(4 个半月)前引入辅助食物的主要影响因素是母亲的教育水平、社会经济地位和移民背景(汤蕾,等,2019;Kolm et al.,2015)。

二、0—3岁儿童认知能力发展现状及影响因素分析

(一) 0—3岁儿童认知能力发展现状综述

儿童早期认知能力发展可以被定义为儿童早期从环境中获取信息的过程,这个过程涉及言语学习、感知觉、记忆、推理和问题解决等方面(Goswami,1998)。儿童早期认知能力发展对于基本技能的形成是有意义的(Heckman,2013),促进认知能力发展可能有助于减少由儿童无法实现其发展潜力所造成的两代人之间的贫困传递(Heckman,2008;Strauss,Thomas,2008)。也有学者指出,认知能力的不同和国家经济增长率相关(Hanushek,Woessmann,2008),认知能力对于个人一生的发展乃至国家未来经济发展都有着重要影响。

《柳叶刀》杂志最近发表的一篇综述指出,儿童认知发展迟缓是发展中国家的一个普遍问题(Black et al.,2013)。在世界范围内的健康人群中,发育迟缓的人所占比率约为15%(Boyle et al.,1994;Rozelle,2016;L. Wang et al.,2019)。

艾尔莎(Elsa)等(2013)分析了生命前三年的贝利婴幼儿发展量表分数与后期学龄前阶段儿童或者低体重早产儿的认知、运动和语言功能之间的关系发现:早期智力发育指数得分与后期认知功能之间存在显著的正相关关系,其中早期智力发育指数得分占早产儿或者极低出生体重儿认知功能差异的37%(Elsa et al.,2013)。

关于中国儿童早期认知发展的情况,已有许多学者进行了研究,如夏秀兰等人对山西省农村地区503名1—36月龄婴幼儿进行智力测验发现,样本婴幼儿的智能发育水平普遍较低(夏秀兰,2009);有研究对山西和贵州两省山区农村2 837名1—35月龄婴幼儿的研究发现,在样本地区,有39.7%的0—3岁儿童存在发展滞后风险,其中,"问题解决"能区的患病率为18.4%(Wei et al.,2015);在云南和河北地区6—18月龄的婴幼儿中,存在认知滞后风险的比例达到48.7%(Luo et al.,2019);在中部平原地区6—30月龄的婴幼儿中,认知滞后风险比例为48%;在城市移民社区6—30月龄的婴幼儿中,存在认知滞后风险的比例为42%;但是在西部山区6—30月龄的婴幼儿中,存在认知滞后风险的比例高达54%;农村安置社区的婴幼儿存在认知滞后风险的比例高达51%(Wang et al.,2019)。

学者们对中国城市地区儿童的早期认知发展情况也进行了一些的研究,研究结果表明城市地区儿童的认知发展情况要明显好于农村地区。在中国城市和一些富裕农村,这一比例只有15%左右(李英,等,2019;周群峰,2017),如郑州市为6.7%,北京市远郊县6.47%(崔艺,等,2018)。池霞等人(2010)根据贝利第一版的测试结果发现,南京市322例婴幼儿的智力指数平均得分为114.34分,高于标准分(100分)(池霞等,2010);徐珊珊等人(2011)根据贝利第三版的测试结果发现,上海市457例婴幼儿认知总分为104.62分,显著高于美国常模参考值(100分)(徐

姗姗,等,2011)。因此,未来应该更多关注农村低收入地区儿童早期发展面临的风险,采取可行有效的措施降低农村地区婴幼儿发展面临的风险。

(二) 0—3 岁儿童认知能力发展影响因素分析

已有诸多研究对儿童早期认知发展的影响因素进行了探索。如卞晓燕等人(2007)对 4—36 月龄婴幼儿的研究显示,母亲受教育程度对婴幼儿认知发育有着重要作用(卞晓燕,等,2007),母亲受教育程度在高中水平以下的婴幼儿认知能力得分更低(Ayoub et al.,2009);而父亲受教育程度则与儿童的认知发育无显著相关(李洁,等,2014)。还有研究指出,胎龄是反映婴儿脑发育成熟度的重要指标,早产儿出生时的胎龄较小,其神经系统发育不完善,因而早产更可能引起认知障碍,影响儿童的学业及社会适应能力(赵静,李甦,2012;Anderson,Doyle,2008)。也有研究强调家庭社会经济地位的重要性,如卞晓燕等人的研究发现,在一定范围内,婴幼儿的认知发育随着家庭经济收入的提高而提高,中等收入家庭婴幼儿的认知发育显著好于低收入及高收入家庭(卞晓燕等,2007)。国家儿童健康和人类发展研究所儿童早期护理研究网络发现,低收入家庭的儿童在 24 个月时的认知技能得分低于从未经历贫困家庭的儿童(ECCRN,2005)。这些研究表明,贫困是儿童早期认知技能发展的危险因素(Ayoub et al.,2009)。另有国外学者证明卫生条件的改善也会对认知发展产生巨大而重要的影响(Jennifer,Subhrendu K.,2020)。

0—3 岁婴幼儿的日常照料、早期教育主要依靠家庭成员来实现,无法由他人或社会机构代替。根据养育知识养育行为的传导机制假说,研究发现,照养人的育儿知识对于婴幼儿的生长发育和智力发展都有明显的促进作用(陈慧林,等,2003;王沛荣,2016),母亲掌握的关于儿童发展的养育知识会影响到母亲对待儿童的行为和互动方式(Huang et al.,2005;Miller,1986),从而影响到孩子的发展状况。养育知识丰富的母亲会更主动地为婴幼儿提供温暖、安全、舒适的环境(Smith,2002)。养育知识水平高的父母相较于养育知识水平低的父母更倾向于与婴幼儿互动(Fry,2011);养育知识水平高的父母会愿意花更多的时间与儿童玩或者读书,并且在帮助儿童学习纪律时更耐心(Al-Hassan,Lansford,2011)。养育知识水平高的母亲会创造更安全的家庭环境,并且在婴幼儿认知发展的每个阶段提供恰当的帮助(Parks,Smeriglio,1986)。综上可以发现,拥有较高养育知识水平的照养人会更加有利于孩子的发展,而养育知识水平低常常表现为虐待儿童的行为或者不恰当的管教方式,最终不利于孩子的发展(Dukewich et al.,1996;Morawska et al.,2009;Thomas,Zimmer-Gembeck,2011)。

还有研究者探索了具体的养育行为(如给孩子读书、讲故事、玩游戏等)对儿童早期发展能力的影响,但是研究结果不尽相同。埃文斯(Evans)的研究发现,家长参与儿童早期的活动,如给孩子唱儿歌、阅读、与孩子一起玩游戏,对孩子早期认知能力和语言能力的发展以及未来的学业表现都有着重要的预测作用(Evans et al.,2000)。如果照养人对婴幼儿采取更温和的管教方式,能够敏锐地感知婴幼儿的反应,会对婴幼儿早期认知、语言和社交情绪发展产生积极影响

(Clarke-Stewart et al.，2002；Goodnow，1988，2002；Sigel，1992；Tamis-LeMonda et al.，2004)。但是于雷(2015)的研究发现,看护人陪孩子读书对其认知发展作用较小(于雷,2015)。照养人良好的养育行为能够刺激和促进儿童认知和语言的发展,激发和维持儿童学习的热情和兴趣,对儿童早期读写能力、学业表现和未来一生的幸福都有着重要影响(Darling，Steinberg，1993；Keels，2009；Mulvaney et al.，2006；Page et al.，2010)。因此,家长的养育行为越消极暴力,孩子的认知发展水平越差;反之,在家长较为积极温和的教育方式下,孩子的认知发展水平则会越好。

三、0—3岁儿童运动能力发展现状及影响因素综述

(一)0—3岁儿童运动能力发展现状研究综述

婴幼儿运动发育主要包括粗大运动(抬头、翻身、坐、爬、立、走、跳等)及精细运动(对指、抓握等),主要用来评估身体控制程度、大肌肉运动及手指精细操作技巧的能力。婴幼儿运动发育是评估生长发育的重要指标之一,运动发育对儿童后期乃至成人期都有十分积极的影响。婴幼儿运动能力对其适应环境的发展起重要作用,影响其与环境交互作用的质量,其中精细动作的发展可有效促进儿童认识事物的各种属性和事物间的联系,促进思维和智力的发展;而四肢协调性及平衡感的发育不仅有利于儿童运动能力的提高,也增强了社会适应性及智力能力(崔继华,等,2014)。有学者提出:"从个人心理发展的生理基础以及心理各个具体方面的早期发展来看,动作作为主体能动性的基本表现形式,在个人早期心理发展中起着重要的建构作用,它使个体能够积极地构建和参与自身的发展"(董奇,等,1997)。运动能力和认知能力的发展是相辅相成的。儿童早期的运动能力发展不仅是其智力发展的重要指标,也是心理发展的主要指标(董奇,等,1997;杨宁,2005)。

国内对于农村地区婴幼儿的运动能力发展水平研究表明,农村地区婴幼儿无明显运动发育迟缓问题。如:徐曼等人对陕西关中农村地区430名不同月龄婴幼儿的运动发展水平进行测验,得分优秀者占12.0%,中等以上占93.3%(徐曼,等,2009)。张思敏(2016)对样本地区的184个18—30月龄的婴幼儿进行运动能力发育的研究发现:样本婴幼儿无运动发育迟缓问题(张思敏,2016)。针对我国城市地区的一些研究发现,儿童早期的运动发育同样存在一定的问题,如:许琪等人于2015年对北京市1654名0—3岁儿童进行调查发现,这些儿童大运动和精细运动发育商均值较低,且精细运动的发育要落后于语言、社会行为的发育(许琪,等,2015)。王鲜艳等人2004年对广州市某医院进行健康保健的297名儿童进行测评,研究发现,研究对象运动发育指数总体集中于正常水平,中等水平及以上的占测试总人数的86.19%(王鲜艳,等,2006)。也有学者对农村与城市地区儿童的早期智力运动发展情况进行了对比研究,杨进和刘小红对北京农村29个年

齢组婴幼儿智力、运动粗分的均数和标准差与中国其他城市进行对比,研究发现,其中 2、3、4、8、9、12、15、17 月龄儿童发展城乡之间存在显著差异,3、4、8、9 月龄的北京农村儿童运动量表粗分均值高于中国城市婴幼儿智力量表粗分均值;而 2、12、15、17 月龄的北京农村婴幼儿智力量表粗分均数低于中国城市婴幼儿运动量表粗分均数。其余月龄儿童的智力、运动粗分的均值无显著差异。总的来说,北京农村与中国其他城市婴幼儿智力运动的发育特点及水平相比较差异不大(杨进,刘小红,2016)。张瑞芳等(2015)在内蒙古呼和浩特市随机抽取城乡各一个点作为项目点,共抽取 2—30 月龄婴幼儿 110 人,其中运动发育指数均值为 98.26,城市与农村儿童的运动发育水平无显著性差异(P>0.05)。

(二)婴幼儿运动能力发展影响因素综述

儿童的运动发展受多方面因素的影响,最主要的外因包括早期成长环境,具体指家庭养育环境、养育方式等。早期家庭环境在很大程度上影响着婴幼儿早期的各项发展(李国凯,等,2017;Pinto et al.,2013),婴幼儿运动能力发育具有显著的年龄差异和家庭年均经济收入差异,18—21月龄婴幼儿运动能力发育水平显著高于 25—28 月龄的发育水平,随着年龄的增长,儿童户外活动逐渐增加,户外活动多的儿童运动协调能力高于户外活动少的儿童,家庭中的大运动玩具同样起到类似户外运动器材的促进作用。良好的户外运动环境和大运动玩具同样也能刺激儿童运动协调能力,促进儿童整体发育水平(金华,等,2016)。家庭年均经济收入高的婴幼儿运动能力发育水平显著高于年均经济收入低的婴幼儿,但婴幼儿运动能力发育无性别差异和父母受教育程度差异(张思敏,2016;张瑞芳,等,2015)。

张亚钦等人针对我国北部地区的北京市、哈尔滨市、西安市,中部地区的上海市、南京市、武汉市和南部地区的广州市、福州市、昆明市共 9 个城市,采用分层整群抽样的方法对 1—24月龄 88 969 名婴幼儿进行横断面调查,6 月龄以内每个月龄 1 组,6—12 月龄每 2 个月龄 1 组,12—24 月龄每 3 个月龄 1 组。调查结果发现:随年龄增长大动作技能的通过率逐渐增加,大动作发育无性别差异、存在小幅地区差异(张亚钦,等,2018)。但曹敏辉等对于渭南市 130 例婴幼儿认知、语言、运动发育与性别的关系研究中发现:男童的运动发育 24 月龄时显著高于女童,但在 8 月龄、15 月龄及 30 月龄均无显著性别差异,其中男童在粗大运动发育方面更早,女童在词汇和抓握方面发育更早(曹敏辉,等,2017)。

在运动时间方面,婴幼儿每天以俯卧位姿势玩耍的时间满 1 小时对其运动的阶段性发展具有预测作用(Dudek-Shriber, Zelazny, 2007)。除了上述外因会影响婴幼儿的运动发展外,还有许多内因,比如婴幼儿时期缺铁、低出生体重等(Goyen, Lui, 2002; Piek et al.,2008);早产也可以作为婴幼儿后期运动以及认知缺陷的强烈预测因子,有研究表明早产儿运动迟缓或残疾的风险更大(Piek,1998,2006)。因此,在婴幼儿发展早期,及时辨别婴幼儿的运动问题及其风险因素对促进婴幼儿全面发展至关重要。

四、0—3 岁儿童社交情绪发展现状及影响因素综述

(一) 0—3 岁儿童社交情绪发展现状综述

社交情绪能力发展与认知能力发展不同,但是社交情绪能力的发展对于后期的学业表现,尤其是非认知能力发展有不可忽视的影响,它主要表现在倾听指令的能力,持续关注能力,自控力,在同龄人中建立社交网络的能力,以及最终的学习能力(Denham et al.,2014;Denham,Brown,2010;Pears et al.,2016)。社交情绪作为个体竞争力的核心因素,是婴幼儿早期发展的重要组成部分,同时也是形成人格特征和良好适应性的基础(Bretherton,1992),关乎其未来的社会性发展水平(周秀琴,2010)。根据《年龄与发育进程:社交情绪》(ASQ:SE)量表定义,社交情绪主要分为两部分:一部分是社交,是指使某人得以与同龄人、兄弟姐妹、父母和其他成年人建立和从事积极互动行为的一系列行为;另一部分是情绪能力。情绪具备帮助个体与外界建立、维持和改变关系的功能。作为心理体验的一个重要组成部分,情绪被心理学视为人在成长过程中形成的一种能力。社交能力和情绪能力之间存在着明确的关联,但两者的结构有所区别,仅研究某一方面不能囊括社交和情绪能力的多样性(李珊珊,等,2019;Bost et al.,1998)。

针对我国城市地区的一些研究发现,我国儿童的社交情绪发展存在一定挑战(樊文汉,2015;王飞英,等,2015)。例如,王飞英的研究发现,城市有近 10.54% 的 1—3 岁婴幼儿情绪异常;蔡臻等对 657 名 1—3 岁婴幼儿的社会性情绪进行评估,发现存在"可能的行为问题"的婴幼儿占到 28.6%,存在"可能的能力缺乏/延迟"的婴幼儿占到 21.6%(蔡臻,张劲松,2013;李珊珊,等,2019)。

较之城市地区,我国农村地区的儿童社交情绪发展水平整体偏低,难以应付多种交往情境,在婴幼儿阶段,性格孤僻的表现较为明显(叶睿雪,等,2017),尤其是农村地区留守儿童社交障碍问题严重,存在社交退缩和社交恐惧、社交态度与行为不主动等问题(曹云鹤,张雪,2017;刘霞,等,2007;孙锐丽,2015)。有研究数据表明,经常感到烦躁、孤独、闷闷不乐、无缘无故发脾气的比例分别比非留守儿童高 5.7、5.7、1.5 和 1.1 个百分点,有 23.3% 的留守儿童对现在的生活感到不满意,比非留守儿童高 6.4 个百分点(陈志英,张峰,2019;李珊珊,等,2019)。于源浩等采用整群抽样的方法,对济南长清区和聊城高唐县两个镇的 735 名 3—6 岁儿童,使用儿童优势和困难问卷询问其主要照养人,结果发现儿童社交困难检出率为 15%,缺失父母关爱的儿童检出率更高(李珊珊,等,2019;于源浩,等,2014)。

西方国家已经有很多学者针对这一主题开展研究,拉希尔(Rahil)等人的研究使用了《年龄与发育进程问卷:社交情绪》(ASQ:SE)问卷,识别出 22.4% 的 6—36 月龄样本婴幼儿存在社交情绪发展风险,其中超过 80% 是非洲裔或者西班牙裔,然而通过早期干预可以使这一情况得到

改善(Sprague,Walker,2000)。艾琳(Erin)2015年的研究发现,美国城市地区大约有16%的儿童患有社交情绪等心理问题(Brown et al.,2012),这一比例低于拉希尔等人的研究。事实上,美国婴幼儿的社交情绪发展障碍常见于生活在低收入地区的非洲裔美国儿童,这与美国本身作为一个移民国家有很大关系。针对中低收入国家的研究发现,有超过8 000万的3—4岁儿童面临低认知或社交情绪发展风险(李珊珊,等,2019;McCoy et al.,2016)。

(二)婴幼儿社交情绪能力发展影响因素分析

预防或消除儿童早期的社交情绪风险已成为一个国际性难题,因此,在童年发展早期,及时辨别儿童的情绪和社交问题及其风险因素对儿童全面发展至关重要(李珊珊,等,2018)。其中外因主要包括早期环境(家庭成员关系等)、亲子依恋以及父母教育程度等。研究发现,照养人提供的早期环境(包括营养和养育)制约着儿童发展潜能的实现和发挥(Aber et al.,2000)。其中家庭养育环境包括客观环境和主观环境。客观环境一般指家庭经济状况、家庭结构等方面,主观环境一般指父母教养方式、父母对孩子的态度、父母的养育观念等。

在制约婴幼儿社交情绪发展的诸多因素中,家庭养育环境和亲子关系是主要的影响因素,对儿童社会性发展有持久深化的影响。婴幼儿的社交情绪能力是在与照养人的互动中形成并发展的,良好的互动有利于婴幼儿更好的情绪调节,不良的养育行为会使孩子更易形成人际敏感、抑郁和焦虑等不良的心理现象(李珊珊,等,2018)。家长良好的养育行为和观念有利于婴幼儿更好地调节情绪(乔建梦,2017)。松本(Matsumoto)等人的研究显示,不良的家庭养育环境是儿童情绪与行为问题产生的因素(Matsumoto et al.,2002)。不良家庭养育环境组中的婴幼儿比中等或良好家庭养育环境组中成长的儿童更易出现外显行为、内隐行为与失调性问题,且幼儿的依从性、注意力模仿等能力得不到更好的发展,存在更多的社会性和情绪性问题(李岚溪,2018;宋佳,等,2016)。亲子依恋作为影响儿童社交情绪发展的外因之一,会影响儿童焦虑程度,亲子关系越好,儿童的焦虑程度越低(周燕,1998)。除此之外,父母的受教育程度也会影响儿童的社交情绪发展,可能是因为受教育程度高的父母更重视儿童的早期发展,因此投入更多的精力(蒋长好,石长地,2009;Grossman,2001)。

还有研究发现隔代抚养和父辈抚养在其社交情绪发展方面也存在显著差异(赵振国,2012)。家庭经济困难或者社会地位较低也会对儿童社交情绪能力的发展产生深刻而长远的影响(Najman et al.,2004)。贫穷会阻碍婴幼儿社交情绪的发展,在美国的低收入家庭中,四分之一的学龄前儿童存在社交情绪风险问题,可能的原因是因为贫穷会影响母亲的焦虑、抑郁和暴力倾向的程度,而儿童的社交情绪发展很大程度上与父母的心理健康有关。母亲的受教育程度也会对婴幼儿的社交情绪发展产生影响(刘国艳,等,2006)。儿童在成长过程中如果得不到家长的接纳和情感支持,就很容易产生情绪障碍。并且,由于学前儿童具有很强的模仿能力,家长的不良心理行为容易影响儿童,导致其出现类似的不良情绪和应对方式(张富洪,等,2015)。除了上述外因会影响婴幼儿的社交情绪发展外,还有很多内因,比如婴幼儿的性别、认知发展水平和婴幼儿月龄等均与其社交情绪发展水平有相关关系(许瑾瑾,杨育明,2015;Tong et al.,2010)。在中国农村学生的中小学阶段,男孩更容易出现行为问题、同伴关系问题和注意力不集中等不良问题(Chen et al.,2011;Hu et al.,2014;Maguire et al.,2016)。

五、0—3岁儿童语言发展现状及影响因素综述

(一) 0—3岁儿童语言能力现状研究综述

儿童早期阶段的语言能力并不是一项独立的能力,它与早期社交情绪发展、认知发展及儿童发展的其他方面都有关联。邹冰(2012)发现,语言发展有障碍的儿童更容易伴有情绪和行为问题,表现为冲动性、注意缺陷、多动、攻击和自我伤害行为、不良饮食、不良情绪等。此外,婴幼儿的语言发展与认知能力中对物体的概念、对客体关系、对数字的理解及执行能力等具有相关关系(Carlson et al.,2005;Müller et al.,2009;Waxman,Markow,1995)。存在表达性语言障碍的儿童,其精细动作、适应能力、语言和社交行为四个能区,也均存在一定比例的落后(李国凯,等,2017)。如果语言潜能没有得到充分发挥,到7—11岁时,儿童的阅读能力和智力发展则可能出现滞后风险(Aram et al.,1984;Beitchman et al.,1996)。语言能力的发展会直接影响儿童今后的学习能力、生理和心理健康及非认知能力的发展(Horwitz et al.,2003;Nelson et al.,2006)。

然而,有研究发现,婴幼儿早期语言发展状况并不乐观。一项针对发达国家的研究表明,存在语言发展滞后风险的1—3岁的婴幼儿的比例约为15%(Buschmann et al.,2009)。针对发展中国家的研究指出,儿童早期存在语言发展滞后风险的比例高达60%(Reilly et al.,2007)。由于经济衰退和气候变化等多方面的原因,这个群体的儿童数量在持续增加(王博雅,等,2019)。2015年,在河北及云南农村进行贝利婴幼儿能力发展测试发现,河北样本村有43%的婴幼儿存在语言发展风险,在云南这一比例甚至超过60%,与之相对应的是在一些富裕农村或者城市地区,这一比例仅为15%左右。这些研究发现在一定程度上揭示了在没有任何干预的情况下,农村地区的婴幼儿认知或语言能力发展状况在不断恶化(《中国农村婴幼儿能力发展滞后》,2018)。

(二) 婴幼儿语言能力发展影响因素综述

大量研究证明社会经济地位、营养保健、居住环境、家庭混乱与贫困有关的社会经济指标可能对儿童的大脑结构和功能发育产生影响,从而造成儿童语言发展的风险。父母教养方式、亲子交互质量、家长语言水平、父母和教师期望等与贫困有关的社会人文因素与儿童语言发展显著相关。这些影响因素和中介因素互有交叉、协同作用,对每个贫困儿童的语言发展可能造成不同影响(张洁,2019)。

其中家庭社会经济情况如物质环境、文化程度等都对儿童语言发展产生影响。从物质环境来看，儿童语言水平及其他智力发展与家庭物质环境正相关，父母社会地位越高，经济状况越好，则子女参与社交活动机会越高，更有利于其语言发展。从文化程度来看，养育者文化程度越高儿童语言发展越快。受过良好教育的父母可以为儿童提供较好的文化氛围，相对而言更有可能懂得育儿方法，使儿童语言发展更科学有效。所以从家庭环境方面来看，农村儿童家庭语言环境相对较弱，这些都可能导致儿童语言发展迟缓（郭旭，2020）。

哈特（Hart）和瑞斯丽（Risley）（1995）基于 24 个 10—36 月龄的儿童及其家庭的跟踪研究发现，来自领取社会福利家庭的父母平均每小时与儿童交流的词汇量大约为 600 个，是来自中产家庭父母的 50% 左右，是来自精英家庭父母的 30% 左右；他们的研究同时也发现，在语言发展的敏感期获得更多交流的儿童，长大后的语言发展水平、智力水平和学业表现都更加突出（弗拉维奥·库尼亚等，2019）。

诺贝尔（Noble）研究团队从认知神经科学的发展方面揭示了社会经济地位影响儿童语言发展背后的生物机制，通过对 1 099 名 3—20 岁参与者的大脑磁共振成像进行了分析，发现来自收入和受教育水平较低家庭的儿童的海马体容量相对较小，且其大脑皮质的表面积也有差异。在低收入家庭中，收入的微小差距会引起大脑皮质表面积的较大差异，而这一现象在支持语言、阅读、执行以及空间能力相关的大脑皮质区最为突出（Noble et al.，2015）。海尔（Hair）等（2015）在分析了 389 名 4—22 岁儿童和青少年的社会人口和大脑磁共振成像数据后发现，美国联邦贫困线以下儿童的大脑灰质体积较正常发育大脑小 8%—10%，而在标准化测试中，这类儿童入学准备及学业表现上（包括语言能力）的平均分低了 4%—7%（Hair et al.，2015；张洁，2019）。

岳爱等（2019）的研究发现女孩在儿童早期的语言发展水平显著高于男孩，早产儿的语言发展得分显著低于足月婴幼儿；家庭财产综合得分较高家庭中的婴幼儿语言发展水平显著高于家庭财产综合得分低的婴幼儿；从户口类型上看，非农业户口家庭中的婴幼儿语言发展得分高于农业户口家庭中的婴幼儿。此外，照养人养育知识水平越高，婴幼儿语言发展情况越好；在养育行为方面，影响儿童早期语言发展的主要养育行为是读绘本书及讲故事。三天内给婴幼儿读绘本书和讲故事的家庭中，婴幼儿语言发展水平显著高于没有读绘本书和讲故事的家庭中的婴幼儿（Yue et al.，2019）。

第二节　0—3岁儿童养育环境现状及影响因素综述

一、0—3岁儿童喂养行为现状及影响因素综述

(一) 0—3岁儿童喂养行为现状综述

国内外学者将喂养方式分为纯母乳喂养、部分母乳喂养和配方奶喂养。纯母乳喂养(exclusive breast feeding，EXBF)，指婴儿只吃母乳，不添加任何其他非人奶品、固体食物以及水果汁等液体食物;混合喂养(或部分母乳喂养，partial breast feeding，PBF)，指婴儿除母乳外，还吃其他的液体和(或)固体食物;配方奶喂养(或人工喂养 artificial feeding，AF)，指婴儿吃非人奶品和(或)其他的液体和(或)固体食物，从未吃过母乳 Piwoz et al.，1996)。世界卫生组织(World Health Organization，WHO)和联合国儿童基金会(United Nations Children's Fund，UNICEF)在婴幼儿的喂养方式方面认为母乳喂养是最好的，建议在前6个月对婴幼儿进行纯母乳喂养，并且将母乳喂养方式一直持续到两岁，这项建议在2000年的时候就已经提出，并且也得到了广泛的支持和保护。联合国儿童基金会在2003年公布一组数据显示，月龄4个月内的婴幼儿纯母乳喂养的比例为67%(Hair et al.，2015)。欧洲的母乳喂养数据显示，在英国，婴幼儿4个月时的母乳喂养率为59.8%，并且大多数的母亲在婴幼儿一个月的时候就开始添加配方奶粉(Simmie，2006)。在美洲，当地的婴幼儿母亲选择母乳喂养的比例还是很高的，大约70%以上的母亲都会选择母乳喂养，婴幼儿6个月时母乳喂养率为41.5%，西班牙籍人群的母乳喂养情况较差，她们在婴幼儿的纯母乳喂养方面和母乳喂养的持续时间方面都是处于较低的状态(Li et al.，2003)。在澳洲地区，母亲的母乳喂养率刚开始是比较高的，有将近92%的母亲会选择母乳喂养，但是这个比率随着婴幼儿年龄的增长在降低，在婴幼儿4个月时母乳喂养率降为60%，而纯母乳喂养率已经降为28.6%(Blyth et al.，2002)。在亚洲地区，在日本，82%的日本母亲愿意纯母乳喂养，但是在实际的实施过程中，产后第4周母乳喂养的比率只有57%(Otsuka et al.，2008)。

我国卫生政策规定中的母乳喂养要求与世界卫生组织以及联合国儿童基金会保持一致，建

议我国儿童母乳喂养直至2岁,并且前6个月进行纯母乳喂养。母乳含有多种成分,营养生物价值较高,对婴幼儿健康具有重要的作用(王卫平,2013)。中国儿童数量众多,根据2010年人口普查数据核算,约有一半儿童居住在农村地区,他们的喂养情况将影响我国未来的人口健康状况和社会发展(汤蕾,等,2019)。

然而,研究发现我国农村地区婴幼儿照养人的喂养行为普遍不合理,具体表现在婴儿出生6个月内不使用纯母乳喂养、不及时添加辅食和辅食种类单一等方面。在母乳喂养方面,河北省的1601名2岁以下儿童的调查发现,早期母乳喂养仅占22.4%,6个月内纯母乳喂养不足10%,持续母乳喂养至2岁仅占38.2%。仅有32.5%的儿童获得铁丰富或铁强化食品(Wu et al.,2014)。在海口市1089名3岁以下婴幼儿家长的调查发现,对"6月内是否该纯母乳喂养"的知晓率也只有32.87%(刘颖,等,2013)。有研究分析了7个具有代表性的研究得出:36月龄以下儿童母乳喂养时间普遍较短;6月龄以下儿童纯母乳喂养的发生率仅17.5%(Zhou et al.,2012)。李青颖等在重庆市0—3岁儿童调查中发现纯母乳喂养率为58.5%,混合喂养和人工喂养分别占26.9%和14.7%(李青颖,等,2013)。曾令霞等人对中国西部五省(新疆、甘肃、青海、宁夏及贵州)40个县7302户有3岁以下儿童的家庭进行抽样调查发现,40个县儿童照养人持续授乳直至12个月的比例为51.7%,与国际推荐的科学喂养方式差距很大(曾令霞,等,2003)。

在辅食喂养方面,世界卫生组织和联合国儿童基金会认为在养育婴幼儿的过程中,适当且恰当地辅食添加同样非常重要。辅食是婴幼儿发育过程中,在母乳渐渐不能满足孩子生长所需营养时所添加的其他一些食物,补充婴幼儿发展阶段的营养所需(魏佳琦,等,2010)。辅食喂养方面,中国疾病防控中心也对儿童所出现的生长发育迟滞和缓慢现状进行数据分析,认为这种现象一般出现在孩子出生后6月龄到2岁期间(McCoby,1983),这段时期一般是孩子纯母乳喂养结束的时间,在这段时间照养人没有及时给婴幼儿提供适合和适量的辅食。杨振宇等人(2011)的研究也表明在婴幼儿6月龄前或者6月龄后,4月龄前适当的给孩子添加辅食,不管是男孩还是女孩,都可以使贫血的患病率下降(杨振宇,等,2011)。在西部农村地区只有约30%的婴幼儿平均每天的饮食达到了最小食物多样性的要求,仅49%的儿童在调研前一天摄入了肉类食物(Yue et al.,2018)。在我国秦巴山区农村地区也仅有少于四分之一的6—11月龄婴幼儿在调研前一周食用了含铁丰富的食物,比如肉类(Luo et al.,2014)。冯雪英等人认为添加辅食的顺序会对婴幼儿的营养与健康产生影响:人们习惯选择给4—6月龄婴儿添加蛋、果蔬类食品,而不习惯给6—8月龄婴儿添加谷类、豆类、瘦肉类食物,原因是很多父母认为蛋类、乳类等食物最有营养,最适合婴儿,结果过早给孩子添加各种蛋制品、奶酪等乳制品,导致婴儿过敏及一些潜在的过敏相关性疾病发生率明显升高(冯雪英,衣明纪,2011)。曾令霞等人的研究表明,西部农村儿童的辅食添加不合理,6月龄以上的儿童蛋、肉的添加比例分别为60.9%和69.9%,但足量添加(≥1次/周)的比例在全部儿童中仅为41.2%和36.2%,且主要表现为蛋白类食品的添加严重不足(曾令霞,等,2003)。

此外,对于处在生长发育期的婴幼儿,不仅要有平衡的膳食营养,也要适当的科学合理的补充一些微量营养素。在微量营养素方面,目前我国儿童维生素 B1 和 B2、钙、锌和硒的摄入量都是普遍偏低的(葛可佑,常素英,1999)。我国农村婴幼儿喂养现状不佳,如不进行改善,将对个人和社会的未来产生影响(汤蕾等,2019)。

(二)婴幼儿喂养行为的影响因素综述

研究影响婴幼儿照养人喂养行为的因素具有重要的政策指导意义。大量研究表明,儿童喂养情况与照养人特征、家庭社会经济状况有显著关系。关于照养人,国外研究发现是否在 17 周(4 个半月)前引入辅助食物的主要影响因素是母亲的教育水平、社会经济地位和移民背景(Kolm et al.,2015)。一项对美国芝加哥 149 名一岁以下儿童的研究发现,儿童喂养状况与照养人的种族,教育水平和是否注册妇幼营养补充计划显著相关(Shinn et al.,2018)。

而在我国,岳爱等(2018)研究发现祖辈在 18—30 月龄儿童的辅食多样性的喂养行为上相比于他们自己年轻时的喂养习惯已有所改善,但是祖辈的喂养方式相对于父母更差,代际关系对喂养情况有着重要影响(Yue et al.,2018)。刘颖等(2013)发现影响婴幼儿喂养的最主要因素为照养人的文化程度和民族类型,其中照养人文化程度的影响大于民族类型。表现为少数民族开奶早,授乳持续时间长,母乳喂养率高,但很早就开始给孩子添加辅食,导致 4 个月的纯母乳喂养率显著低于汉族儿童。母亲知识水平明显影响儿童的母乳喂养情况,母亲文化程度高的儿童倾向于早开奶、早断奶,母乳喂养率和 6 个月的纯母乳喂养率低;父亲的知识水平对儿童母乳喂养情况的影响也不容忽视,父亲的知识层次对母乳喂养的影响表现出与母亲相同的趋势(刘颖,等,2013)。还有研究表明照养人在进餐时对儿童的言语鼓励和情感交流,以及及时发现儿童喂养困难的能力都与喂养情况显著相关(赵职卫,等,2013;曾令霞,等,2003)。其次,大量研究表明家庭经济状况与喂养行为有着重要而明显的关系(戴琼,等,2013;龙也,钟燕,2015;Thakur et al.,2016;Wu et al.,2014)。收入高的家庭倾向于晚开奶、晚断奶,母乳喂养率和 4 个月的纯母乳喂养率均低于纯农业收入的家庭。家中仅有 1 个孩子或排行为老大的儿童,其母乳喂养状况明显差于其他儿童,可能与父母欠缺喂养知识有关。总之,中国西部农村 3 岁以下儿童照养人喂养行为缺陷主要表现为:开奶时间晚,4 个月的纯母乳喂养率低,持续授乳至 24 个月的比例很低,尤其是在少数民族家庭这种情况更加普遍(曾令霞,等,2003)。

获取喂养信息的方式对照养人的喂养行为也有着重要影响。同伴支持或经过培训的卫生专业人员的支持与父母的喂养方法显著相关(Thakur et al.,2016)。通过科学、规范的渠道来提高和完善自身的喂养知识可以改善甚至逆转喂养行为(赵职卫,等,2013)。蒋燕(2013)等发现中国中西部农村地区的家庭缺乏足够的喂养知识和技能,容易听信商业代乳品的误导放弃母乳,转而使用添加奶粉或所谓营养品进行喂养。研究发现我国河北地区婴儿喂养信息的来源也主要是经验性的家庭成员、邻居、朋友和大众媒体,仅有少数喂养人从卫生设施处获得比较专业的喂养信息(Wu et al.，2014)。然而,这些研究并未对信息来源与喂养行为的关系进行分析。曾令霞等人的调查结果显示,结合西部农村当地的实际食品来源,经过一年的健康教育,结果显示,当地1岁以内儿童的喂养方式有明显改善,开奶时间明显提前,鸡蛋和豆类的添加比例和添加频率均有显著提高,可见,有针对性地开展健康教育对改善当地儿童的喂养状况起到了关键的作用(蒋燕,等,2013)。

二、照养人养育行为现状及影响因素综述

(一) 照养人养育行为现状研究综述

儿童的成长和发展是遗传和环境因素相互作用的过程,共同决定着儿童自身的发展潜能及其实现程度(曹志娟,等,2016；Van Kleeck et al.，2004)。在制约儿童能力成长和发展的重要环境因素中,家庭是孩子接触到的最早的成长环境,而在所有的家庭因素中,父母对孩子的养育方式则是对孩子未来发展影响最大和最直接的因素(曹志娟,等,2016)。

鲍姆林德(Baumrind)把家庭中父母对孩子的养育方式分为三种,分别是权威型、宽容型和专制型(董雪梅,2013),权威型养育方式的家长认为自己应该在孩子面前树立权威形象,为孩子建立明确的行为准则和规范,要求自己的孩子能够按规则办事；宽容型养育方式的父母对孩子的养育行为相对来说比较宽松,很少会对孩子提出严格的要求,在孩子有困难或者需要时很愿意帮助孩子；而专制型养育的父母则会对孩子的行为要求比较严厉,严加监督孩子,要求孩子在生活中或者学习中完全服从自己,限制孩子表达自己的需要。马科比(Maccoby)和马丁(Martin)在后来的研究中,又将父母的养育方式分为忽视型养育方式和溺爱型养育方式(Seymour et al.，1987),认为采用忽视型养育方式的父母对孩子的要求较低,同样的对孩子的反应也要求较低,不会对孩子提出较多要求或订立一些行为标准；溺爱型的家长很少会批评孩子,对孩子无论在心理上还是行为上都有着高度的接纳性,也普遍会使儿童缺少应有的独立性和自主性。康格尔(Conger)等人研究发现养育方式会从一代传递到下一代,消极的教养方式也会往下传,下一代在教育自己子女的过程中往往会重复他们父母的教养方式(Conger，Donnellan，2007)。贾刚和程灶火对养育方式的研究采用10个配对的积极的和消极的教养维度来衡量父母养育方式,发现教养方式会因父母出生年代不同而产生差异(贾刚,程灶火,2013)。

李东阳等人(2015)对北京城区婴幼儿的养育现状进行研究,发现大多数家庭对婴幼儿的生理需求和心理需求都比较敏感,普遍对婴幼儿的饮食和健康比较关注,能满足对孩子的陪伴和交流,但是在阅读方面存在很大的欠缺(李东阳,等,2015)。很多家长也存在过度保护的问题,这可能会限制儿童对外界事物的认知与探究,产生很多心理问题(王丽,傅金芝,2005)。神经细胞突触链接是基因、营养、育儿环境以及经验等互相作用的结果(雷洁,古桂雄,2013),因此认为在保

证婴幼儿正常生长发育、最大限度发挥生长潜能的基础上,对 0—3 岁婴幼儿进行早期培养、训练和经验积累,将维持并加强大脑神经元细胞的突触连接,这将会促进大脑结构和功能的发育,为以后的发展奠定良好基础(魏佳琦,等,2010)。

部分学者对农村地区照养人的具体养育行为现状进行了研究:白钰等(2019)学者采用 2013—2018 年间中国 A、B 和 C 三省农村地区 3 991 名 0—3 岁婴幼儿及其照养人的抽样调查数据分析照养人养育行为现状发现:农村婴幼儿照养人普遍缺乏积极的养育行为。家庭养育环境 5 个维度得分普遍较低,亲子互动讲故事、唱儿歌、读书的比例均不超过 40%,消极管教方式的发生率超过 40%(管教时提高声调或吼、管教时拿走玩具)(白钰,等,2019),其他一些在农村地区开展的研究也得出了类似的结论,开展亲子互动讲故事、唱儿歌、读书等养育行为的比例不高,这些行为都在一定程度上影响了婴幼儿的发展(岳爱,等,2019)。

对我国 5 省 10 个经济较发达城市社区婴幼儿家庭养育行为的调查结果显示,在这些城市中,经常给婴幼儿讲故事,与婴幼儿玩游戏的家庭比例均为 80% 以上(郝波,等,2006),而我国城市和农村地区的家庭养育行为存在巨大差异,农村地区婴幼儿家庭讲故事、唱歌和玩游戏等科学养育行为发生率普遍偏低,陪伴性阅读和亲子活动等明显不足(刘学样,2017)。研究还发现,和城市家庭主要采取表扬的方式鼓励婴幼儿积极行为不同,农村家庭在婴幼儿养育过程中更多采用"打孩子屁股"等消极的养育行为(郝波,等,2006)。

(二) 养育行为的影响因素分析

国内外一些学者也展开了关于养育行为影响因素的研究,主要集中对以下三个层面的因素分析。

从家庭层面来看,家庭收入水平是家庭环境和儿童早期营养、学习环境的重要影响因素(李曼丽,等,2011;Duncan et al.,1994),一个家庭的社会经济状况决定了该家庭能否为儿童提供丰富的食物、较好的生活用品、多元的早期发展环境和与儿童进行卓有成效的沟通和教导,低收入家庭或家境困难的孩子,他们的父母更容易有来自各方面的精神负担,也会间接影响到对待孩子的方式(Conger et al.,2002;Rodriguez et al.,2009)。并且,有学者认为相对于低收入家庭的家长可能对孩子抱有不切实际的高期望来说,中高等收入家庭和教育水平高的家长对于孩子的看法和期待,更加符合孩子的真实水平和表现(Alexander et al.,1994)。另外,也有学者认为家庭的邻居和社区情况也会影响目前养育孩子的方式,住在比较糟糕社区或者有一个比较不好邻居的母亲更倾向于给孩子较少的支持(Chen,Luster,1999)。

从养育者的角度来看,主要照养人及家长职业是养育行为的重要影响因素。主要照养人为父母的儿童,其所采取的养育行为多为积极反应型,而祖父母却多采用控制型养育;学历水平相对较低且工作繁忙的家长,更可能存在正确养育意识不强的问题,疏忽了对儿童饮食起居的照顾,全职母亲则更倾向于对儿童进行控制型养育,全职母亲有更多的时间,也能够在儿童的饮食起居方面投入更多的精力(章志红,等,2015)。也有学者认为,母亲受教育程度是影响其养育方式的一个重要因素(李曼丽,等,2011;Klebanov et al.,1994),这主要有两个方面的看法,一方面,受教育程度较高的母亲可能会因为养育知识比较丰富,养育的方式方法会更趋向于合理和科学,并且日常中会更加注重与儿童进行有效沟通,对儿童进行正确引导,这则为孩子的正确养育提供了一种可能性;母亲的受教育程度越高,会越倾向于在育儿方面有较高的认知,注重婴儿期的阅读(李东阳,等,2015),教育水平高的父母会对孩子的表现报以更积极更理性的态度(Alexander et al.,1994)。另一方面,一些专家学者认为一个人的行为表现会受到很多因素的影响,这种现象会导致人的认知和行为之间可能并不存在必然的联系,即虽然主要照养人有较高的知识文化水平或者受教育程度,掌握了正确科学的喂养方法或养育方式,但其在实际的养育行为中未必就会按照这种认知去养育。也就是说,只有当人们具备一定的知识文化水平,其养育态度和行为的转变才有可能,家长的高文化水平只是为婴幼儿的科学养育提供了一种可能性,但是两者之间并不存在必然性(常红娟,2010;章志红,等,2015)。另外,母亲的身体健康和心理健康、母亲的睡眠质量、母亲的养育经验、是否意外怀孕、是否早产等都会影响养育行为(Treyvaud et al.,2010)。

从婴幼儿自身的角度看影响养育行为的因素,有观点认为孩子性别也会影响养育者的养育方式,主要有两方面的结论,一些学者认为父母对不同性别婴幼儿的教养行为不存在显著差异(汪琳琳,2014;张明红,陈菲菲,2014),父母对男婴儿和女婴儿会采取相同的管教方式;另一些则认为父母对孩子教育是会因性别不同而有所差异(陈欣,杜建政,2006;刘国艳,等,2008a),相对于男童来说,女童会更多感受到父母的喜爱和关怀,较少受到父母的惩罚和训斥,对女孩倾向于采取放任型的养育方式,对男孩倾向于采取控制型养育方式(章志红,等,2015)。此外,父母的婚姻状况也会对养育行为有一定的影响。如果父母处于冲突中,很容易把原本应该在儿童身上的注意力转移至双方的情绪上和矛盾中,对孩子的需求变得不容易察觉,更严重的是家长甚至会对孩子也表现出一些情绪化的行动和行为,给儿童的成长和心理带来一些不必要的适应问题。

三、婴幼儿照养人抑郁现状及影响因素综述

(一)婴幼儿照养人抑郁倾向现状

照养人抑郁是指照养人在生活中出现的持续性的失落、悲伤、无望等一种常见的情绪体验(刘丽莎,李燕芳,2013;Goodman,Gotlib,1999)。抑郁症在养育年幼宝宝的母亲中很常见,全球患病率在13%至21%之间(Coll et al.,2016;de Castro et al.,2017;O'hara,Swain,1996)。在发展中国家进行的研究表明,母亲精神健康状况不佳,尤其是母亲抑郁,可能是导致幼儿发育不良的一个风险因素。此外,女性患抑郁症的比例大约是男性的两倍,因为分娩时的荷尔蒙变化和养育子女时的压力,女性在产后尤其容易发生抑郁,妇女易患抑郁症、她们照顾孩子的责任以

及发展中国家产妇抑郁症的高发,这些因素结合在一起,意味着这些国家的产妇心理健康可能对儿童时期的成长产生重大影响(Surkan et al.,2011)。据估计,在非洲和亚洲,中低收入国家的孕产妇抑郁症患病率为15%—28%(Husain et al.,2000),巴基斯坦为28%—57%(Kazi et al.,2006),拉丁美洲为35%—50%(Wolf et al.,2002)。菲茨杰拉德(Fitzgerald)开展的关于7—11岁儿童在医院内科或外科门诊部行为异常的研究显示,44%的儿童有异常表现,这些儿童中32%其母亲有明显的抑郁症状(Fitzgerald,1985)。

照养人抑郁是阻碍儿童早期发展的主要因素(Walker et al.,2007)。经过调查研究,我国农村地区6—24月龄婴幼儿的照养人抑郁症状发生率超过五分之一,祖母的抑郁症状发生率达到三分之一,与高成阁等在陕西农村对已婚妇女抑郁症状的调查结果(35%)(高成阁,等,2006),以及曹裴娅等开展的对45岁以上中老年人抑郁的研究结果(31.9%)基本一致,且曹裴娅等人的研究还认为抑郁症状发生率随年龄变化(曹裴娅,等,2016)。一项使用流行病学研究中心抑郁量表(CES-D)对中国农村地区的3 824名老年人(60岁或60岁以上)进行的全国性研究发现,有38.7%的参与者患有抑郁症(L. W. Li et al.,2015)。另一个研究发现四川农村妇女的抑郁症患病率为12.4%(Hou et al.,2015;Qiu et al.,2016)。具体而言,尽管当前尚无关于照养人中农村地区抑郁症的全国性数据,但以地区为中心的小型研究表明,农村地区的照养人中抑郁症的患病率很高。例如,作为儿童发展研究的一部分,研究发现大约40%的农村照养人患有抑郁症倾向,这些问题是儿童发育迟缓的重要预测指标(Wei et al.,2015,2018)。

(二) 照养人抑郁倾向的影响因素

虽然遗传倾向或者是神经化学的不平衡是导致照养人抑郁的原因(Dawson等,2003),但还有其他风险因素影响抑郁倾向(Lesch,2004)。低收入和中等收入国家中母亲相对高的抑郁症患病率,可能的原因之一是女性处在会导致抑郁风险的多种因素的环境之中(Broadhead,Abas,1998),这种环境包括冲突、灾难、暴力、移民和艾滋病毒/艾滋病的高流行率(Dhanda,Narayan,2007)。还可能受到过重的经济压力(Husain et al.,2000),较低的社会支持(Kazi et al.,2006),家庭暴力(Fischbach,Herbert,1997),孕产妇类疾病(Moussavi et al.,2015),婚姻冲突(Cummings,Kouros,2009)等的影响。

我国农村地区婴幼儿照养人以母亲和祖母为主(岳爱,等,2017),国内针对这两类人群的研究发现其抑郁症状的危险因素有:丈夫外出(钟斌,姚树桥,2012)、家庭经济困难(高成阁,等,2006)、抚养多个孩子(张璐,等,2018)、抚养女孩(张淞文,1995)和身体健康状况差(曹裴娅,等,2016)。在中国目前特定的背景下,先前的研究表明,在农村地区"落伍"的妇女,特别是在地理上与大城市隔离的妇女,更容易受到包括抑郁和焦虑在内的心理症状的影响(Qiu et al.,2016)。没有家人或邻居的社会支持,照养人日常生活压力源可能来自于"感到被孤立",有时甚至不知所措,这是导致其出现抑郁倾向的重要因素之一。

养育的负担可能是导致照养人抑郁症状的另一个因素。在我国农村,由于文化的限制以及父亲经常在城市工作,婴幼儿的主要照料通常落在母亲或祖母身上(Wang, Mesman, 2015)。此外,中国农村地区的许多年轻母亲都有照料孩子和公公婆婆的责任。这种过多的照料负担容易导致孕产妇的精神健康问题(Chen et al.,2015)。对于年轻的母亲来说,家庭冲突的出现,例如与公婆的异议,是中国农村家庭(通常是婆媳同住时)中持续的压力来源。婆婆对儿媳的管教根源于中国儒家社会(Blustein et al.,2004)。在一项研究中,将近三分之一的中国农村妇女认为与婆婆发生冲突是自杀前的主要导火索(Pearson et al.,2002)。当询问自杀未遂者的主要自杀原因时,患者及其家人均提到了家庭纠纷。虽然不应将高自杀率就等同于高抑郁率,皮尔森(Pearson)的研究仍然显示出抑郁症的发生率,这说明了家庭纠纷在农村家庭造成的严重生活压力。甘雨等(2019)的研究发现受教育程度和身体健康状况是婴幼儿抚养人抑郁症状的主要危险因素。在其他研究中也普遍发现受教育程度和身体健康状况与抑郁存在关联,年龄大是祖母抑郁症状的主要危险因素,可能是身体机能下降、患慢性病等健康因素导致祖母的抑郁症状(甘雨,等,2019)。

(三)照养人抑郁倾向对婴幼儿早期发展的影响

在影响儿童发展水平的众多因素之中,照养人的心理健康状况是最关键的因素之一。照养人是儿童成长过程中接触最多、联系最紧密的群体(刘黎明,等,2002;Feil, Severson, 1995;陈福美,等,2015),拥有健康积极心态的照养人有利于儿童健康发展,具有不良心理状态的照养人则不利于儿童的发展(Cabrera et al.,2011)。贝尔斯基(Belsky)的父母教养过程模型指出父母的心理资源是影响其教养方式/行为的重要决定性因素,并认为父母抑郁可能是最重要也最直接的影响教养行为的因素,并进一步影响孩子的健康发展(Belsky,1984)。在影响照养人心理健康的众多因素之中,抑郁是最为不利的因素之一(李艳芳,2014;Goodman,2007)。研究表明母亲抑郁的儿童从婴儿时期到青少年时期的智力、情绪及各方面发展水平均显著落后于不抑郁母亲的儿童(Cummings, Kouros, 2009)。英国的一项研究发现,如果母亲的抑郁症状得分在正常人群中排名前15%,那么她的孩子在13岁时出现精神障碍的风险就会增加一倍(O'Donnell et al.,2014)。抑郁症母亲对孩子的消极感知及应对,将直接导致孩子面临负面事件时的消极自我评判和回应(Goodman,2007)。

不同于学龄儿童的照养人可以把一部分养育责任转移给社会支持系统(如幼儿园),婴幼儿时期的照养人需要更多时间和精力的付出,因此,在婴幼儿时期,照养人抑郁风险对其养育行为的负面影响更大(Lovejoy et al.,2000)。0—2岁的儿童往往更依赖照养人为其提供的认知刺激和社会交往环境,因此更容易受到照养人不良心理状态的不利影响,大量研究发现,照养人的抑郁状态可能对养育行为产生不利影响,母亲抑郁将通过母亲身体惩罚增加学前儿童出现外向问题行为的风险(Cummings, Kouros, 2009;Goodman et al.,2011;Whiffen, Gotlib, 1989),并且母亲抑郁对年龄越小的儿童的负面影响越大(Goodman et al.,2011)。相较于无抑郁风险的母亲,存在抑郁风险的母亲即使与儿童互动,也通常缺乏逻辑性,且表现的更加消极,因此儿童也较难通过与其互动来提高认知、语言能力等各方面的发展水平(Sohr-Preston, Scaramella, 2006)。

发展中国家的研究也一致地发现,母亲抑郁更容易导致幼儿的认知功能水平较低(Black et al., 2007; Patel et al., 2003)。母亲抑郁可以通过多种不同的机制对孩子的发展产生负面影响。儿童可能会通过观察和模仿父母的抑郁行为而向父母学习(例如在人际交往中退缩而不是进行互动)(Downey, Coyne, 1990)。抑郁的母亲更有可能以抑郁症患者与其他成年人互动的方式来与孩子互动:有限的面部、行为影响和带有敌意或负面的影响。有抑郁倾向的母亲倾向于对孩子更加孤立,易怒和敌视,并且在孩子敏感的发育时期不太可能进行刺激性活动(Lovejoy et al., 2000; Pelaez et al., 2008)。

朱大倩等人的研究发现,早在新生儿期,母亲的抑郁症状就会对婴儿调节自己情绪和行为状态的能力造成影响。与控制组相比,母亲存在抑郁症状的婴儿在2月龄时很少看向母亲,并会表现出更多的负性情绪,他们的活动水平较低,且心率则较快。一些抑郁的母亲在与婴儿互动时表现得较为退缩和漫不经心,她们很少逗弄儿童,很少用婴儿式的语言与儿童交谈,常常表现出平淡和悲伤的情感;而另一些则表现得很具侵入性,常常对婴儿生气,并对其活动给予过多的干涉(朱大倩,施慎逊,2013)。而很多实证研究也发现了抑郁风险对照养人的养育行为存在显著的影响,如李艳芳等调查了北京1877名4—6岁幼儿园儿童的照养人,发现母亲的抑郁风险与母亲对儿童需求的敏感性、积极情感表达、为儿童提供认知指导、为儿童提供社交机会等积极养育行为均显著负相关(李艳芳,2014),这些都不利于儿童认知、情感等各项机能的发展。

照养人抑郁风险对儿童发展水平的影响可能是因为抑郁风险改变了照养人的养育行为,使其消极养育行为显著增加,积极养育行为显著减少。古德曼(Goodman)和戈特利布(Gotlib)在母亲抑郁传递的整合模型中指出,消极养育行为是存在抑郁风险的母亲危害儿童发展的主要作用途径(Goodman, Gotlib, 1999)。晏妮等人的研究发现,在亲子互动过程中,母亲的消极情绪可能表现为对儿童需求的批评、拒绝、愤怒(晏妮,于尧,2017)。李燕娟等的研究表明,羞耻感高且易焦虑的父母,其孩子的行为问题发生率较高(李燕娟,王雨吟,2018)。王春阳等的研究表明,抑郁症患者子女产生行为问题的倾向更高。外界提示父母的抑郁体验会对儿童行为问题产生影响,同时孩子行为问题频发,也会反过来导致父母的低自我效能感、自我批评性和无助(王春阳,郭平,2007)。而积极健康的母亲能较为迅速、敏锐地觉察儿童的心理需要,更多的接触和参与儿童活动、为儿童与同伴及成人交流提供机会与指导、向儿童表达积极的情感等(张杰,王美芳,2009)。研究者对46篇照养人抑郁风险与其养育行为的关系的文章进行分析,结果发现照养人抑郁症对婴幼儿的长期影响尤为明显,存在抑郁风险的照养人其消极养育行为及忽视和漠视婴幼儿的行为会大幅增加,积极养育行为会有显著但小幅的减少,因为沮丧、消极的母亲在与儿童发展直接相关的各个领域表现出更多的负面互动,其养育行为通常表现为更少的时间、精力和情感投入,以及更多的否定拒绝和攻击性(Goodman et al., 2011; Lovejoy et al., 2000)。

第三节 儿童早期发展干预实践及机制分析综述

一、儿童早期发展干预实践与探索

部分国家从 20 世纪 60 年代开始实施一些小规模的儿童早期发展干预试点项目,并进行科学的影响评估,其中一些展开了中长期跟踪调查。主要有三种干预模式,入户家访的干预模式、儿童早期发展活动中心型干预模式以及儿童早期发展活动中心和入户家访相结合的综合干预模式。

牙买加儿童早期发展入户家访项目是 1999 年针对低收入地区的 140 名 2 岁以下的低体重儿童开展的干预项目。家访服务内容主要是培养与儿童互动等能力,包括开展不同类型的亲子游戏活动,如阅读、唱歌、自制玩具和涂画等,同时鼓励照养人和儿童开展积极的鼓励式的亲子活动。项目在短期内改善了低体重儿童的发展水平和家庭养育环境(Walker et al.,2007)。在儿童 6 岁时的追踪研究发现,干预对儿童的智力有显著的积极影响,且与控制组相比,干预组儿童表现出更少的行为问题(Walker et al.,2011)。

还有两个入户家访项目采用的是以母亲小组为基础的模式,但是研究结果存在差异,其中一项是土耳其 1983 年开展的早期发展项目(Turkish Early Enrichment Project,TEEP),该项目使用学前儿童家庭指导计划(Home Instruction Program for Preschool Youngsters,HIPPY)课程,每周指导母亲使用活动材料和孩子进行互动,并每两周进行一次小组讨论,讨论主题涵盖营养、儿童健康、儿童发展需求、游戏活动和规则建立等。项目显著地改善了干预组儿童的智力发育水平、分析能力和学校适应能力,对数学成绩和情感问题没有影响(Kagitcibasi et al.,2001)。而在孟加拉国开展的儿童早期发展研究发现,干预只能提高母亲的养育知识和儿童早期发展的相关知识,并没有发现对儿童早期发展的影响,造成结果差异的可能原因是干预缺乏对活动的指导和技能的练习,干预只提高了母亲的养育知识和婴幼儿早期发展的相关知识,并未对母亲的养育行为产生显著影响(Aboud et al.,2013)。

北卡罗来纳州启蒙项目的研究对象是 111 名处于风险环境的儿童。该项目通过中心干预方式,从样本儿童6周大时开始干预,每天6—8小时,每周5天,每年50周的课程干预来促进儿童发展。该项目在短期内取得了非常好的效果,在三岁时,干预组的儿童贝利测试得分(认知得分)高于控制组一个标准差,但在6岁时这种优势消失。在后续的青春期阶段,干预呈现异质性,项目为女性带来了更好的效果,干预组的女性的认知能力和高中毕业率显著好于控制组女性。在30岁时,干预组人群相较于控制组人群拥有更长的教育年限,也更有可能获得稳定的工作(Heckman,2007)。

乌干达是一个低收入国家,40%儿童发育迟缓,15%儿童低体重,2013年项目组的社区志愿者在乌干达利拉社区开展了儿童早期项目,该项目为12—36月龄171对儿童及母亲提供角色扮演、游戏、亲子互动和集体问题解决等12个社区活动,干预期为6个月。研究结果表明干预对儿童的认知、接受性语言有显著积极影响;干预组母亲抑郁程度显著降低;家庭养育环境显著改善,但儿童疾病和身高体重并无显著改变(Aboud et al.,2013)。

布加勒斯特儿童早期发展项目是对136名6—31月龄婴幼儿开展的一项随机干预实验,将随机抽取的69名6—31月龄的婴幼儿送到寄养中心照顾,由社会工作者每周提供一次充满关爱和激励的养育活动。追踪研究发现,对于42月龄儿童,干预显著的改善了儿童的智力得分、表达性和接受性语言得分;对于5岁半的儿童,干预不仅显著的改善了智力得分,而且干预组儿童出现焦虑等社交情绪问题的比例显著减小(Nelson III et al.,2007;Windsor et al.,2007;Zeanah et al.,2003)。

除此之外,还有一些研究团队探索综合干预型儿童早期发展的模式,并进行了长期的追踪。比如佩里学前教育项目,此项目服务对象是密歇根州伊斯兰提市低收入家庭的123名3—4岁儿童,提供为期30周、每周5天、每天2.5小时的课堂学习和每周一次持续1.5小时的家访。58名儿童被随机分配到干预组,其他为控制组(即没有任何干预)。研究发现,上幼儿园后,与控制组相比受到干预的儿童提高了12个智力得分;这些儿童即将幼儿园毕业时,受到干预的儿童提高了6个智力得分,但是孩子上2年级时,这种对智力的显著影响消失了,而且研究发现家庭环境得分也表现出了一样的趋势(David et al.,1993)。

借鉴国际入户项目的经验,我国陆续在一些地区开展了一些入户家访和中心型的干预研究,研究结果表明入户干预可以不同程度的提高婴幼儿健康、语言能力、精细运动、社交情绪或解决问题的能力(Jin et al.,2007;S. Zhou et al.,2019)。我国的早期干预应用研究始于20世纪80年代中期,其中最有代表性的是北京协和儿科医院教授鲍秀兰牵头的"八五"攻关课题"0—3岁早期干预"研究,该研究作为一种成功的早期干预模式在全国推广应用(刘云芬,李燕,2013)。我国卫生部于2005年5月正式在全国启动了"儿童早期综合发展项目",其目的是建立儿童早期综合发展服务网络,使0—6岁婴幼儿得到良好的教育与卫生保健服务,促进其身心健康、和谐发展,为后继学习和终身发展奠定基础。我国学者也在不断探索儿童早期干预的有益影响,如陈继红、江雯等在"八五"期间进行的两项促进儿童早期发展干预研究均表明,早期综合干预在促进正常儿童智力发育方面取得了良好效果，是促进儿童身心全面发展的有效手段（陈继红，等，2007；江雯，等，2008）。穆凤霞等在北京开展了小规模的新生儿养育指导研究活动，通过对60名儿童家长进行近两年的养育指导后得出，早期干预对母亲育儿知识和养育行为起到了积极的作用，降低了婴幼儿的贫血率，促进了婴幼儿的智力发展（穆凤霞，等，2008）。林华川等进行的儿童发展干预项目的结果表明儿童早期发展的科学干预方法对于儿童的语言能力、社会能力的发展均存在长期的影响，并且在婴儿期通过实施科学训练指导，对其精细动作存在明显的促发展作用（林华川，郭敬民，2019）。

我国开展过一些短期中心型儿童早期发展干预项目，如北京幸福泉儿童发展研究中心于2003年开创了中国婴幼儿潜能开发—2049计划，其在太原地区的示范基地为91名宝宝提供了早期发展干预，干预结果表明接受干预的幼儿在智力方面，社会适应方面，语言发展方面都得到了很大提高（闫立英，刘月娥，2004）。杨碧云在2005年进行的儿童早期发展干预项目也得到了相似的结果，2005年至2008年，该项目共对142名婴幼儿进行干预，定期对婴幼儿进行随访，每周进行一次亲子园早期教育，每周举办一次健康教育讲座，每季度举办大型集体亲子活动。最终研究结果表明早期教育对不同年龄段的婴幼儿产生了不同程度的影响，对低龄组的宝宝运动能力的发展促进作用更大，对高龄组的宝宝语言能力的发展促进作用更大，对各年龄段婴幼儿个人社交能力的发展均有明显促进作用，这与婴儿大脑发育与智能发育存在关键期相一致（杨碧云，2009）。2007年至2011年，林广起等人对102名3岁以下儿童家长进行每周一次，连续六次的科学育儿知识与技能培训。通过近三年对102名儿童的持续观察得出，接受早期教育的儿童平均发育商较高，智力发育水平较高。因此对婴幼儿进行早期教育和干预，确实能促进其智能发育、提高智力水平（林广起，等，2012）。虽然我国近几年来有不少中心型儿童早期发展干预项目，但参与儿童人数普遍较少。

也有很多国家证明为儿童早期提供营养补充物干预不同程度的促进了0—3岁儿童的发展（Akman et al.，2004；Rivera et al.，2004），而且可以使其未来的学业表现更佳、成年后人力资本素质以及收入水平更高。如20世纪60年代，在危地马拉开展的一项长期追踪调查研究表示，如果对0—3岁儿童进行营养干预，显著地影响儿童上学期间的学习和40年后的收入（Gorman，Pollitt，1996）。

随后各国也开始进行不同的儿童营养干预项目。印度从1975年开始实施"儿童综合发展服务项目"，这是全球最大的儿童营养干预项目。诞生于1972年的美国妇幼营养补助计划是美国联邦政府和各个州政府支持的一项为中低收入家庭免费提供营养与健康教育，健康食品咨询以及其他服务的营养计划。婴儿和儿童。其目标是促进孕妇，母乳喂养期妇女和五岁以下儿童的营养健康。该计划于1974年成为永久性公共健康计划。全美有50％的婴儿和25％的5岁以下婴幼儿参与到了这一项目中，它不仅减少了学前儿童低体重、超重、贫血等生理健康问题，对婴幼儿自身免疫力和认知能力的发展也发挥了不可估量的作用（秦炜森，蔡迎旗，2013）。

1998 年的美国早期儿童纵向研究项目跟踪了来自全美不同阶层家庭的 22 000 名儿童,该项目共持续 9 年,所取得的各项研究报告为儿童认知发展水平方面提供了大量的客观依据。2010 至 2011 年,哥伦比亚开展了一项探究营养提供对儿童认知、语言、运动等方面所产生的影响。泽沃什(Zavoshy)等人 2012 年在伊朗进行了一项针对 3—6 岁贫困农村营养不良儿童的营养干预项目,有效的提高了参与研究儿童的体重、身高等,降低了消瘦的患病率。

国内也有一些研究者发现营养干预项目对儿童发展产生积极影响,营养改善和早期智力发育密切相关(齐小平,王文杰,2005;王启现,等,2007;方志峰,等,2010),如果在儿童早期给他们提供营养补充物可以促进他们认知能力和运动能力的发展。如王玉英等(2006)在甘肃的试点研究发现,对 4—12 月龄儿童开展营养包的干预可以显著的改善儿童早期的智力和运动能力,与没有发放营养包的儿童相比,获得营养包的儿童的智力高出 3.1—4.5 分(Chen et al.,2015;Chun-Ming et al.,2010)。还有研究者在某一地区开展了一些营养包试点干预研究,模拟政策实施之前的一个预试验,结果发现通过给儿童补充富含维生素的营养补充物对儿童早期的健康发展有促进作用,儿童身高不足、生长迟缓率和贫血率等比率都明显下降,改善了体重年龄比、身高年龄比、体重身高比情况(方志峰,等,2010;蒋秋静,等,2016;李丽祥,等,2012;申鸿,等,2011;韦萍,等,2016;张倩男,等,2015;赵文莉,等,2012)。

我国在 1996 年进行"大豆行动计划"试点,旨在提高学生抗病能力,改善学生体质。相继 2012 年我国启动实施贫困地区儿童营养干预试点项目,在 10 个省(区、市)8 个国家集中连片特困地区的 100 个县实施贫困地区儿童营养干预试点项目,通过使用营养包重点对 6—24 月龄婴儿进行营养干预。由中华预防医学会儿童保健分会、中国保健协会科普教育分会联合上海雄基生物技术股份有限公司共同发起的"全国儿童营养干预行动"于 2011 年 12 月 11 日,在北京国务院新闻发布厅正式启动,至今已帮助 2 000 万儿童改善了营养健康状况。

二、儿童早期发展实践的异质性分析

上述项目的研究结果表明这些早期发展干预对儿童能力发展产生了不同的影响,而且很多研究发现针对不同群体不同项目得出不一样的结论,比如针对不同婴幼儿层面特征,渡边(Watanabe)等在研究中发现婴幼儿早期发展干预对营养不良的婴幼儿效果更好,而早期的营养不良与学龄婴幼儿的认知能力存在显著的相关关系,因此更加说明了婴幼儿早期发展干预对于改善营养不良婴幼儿的发展水平可以起到事半功倍的效果(Watanabe et al.,2005)。与之类似的是,美国的"早期开端项目"的研究发现,相较于发展更好的婴幼儿,干预对发展较差婴幼儿的作用最大(Bitler et al.,2014)。但是大部分干预对不同性别婴幼儿的影响无统一定论,比如北卡罗来纳州启蒙项目发现,总体上干预对不同性别儿童的作用是不同的,相比于女孩,项目对男孩有明显的促进作用(Campbell et al.,2014),但是也有项目发现总体上干预对于女孩更有用

（Palmer，1983）。国内入户家访项目发现对男孩的效果要大于女孩，可能由于样本功效的问题，结果不具有显著的差异（Sylvia et al.，2017）。产生这些不一致的可能原因是每个项目都有很多不同的结果指标，而且不同项目关注的显著变化指标不同。此外，一些研究发现开始受到干预的年龄段越小，干预的效果更好且维持的更久。如孟加拉国的一项研究显示更早进入干预项目的孩子比年龄较大的孩子在认知、语言等方面提高的更多（Aboud et al.，2013）。罗马尼亚的寄养项目中发现，那些20个月之前就被送至寄养家庭的孩子在社会技能方面表现的更好，大脑结构发育的也更好（Tanner，Turney，2010）。

另一种是家庭社会经济地位层面的探讨，研究发现对于不同社会经济地位的群体，干预也存在不一样的效果，比如美国开端计划发现，对于那些出身社会经济地位较低个体的认知和非认知能力，干预的效果更好（Bitler et al.，2014）。世界银行通过对现有文献的汇总认为，针对身体健康指标的干预中，对贫穷家庭婴幼儿与富裕家庭婴幼儿的干预效果无显著差异，但是在那些针对学业表现的干预中，干预贫穷家庭的婴幼儿的影响效果显著好于富裕家庭的婴幼儿（Cortázar，Alejandra，2015；Development，2014）。

三、儿童早期发展干预实践影响的机理分析

前期许多发展中国家在儿童早期发展的探索中发现，尽管许多儿童早期发展干预项目的短期评估都呈现出良好的效果，对儿童认知和社交情绪发展、家长的知识和家庭环境刺激等产生了积极的影响，但这些影响随时间和儿童生长环境的变化存在不稳定性。牙买加低体重项目在6岁评估时发现，早期干预改善了智力但并未改善儿童的注意力等（Walker et al.，2011）。土耳其的一项早期发展项目发现，针对母亲的培训干预没有改善7岁儿童的学业表现（Kagitcibasi et al.，2001）。已有研究也对一些可能的原因做了一些有意义的探索，比如早期干预使得个体从认知水平和社交情绪上更加健康（Knudsen et al.，2006），可能是改善未来心理健康的途径之一（Walker et al.，2011）。也就是说由于早期干预促进了儿童在学校和在未来工作中的适应性，这对儿童未来的心理健康水平可能有促进作用（Berlinski et al.，2009），而且学校的成功也可能促进了其他方面的发展，例如儿童有更高的自尊心，减少了的儿童叛逆行为（Bitler et al.，2014）。因此有必要研究干预的影响路径，以便了解每个阶段指标产生差异化影响的原因。

首先，儿童照养人养育行为的改变可能是改善干预效果的重要途径。干预项目为接受早期干预的照养人提供了更多的养育相关材料（Grantham-McGregor et al.，2001；Walker et al.，2000），改变了照养人与孩子读书、唱歌和玩游戏的次数，学龄期间家长在家庭作业的辅导方面投入更多的时间和精力，并带孩子参与各种各样的活动。早期干预的影响可能会持续影响家庭后续在教育活动中的投入和参与度、教育决策以及教育期望，从而对儿童的成长轨迹产生深远的影响。

其次,还有一些研究发现对父母进行培训可能会改变父母对孩子潜能的看法,而且父母在帮助孩子方面的自我效能可能也会提高(Walker et al.,2011)。胡佛-丹普西(Hoover-Dempsey)和桑德勒(Sandler)提出的家长教育决策模型中将家长参与教育决策与儿童的学业表现联系起来,在这个模型中,家长角色和家长的自我效能都可能成为增加父母在孩子教育上的投入时间和资源的动力(Hoover-Dempsey et al.,1995)。家长更多的参与儿童的教育,结合项目本身对儿童能力的影响,可以共同促进儿童未来的学习成就。如在土耳其的早期发展项目中,通过对母亲进行培训促进了儿童认知能力、学业成就,降低了儿童攻击性行为;而该项目的另一个干预组是将儿童送进教育性日托机构,这种方式仅有益于儿童认知能力的发展(Kagitcibasi et al.,2001),这表明父母培训可能对于获得全面的干预效果很重要。

第三章

西部农村地区 0—3 岁儿童
发展面临的挑战及影响因素

在了解了儿童早期发展重要性及其国内外研究现状的基础上，本章主要从以下三个方面描述我国西部农村样本地区婴幼儿的发展现状及其可能的影响因素：首先，了解我国儿童早期发展的政策环境变化及其在0—3岁婴幼儿发展方面取得的成就；其次，从健康、认知、运动、社交情绪和语言五个方面描述我国西部农村地区0—3岁婴幼儿早期发展现状，分析其变化的趋势和特点；最后，从婴幼儿自身特征、主要照养人特征和家庭特征三个层面分析可能的影响因素，找到促进婴幼儿发展的可能路径。

　　党和国家始终高度重视儿童早期发展,不仅制定了一系列促进儿童早期发展的政策,为儿童生存、发展、受保护和参与权利的实现提供了重要保障。而且全国范围内开展大规模的营养健康项目工作使得包括农村地区在内的婴幼儿的营养状况在一定程度得到了改善。截至 2020 年底,婴儿、5 岁以下儿童死亡率分别从 2010 年的 13.1‰、16.4‰下降到 5.4‰、7.5‰;学前教育毛入园率从 2010 年的 56.6%上升到 85.2%。

一、儿童早期发展的政策环境

　　通过图 3-1 我们可以看出中国在儿童早期发展方面制定和实施的一系列政策。早在 1981 年,卫生部妇幼卫生局颁布了《三岁前小儿教养大纲(草案)》,指出早期教育对"小儿的感知觉、动作、认知能力、语言和思维、想象"的重要意义,这是新中国成立后首次就 0—3 岁婴幼儿的具体教养工作做出的明确规定,提出了托儿所教养工作的具体任务。1991 年,国家制定了《九十年代中国儿童发展规划纲要》,这是中国儿童发展的首个纲要,也成为儿童发展的政策里程碑(赵记辉,2018)。到 2001 年,我国基本实现了纲要中提到的内容,使我国儿童生存、保护和发展取得了历史性的进步(朱艳梅,2015)。1995 年,我国相继出台《中华人民共和国母婴保健法》和《母婴保健医学技术鉴定管理办法》,为开展母婴保健工作、维护妇女合法权利提供了保障。国务院和教育部在 2001 年和 2003 年出台了《中国儿童发展纲要(2001—2010)》和《关于幼儿教育改革和发展的指导意见》,首次明确指出 0—3 岁儿童的早期发展和 0—6 岁儿童和家庭提供早期保护和教育服务,形成了基本覆盖城乡社区的社区儿童服务网络以及公办和民办相结合的 0—6 岁儿童发展格局。2010 年,国家通过《国家中长期教育改革和发展规划纲要(2010—2020)》在学前教育发展任务中明确要求"重视 0—3 岁婴幼儿教育",这标志着 0—3 岁婴幼儿早期教育正式纳入国民教育服务体系。2011 年,《中国儿童发展纲要(2011—2020 年)》提出加快培养 0—3 岁儿童早期教育专业化人才的要求,为 0—3 岁儿童的发展提供了人才保障(国务院,2011)。在这之前,关于 0—3 岁婴幼儿早期发展服务的政策主要关注城市人口,2014 年,国家开始意识到贫困农村地区儿童早期发展的重要性和紧迫性,为了促进贫困农村地区儿童的发展出台了《国家贫困地区儿童发展纲要(2014—2020)》。纲要重点提出开展婴幼儿早期保教,依托幼儿园和支教点,为3岁以下儿童及其家庭提供早期保育和教育指导服务,且采取多种形式宣传普及早期保教知识(国务院办公厅,2015)。

2017年中央经济工作会议上提出要针对人民群众关心的问题精准施测,解决好婴幼儿照顾问题,这是国家在放开二胎后针对婴幼儿照顾和发展问题提出的新决策。按照党中央国务院的要求,国家卫生健康委员会、财务部、教育部、民政部等相关部门正在加紧进行调研研究,将制定我国婴幼儿(主要指0—3岁)发展的规划,制定行业标准以及推动和支持婴幼儿事业发展的政策措施。而且在2015年发布的国家职业分类大典中,明确设立了针对0—3岁婴幼儿发展的婴幼儿发展引导员国家职业。如果国家制定出婴幼儿发展领域的从业标准,这对于促进婴幼儿早期发展来说就前进了一大步——从人力资源上保障了0—3岁儿童的早期发展。2018年的人民代表大会和人民政治协商会议提出更多渠道增加学前教育资源供给,运用互联网等信息化手段,加强对儿童托育全过程监管,一定要让家长放心安心。在2018年底召开的中央经济工作会议上,明确提出要加大对"贫困农村地区儿童早期发展"的投入,将促进儿童早期发展与脱贫攻坚紧密相连。2019年1月中央一号文件发布,《中共中央国务院关于坚持农村优先发展做好"三农"工作的若干意见》中指出,提升农村公共服务水平,加强农村儿童健康改善和早期教育、学前教育。已经明确提供加强农村儿童早期教育和学前教育。从政策发展的整个脉络可以看出,国家的政策一步一步聚焦到了贫困农村地区,而且目标群体和政策内容越来越细化,为国家更好的解决贫困农村地区的发展问题提供了很多的保障。习近平总书记指出,让贫困地区的孩子们接受良好教育,是扶贫开发的重要任务,也是阻断贫困代际传递的重要途径,要对农村贫困家庭幼儿特别是留守儿童给予特殊关爱,探索建立贫困地区学前教育公共服务体系。2019年5月9日发布的《国务院办公厅关于促进3岁以下婴幼儿照护服务发展的指导意见》指出"加大对农村和贫困地区婴幼儿照护服务的支持,推广婴幼儿早期发展项目"。2019年也被称为托育行业的元年,这一文件的出台,极大地促进了儿童早期发展行业的发展。2020年中共中央关于制定《国民经济和社会发展第十四个五年规划和二〇三五年远景目标的建议》提出制定人口长期发展战略:优化生育政策,增强生育政策包容性,提高优生优育服务水平,发展普惠托育服务体系,降低生育、养育、教育成本,促进人口长期均衡发展,提高人口素质。2021年国务院印发《中国儿童发展纲要(2021—2030年)》的目标中明确了加强儿童早期发展服务(国务院妇女儿童工作委员会,2021)。建立健全多部门协作的儿童早期发展工作机制,开展涵盖良好健康、充足营养、回应性照护、早期学习、安全保障等多维度的儿童早期发展综合服务。加强对家庭和托育机构的婴幼儿早期发展指导服务。促进儿童早期发展服务进农村、进社区、进家庭,探索推广入户家访指导等适合农村边远地区儿童、困境儿童的早期发展服务模式。

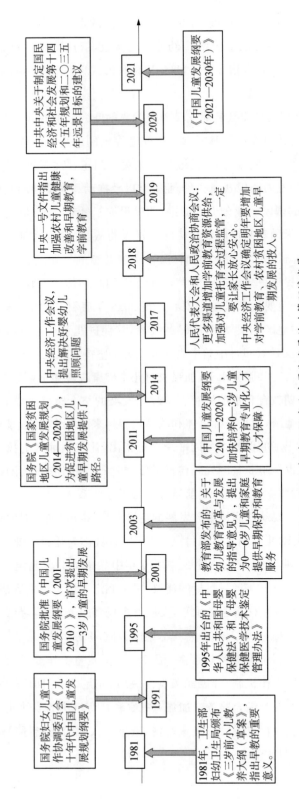

图 3 - 1　1991 年到 2021 年儿童早期发展的政策环境发展

二、中国0—3岁儿童早期发展已取得伟大成就

（1）儿童营养不良状况持续减少，5岁以下儿童蛋白质—能量营养不良患病率明显下降。

如图3-2和图3-3所示，2016年，我国5岁以下儿童低体重率为2.5%，比1990年下降了86.9%，已提前实现联合国千年发展目标1；2013年生长迟缓率为8.1%，比1990年下降了75.7%，长期保持在较低水平。但是仍存在显著的城乡差异，城市为1.7%，农村为3.2%，是城市的2倍。项目组在2013年到2018年间，对项目地区的0—3岁婴幼儿的测试结果发现，儿童的低体重率保持在5%以下（崔艺等，2018）。联合国儿童基金会发布的《2012年世界儿童状况报告》显示，中国5岁以下儿童的低体重率和生长迟缓率低于多数发展中国家，明显低于东南亚国家，与美国等发达国家的差距逐渐缩小（联合国儿童基金会，2012）。

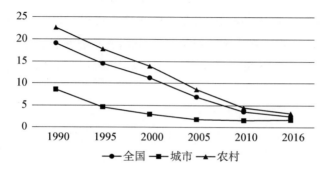

图3-2 中国5岁以下儿童1990—2016年低体重率变化趋势
资料来源：中国疾病预防控制中心，全国营养调查（1992年和2017年数据）；中国食物与营养监测系统

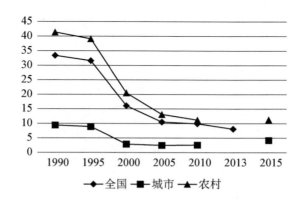

图3-3 中国5岁以下儿童1990—2015年生长迟缓率变化趋势
资料来源：中国疾病预防控制中心，全国营养调查（1992年和2017年数据）；中国食物与营养监测系统

(2) 婴幼儿营养改善显著提高了儿童生存质量和健康水平。

1）对于大多数国家来说，降低婴幼儿和儿童死亡率能够有效地延长国民寿命。根据世界卫生组织报告，中国 5 岁以下儿童死亡率归因于营养不良的比例达 35％。2000 年，我国 5 岁以下儿童死亡归因于营养不良的比例为 22％（陈春明，2009；卫生部，2012a）。据估算，这一数字于 2010 年降低至 13.1％。儿童营养状况的改善促进了 5 岁以下儿童高死亡率的下降，5 岁以下儿童死亡率城乡差距逐渐缩小，但城乡之间仍有差距。2010 年，城市和农村 5 岁以下儿童死亡率分别为 7.3‰和 20.1‰，比 2000 年分别下降了 47.1％和 56％。城乡差距由 2000 年的 3.3 倍缩小到 2010 年的 2.8 倍（卫生部，2012a）。2021 年全国婴儿死亡率为 5.4‰，5 岁以下儿童死亡率为 7.1‰，比 2012 年下降 51.5％和 46.2％（光明日报，2022），城市地区为 4.1‰，农村地区为 8.5‰，是城市的 2 倍。

2）计划免疫取得巨大成功。儿童接种疫苗是一个成熟的、成本效益较高的方式，预防免疫带来的社会和经济收益更是巨大的。预防免疫包括各种死亡传染病，麻疹，白喉，流行性脑膜炎，流行性乙型脑炎，脊髓灰质炎等。我国的计划免疫接种达到 90％以上，有效的控制了传染病在儿童中的流行（卫生部，2012）。在实施计划免疫的同时，又相继开展了儿童营养不良，佝偻病和贫血的防治，肺炎和腹泻的防治，新生儿保健，新生儿疾病筛查，出生缺陷预防等工作。

第二节　西部农村0—3岁儿童健康现状及影响因素分析

鉴于贫血对儿童认知及其未来的影响,但是现有研究大部分集中在城市地区,特别是针对农村地区的6—12月龄儿童的贫血状况及风险因素的深入分析仍较为缺乏。因此本小节基于数据集一,在了解6—12月龄婴幼儿贫血现状的基础上,从婴幼儿层面、照养人和家庭层面分析贫血的影响因素,探索可能的降低贫血的有效办法。

一、婴幼儿特征及其贫血和身体发育情况

本研究的实际有效样本1770个,其中男性婴幼儿929名(52.49%),女性婴幼儿841名(47.51%)。样本中低出生体重81例(4.58%),通过自然分娩方式出生1153名(65.14%),剖宫产617名(34.86%)。由妈妈在家负责照顾的婴幼儿有1407名(79.49%),另外363名(20.51%)由奶奶或其他人作为第一照养人负责照顾。1438名(81.24%)婴幼儿的母亲接受了9年义务教育。422名(23.84%)婴幼儿出生于农村低保家庭。婴幼儿曾经母乳喂养为1570名(88.70%),生后一直母乳喂养1024例(57.85%),使用配方奶喂养1158例(65.42%),不到6月龄添加辅食的有608例(34.35%),符合最小饮食多样性标准910例(51.41%),符合最小进餐频率标准998例(56.38%)。生后一直母乳喂养的婴幼儿中,6月龄按时添加辅食且符合最小饮食多样性和最小进餐频率标准的有68例(6.64%)。1770名婴幼儿中,65例(3.67%)生长迟缓,21例(1.19%)低体重,28例(1.58%)消瘦。血红蛋白平均值为$109\pm13\,g/L$,865例贫血,贫血患病率为48.87%。

二、贫血影响因素分析

(一)婴儿个体特征与贫血的关系

由表3-1可见,不同月龄婴儿血红蛋白水平差异有统计学意义($P<0.01$),血红蛋白水平经

历先降后升的过程,8月龄婴儿血红蛋白水平最低。相应地,贫血率呈现先升后降的趋势,且不同月龄婴儿贫血率比较差异有统计学意义(P<0.05)。不同出生胎次婴儿血红蛋白水平及贫血率比较差异亦有统计学意义(P<0.01)。婴儿性别、出生体重和出生方式等特征和血红蛋白水平及贫血率间无显著关系。

表3-1　婴儿个体特征与婴儿血红蛋白水平及贫血患病率的关系

变量	样本	血红蛋白水平			贫血		
		平均值±标准差	F值	P值	样本量（%）	χ^2值	P值
婴儿月龄							
6月龄	181	110±12			93(51.38)		
7月龄	290	109±12			149(51.38)		
8月龄	271	106±13			146(53.87)		
9月龄	274	110±13	4.05	<0.01	136(49.64)	14.86	0.02
10月龄	294	109±13			142(48.30)		
11月龄	309	110±13			145(46.93)		
12月龄	151	112±13			54(35.76)		
性别							
男	929	109±13	0.18	0.67	460(49.52)	0.33	0.57
女	841	109±12			405(48.16)		
出生体重							
<2.5 kg	81	108±16	0.28	0.60	37(45.68)	0.35	0.56
≥2.5 kg	1 689	109±12			828(49.02)		
胎次							
第1胎	1 103	110±12	6.73	0.01	506(45.87)	10.51	<0.01
第2胎及以上	667	108±13			359(53.82)		
出生方式							
顺产	1 153	109±12	1.95	0.16	558(48.40)	0.30	0.59
剖宫产	617	109±14			307(49.76)		

(二) 婴儿家庭特征与贫血的关系

　　如表3-2所示,妈妈作为第一照养人的婴儿血红蛋白水平低于奶奶或其他人作为第一照养人的婴儿血红蛋白水平,相应地前者贫血率高于后者,差异有统计学意义(P<0.01)。接受9年及以上教育的妈妈照养的婴儿血红蛋白水平低于接受9年以下教育者的婴儿,相应地前者贫血

率高于后者,差异有统计学意义(P<0.01)。而家庭的低保情况与婴儿血红蛋白水平以及贫血率间没有显著关系。

表3-2　家庭特征与婴儿血红蛋白水平及贫血患病率的关系

变量	样本	血红蛋白水平			贫血		
		平均值±标准差	F 值	P 值	平均值±标准差	x^2 值	P 值
第一照养人							
妈妈	1407	108±13	21.93	<0.01	723(51.39)	17.38	<0.01
奶奶或其他	363	112±12			142(39.12)		
妈妈受教育年限							
<9 年	332	111±12	12.46	<0.01	137(41.27)	9.46	<0.01
≥9 年	1438	109±13			728(50.63)		
低保情况							
低保户	422	109±12	0.44	0.51	204(48.34)	0.06	0.80
非低保户	1348	109±13			661(49.04)		

(三) 婴儿喂养行为与贫血的关系

由表3-3可知,曾经母乳喂养和一直母乳喂养的婴儿血红蛋白水平低于非母乳喂养的婴儿,贫血患病率也高,差异有统计学意义(P<0.01)。配方奶喂养的婴儿血红蛋白水平高于非配方奶喂养的婴儿,相应地贫血率更低(P<0.01)。辅食添加符合 WHO 推荐的最小进餐频率标准的婴儿血红蛋白水平高于不符合该标准的婴儿,相应地贫血率更低(P<0.01)。但辅食添加时间、辅食添加多样性是否满足 WHO 推荐标准和婴儿血红蛋白水平以及贫血率之间没有显著关系。

表3-3　婴儿个体特征与婴儿血红蛋白水平及贫血患病率的关系

变量	样本	血红蛋白水平			贫血		
		平均值±标准差	F 值	P 值	平均值±标准差	x^2 值	P 值
曾经母乳喂养							
是	1570	108±13	38.74	<0.01	801(51.02)	25.68	<0.01
否	200	114±12			64(32.00)		
一直母乳喂养							
男	1024	106±13	125.91	<0.01	597(58.30)	86.48	<0.01
女	746	113±12			268(35.92)		

变量	样本	血红蛋白水平			贫血		
		平均值±标准差	F值	P值	平均值±标准差	x^2值	P值
使用配方奶喂养							
是	1 158	111±12	108.52	<0.01	485(41.88)	65.44	<0.01
否	612	105±13			380(62.09)		
辅食添加月龄							
<6 个月	608	109±12	0.56	0.45	290(47.70)	0.51	0.48
≥6 个月	1 162	109±13			575(49.48)		
符合最小饮食多样性标准							
是	910	109±13	0.46	0.50	436(47.91)	0.69	0.41
否	860	109±13			429(49.88)		
符合最小进餐频率标准							
是	998	111±12	53.44	<0.01	422(42.28)	39.71	<0.01
否	772	107±13			443(57.38)		

（四）婴儿贫血的多因素回归分析

将以上单因素分析中有统计学意义的变量,即婴儿月龄、胎次、第一照养人、妈妈受教育年限、曾经母乳喂养、一直母乳喂养、使用配方奶喂养、符合最小进餐频率标准,使用 logistic 逐步回归分析。分析结果显示,一直母乳喂养、符合最小进餐频率标准和使用配方奶喂养 3 个变量有统计学意义,说明生后一直母乳喂养的婴儿患贫血的风险更高(P<0.01);辅食添加符合世界卫生组织推荐的最小进餐频率标准是婴儿贫血的保护因素(P<0.05);使用配方奶喂养亦是婴儿罹患贫血的保护因素(P<0.01),见表 3-4。

表 3-4 婴儿贫血多因素逐步回归分析结果

变 量	系数	标准误	x^2值	P值	OR值	95% 置信区间
一直母乳喂养	0.570	0.135	10.42	<0.001	1.768	1.358—2.301
符合最小进餐频率标准	−0.249	0.124	3.78	0.044	0.079	0.611—0.993
使用配方奶喂养	−0.418	0.129	9.64	0.001	0.658	0.511—0.849
常数项	0.036	0.181	0.01	0.841	1.037	

根据世界卫生组织的标准,人群贫血率≥40%为严重公共卫生问题,介于 20%—40%之间为中等程度公共卫生问题(刘爽,等,2014；UNICEF et al.，2001)。本研究显示,样本农村地区

6—12月龄婴儿贫血率为48.87%,由此可见农村地区6—12月龄婴儿贫血依然是严重的公共卫生问题。依据《中国妇幼卫生事业发展报告(2011)》,1992—2005年中国城市和农村5岁以下儿童贫血率介于12%—20%之间(卫生部,2012)。本研究的结果显示样本农村地区婴儿贫血问题要比城市和发达地区农村更严重。考虑到生命的第一个1000天是营养补充的关键期,这一阶段贫血有可能影响大脑的发育及其功能,且影响不可逆(邵洁,2015;朱宗涵,2011),因此亟需采取措施尽快减少和消除婴儿贫血,促进儿童健康成长。国内研究指出,6—12月龄是婴儿贫血的高发期,随后会逐步下降(崔颖,等,2008;刘爽,等,2014;孟丽苹,等,2011)。本研究也发现,6—12月龄婴儿不同月龄的贫血率存在显著差异,但随月龄增加呈倒U形分布,8月龄婴儿贫血患病率最高。研究表明,6—8月龄婴儿若没有及时科学添加辅食,会严重影响其身体发育(孙倩倩,等,2009;王玉英,等,2009)。本研究发现,辅食添加符合世界卫生组织推荐的最小进餐频率标准的婴儿,血红蛋白水平高于不符合该标准的婴儿,相应地贫血率更低。上述发现表明,如果没有及时科学地添加辅食,不仅会影响婴儿的生长发育,还会提高婴儿罹患贫血的风险。已有研究发现母乳喂养但未合理添加辅食是引起婴儿缺铁性贫血的主要风险因素之一,母乳喂养婴儿缺铁性贫血的发病率明显高于混合喂养和人工喂养(廖志梅,郝国平,2011;徐康,等,2015;Gong et al.,2008;Meinzen-Derr et al.,2006)。

本研究多因素logistic回归分析表明,生后一直母乳喂养会增加婴儿贫血发生的风险(OR=1.768)。这一结果与前期的一些研究结果类似(钱兴国,等,2003;邵洁,2015;宋佳,等,2014;孙倩倩,等,2009)。生后一直母乳喂养的婴儿中,6月龄按时添加辅食且符合最小饮食多样性和最小进餐频率标准的仅占6.64%。母乳中的铁元素含量比较低,因此需要适时适量科学添加辅食和补充铁等微量营养素以预防婴儿贫血(李娜,张巍,2011;Mello-Neto et al.,2010)。虽然有一些研究分析辅食添加和婴儿贫血的关系,但大多仅关注是否添加或是否及时添加辅食和贫血的关系(雷庆龄,等,2014;刘爽,等,2014)。本研究除关注是否添加和是否及时添加辅食外,还引入WHO等制定的"最小进餐频率标准"这个观察变量。回归分析显示,按照WHO规定的最小进餐频率标准给婴儿添加辅食是婴儿贫血的保护因素(OR=0.779)。婴儿期是个体生长发育旺盛期,所需营养和能量高,但由于婴儿胃容量有限,因此需要通过增加辅食添加频率的方式获取营养并增加能量摄入(陈春明,葛可佑,2000;王丽娟,等,2011)。

另外,逐步回归分析还显示,使用配方奶喂养是婴儿贫血的保护因素(OR=0.658),与已有的研究结果一致(钱兴国,等,2003;杨振宇,等,2011)。可能由于配方奶中含丰富的铁和维生素C,补铁的同时能促进婴儿对铁的吸收(钱兴国,等,2003)。

综上所述,样本农村地区6—12月龄婴儿贫血状况不容乐观。减少和消除母乳喂养婴儿贫血的核心是科学添加辅食。在强调母乳是婴儿最好的天然食物,对婴儿健康和生长发育有着不可替代作用的同时,还需要加大婴儿喂养中如何科学添加辅食的宣教。有研究指出,婴儿贫血主要表现为缺铁性贫血(林良明,等,2003),因此在辅食添加宣教中需要强调给婴儿科学喂食含铁丰富的食物以及蔬菜和水果,提高铁的摄入并促进铁的吸收。通过倡导科学合理的喂养方式,均衡母乳喂养和辅食添加的关系,改善婴儿营养状况,是降低农村地区婴儿贫血患病率和增进儿童健康成长的有效措施。

第三节　西部农村0—3岁儿童认知和运动发展现状及其影响因素

　　国内相关研究主要关注城市地区家庭儿童认知等方面的发展,鲜有基于农村地区大规模的随机抽样研究。为满足国家早期人力资本发展的研究需要,充分了解我国农村地区儿童早期人力资本发展状况,本节基于数据集一中在样本农村地区开展的婴幼儿营养健康项目,分析婴幼儿认知和运动发展现状及其风险因素,探索改进农村地区婴幼儿发展的可行性方案并促进儿童早期发展,为有效认识并提升我国农村地区人力资本素质提供依据支持。

一、认知和运动发展现状

　　本研究使用数据集一中基线调查的全样本和三期评估调查中控制组的数据,基期的有效样本为1 780个,第二期有效样本为497个,第三期的有效样本为483个,第四期的有效样本为486个。

　　第一期调查的有效样本中,婴幼儿认知得分的均值为96.78分,显著低于正常儿童的平均值100($P<0.001$),标准差为16.85,我们发现认知发展存在中度发展滞后风险的婴幼儿有121名(13.54%),认知发展存在严重滞后风险的婴幼儿有120名(6.74%);在第二期497个样本中,认知得分的均值为94.15分,标准差为24.74,显著低于正常儿童的平均值($P<0.001$),认知发展存在中度发展滞后风险的婴幼儿有51名(20.12%),认知发展存在严重滞后风险的有49名(9.86%);第三期483个婴幼儿样本中,平均值为84.68,标准差为19.84,显著低于正常儿童的平均值($P<0.001$),认知发展存在中度发展滞后风险的婴幼儿有92名(19.05%),认知发展存在严重滞后风险的有115名(23.81%);第四期486个婴幼儿样本中,平均值80.34,标准差21.58,认知发展存在中度发展滞后风险的婴幼儿有81名(16.67%),认知发展存在严重滞后风险的有164名(33.74%)。

　　第一期运动发展得分均值为90.04,标准差为17.39,显著低于正常儿童的100分($P<0.001$),运动发展存在中度滞后风险的婴幼儿有201名(11.29%),运动发展存在严重滞后风险的有232名(13.03%);第二期运动发展均值为95.32,标准差为24.74,存在中度滞后风险的婴幼儿有50名

(10.06%),存在严重滞后风险的婴幼儿有 83 名(16.70%);第三期运动发展均值 104.13,标准差 19.01,运动发展存在中度滞后风险有 30 名(6.21%),存在严重滞后风险有 10 名(2.07%);第四期运动均值 102.42,标准差 18.89,存在中度滞后风险的婴幼儿有 32 名(6.58%),存在严重滞后风险的婴幼儿有 26 名(5.35%)。

表 3-5   婴幼儿不同月龄的认知发展指数

期数	月龄	样本量	认知发展		
			平均值(标准差)	认知<70(%)	70≤认知<80(%)	认知≥80(%)
1	6—11	1 780	96.78(16.85)	120(6.74%)	121(6.80%)	1 539(86.46%)
2	12—17	497	94.15(18.85)	49(9.86%)	51(10.26%)	397(79.88%)
3	18—23	483	84.68(19.84)	115(23.81%)	92(19.05%)	276(57.14%)
4	24—30	486	80.34(21.58)	164(33.74%)	81(16.67%)	241(49.59%)

表 3-6   婴幼儿不同月龄的运动发展指数

期数	月龄	样本量	运动发展		
			平均值(标准差)	运动<70(%)	70≤运动<80(%)	运动≥80(%)
1	6—11	1 780	90.04(17.39)	232(13.03%)	201(11.29%)	1 347(75.68%)
2	12—17	497	95.32(24.74)	83(16.7%)	50(10.06%)	364(73.24%)
3	18—23	483	104.13(19.01)	10(2.07%)	30(6.21%)	443(91.72%)
4	24—30	486	104.13(19.01)	10(2.07%)	30(6.21%)	443(91.72%)

二、婴幼儿认知和运动发展的风险因素分析

(1) 影响婴幼儿发展的单因素分析

单因素分析 T 检验结果显示,在婴幼儿个人层面:婴幼儿低体重、生长迟缓对婴幼儿认知和运动的发展有显著的影响($P<0.05$)。婴幼儿的性别和是否早产对于自身认知和运动发展的分值没有显著影响。在照养人及家庭层面:母亲的健康情况对婴幼儿的认知和运动发展有显著影响($P<0.01$),母亲的受教育程度和年龄对婴幼儿的运动发展有显著影响($P<0.05$)。

(2) 影响婴幼儿发展的多元回归分析

在单因素分析的基础上,采用多元回归分析进一步剖析,如表 3-7 所示。从第一期的结果我们可以看出:低体重、生长迟缓、母亲健康状况对认知有显著影响($P<0.05$),表现为生长发育迟缓、低体重对婴幼儿认知发展水平有负向影响,母亲健康对婴幼儿认知发展水平有正向影响;生长迟缓、照养人是否为母亲、母亲健康状况对婴幼儿运动发展存在显著影响($P<0.05$),表现为

表 3-7 婴幼儿发展水平的影响因素分析

变量	认知 系数（标准误）				运动 系数（标准误）			
	第一期	第二期	第三期	第四期	第一期	第二期	第三期	第四期
婴幼儿性别 (1=女；0=男)	1.273 (0.762)	2.900 (1.951)	2.446 (2.198)	1.410 (2.099)	0.615 (0.779)	-1.679 (2.591)	-0.392 (1.989)	-1.880 (1.860)
第一胎 (1=是；0=否)	0.858 (0.975)	2.831 (2.498)	7.339*** (2.771)	3.302 (2.836)	1.624 (0.997)	0.241 (3.319)	2.664 (2.508)	2.710 (2.512)
早产 (1=是；0=否)	-1.319 (1.227)	-0.723 (3.331)	1.690 (3.940)	-4.557 (3.739)	0.0407 (1.256)	-7.562 (4.425)	-3.884 (3.565)	-11.30*** (3.313)
低体重 (1=是；0=否)	-8.035** (3.740)	-11.67 (8.790)	-10.37 (7.651)	-13.38 (8.459)	-7.394 (3.826)	-7.352 (11.68)	-8.649 (6.924)	-1.352 (7.494)
生长迟缓 (1=是；0=否)	-5.723*** (2.099)	-0.329 (4.416)	-4.026 (5.552)	-4.663 (5.839)	-4.910** (2.148)	-1.626 (5.867)	-4.572 (5.024)	-7.412 (5.173)
是否贫血 (1=是；0=否)	-0.737 (0.786)	2.343 (2.072)	-0.987 (2.744)	-3.841 (2.532)	0.0258 (0.804)	0.309 (2.752)	-2.906 (2.484)	-3.808 (2.243)
照养人是否是母亲 (1=是；0=否)	0.558 (1.036)	2.022 (2.212)	0.305 (2.475)	-1.874 (2.421)	2.255** (1.060)	-2.488 (2.939)	-2.329 (2.240)	-0.152 (2.145)
母亲受教育程度（年） (1=>9年；0=≤9年)	0.539 (1.011)	1.436 (2.452)	5.813** (2.693)	10.88*** (2.742)	0.990 (1.035)	3.746 (3.257)	0.357 (2.437)	3.736 (2.429)

（续表）

变量	认知 系数（标准误）				运动 系数（标准误）			
	第一期	第二期	第三期	第四期	第一期	第二期	第三期	第四期
母亲健康状况 （1＝健康；0＝非健康）	2.930*** (0.974)	3.971 (2.296)	0.447 (2.487)	2.929 (2.477)	3.577*** (0.996)	−0.0977 (3.050)	−2.942 (2.251)	3.634 (2.195)
母亲年龄 （1＝＞25 岁；0＝≤25 岁）	−0.916 (0.918)	3.151 (2.449)	7.194*** (2.632)	4.713 (2.700)	0.260 (0.940)	−1.753 (3.254)	0.860 (2.382)	0.496 (2.392)
是否有低保 （1＝是；0＝否）	0.400 (0.921)	−5.476** (2.423)	0.623 (2.433)	−2.211 (2.448)	−0.0532 (0.943)	−5.359 (3.220)	2.434 (2.202)	0.732 (2.169)
常数项	92.32 (19.84)	81.28 (18.60)	22.47 (49.28)	84.98 (31.40)	38.55 (20.30)	102.3 (24.71)	135 (44.60)	131.1 (27.82)
县域固定效应	YES	YES	YES	YES	YES	YES	YES	YES
测试员固定效应	YES	YES	YES	YES	YES	YES	YES	YES
观测值	1,780	497	483	486	1,780	497	483	486
R 平方	0.243	0.423	0.414	0.391	0.256	0.408	0.478	0.377

注：*** p＜0.01；** p＜0.05

生长迟缓的婴幼儿运动发展水平有负向影响,照养人为母亲,母亲身体健康对婴幼儿运动发展水平有正向影响。从第二期结果看到:是否有低保对认知有显著影响($P<0.05$),表现为家庭享受国家低保对婴幼儿认知发展水平有负向影响。从第三期的结果看出,是否为母亲的第一胎、母亲年龄、受教育程度对认知有显著影响($P<0.05$),表现为:是母亲的第一胎、母亲受教育水平高、母亲年龄越大,婴幼儿认知水平越好。从第四期的结果中看,母亲受教育对认知有显著影响($P<0.01$);是否早产对运动有显著的影响($P<0.01$),表现为早产对婴幼儿运动发展水平有负向影响。

三、讨论

婴幼儿时期是儿童成长发育过程中最关键的时期,本节基于大样本的分层随机抽样调查数据分析样本农村婴幼儿发展现状及风险因素,结果发现,农村地区婴幼儿存在发展滞后风险,且随着婴幼儿月龄的增加,认知中度和严重滞后风险所占比例也在增加:第一期样本中 6—11 月龄有 13.54% 认知发展滞后,第二期样本中 12—17 月龄的婴幼儿有 20.12% 认知发展滞后,第三期样本中 18—23 月龄的婴幼儿有 42.86% 认知发展滞后,第四期样本中 24—30 月龄的婴幼儿有50.41% 认知发展滞后。这一结果跟我国城市地区的相关数据存在很大的差异,相关研究显示在中国城市地区 2—30 月龄儿童有 11.7% 存在发展滞后风险(认知<80)(陈素霞,2004)。本结果和其他很多发展中国家的结果相似,发展中国家 0—3 岁儿童能力发展滞后问题普遍,有比较严重的认知能力和运动能力发展迟缓、滞后的风险(Grantham-McGregor et al.,2007;Luo et al.,2014)。

在制约儿童能力成长和发展的众多因素中,越来越多的研究表明遗传因素和环境因素二者相互作用共同影响婴幼儿的早期发展(Hoddinott et al.,2013)。本研究发现,制约婴幼儿发展的众多因素中,母亲的年龄、教育程度、健康状况成为关键性指标。第一照养人为母亲、母亲的受教育程度和年龄对婴幼儿的认知有显著影响,国内外众多研究强调母亲在儿童发展中的作用,母亲本身的特征、教养方式、教养态度和行为都是影响儿童发展的重要因素(Green et al.,2009),特别是与母亲的文化程度相关性最高,而且这种影响随着年龄的增大而逐渐明显(Green et al.,2009;Mendelsohn et al.,2011)。

生长迟缓和低体重是婴幼儿发展常见的问题(王小燕,徐海青,2008;WHO,2006),本研究发现低体重和生长迟缓的婴幼儿,认知和运动发展存在滞后风险。先天宫内营养不良、后天喂养行为不当、环境忽视、母子相互作用不良等原因会造成生长迟缓、低体重(王小燕,徐海青,2008),婴幼儿的生长发育情况会影响婴幼儿的认知和运动发展。这可能是由于婴幼儿的身体发育迟缓,会影响到婴幼儿生长发育过程中的脑发育和新陈代谢状态,可能波及婴幼儿的智力和认知水平、免疫与工作能力及成人后的许多慢性疾病的发生(Chang et al.,2002)。有研究指出,城区与郊区婴幼儿出生时几乎无差别,4个月以后男女童的体重、身高在城区与郊区出现差别,并且随着年龄的增长,差别逐渐增大,均为城区大于郊区(Hoddinott et al.,2013)。面对这种情况,我们要提倡母乳喂养,并且及时合理添加辅食(Shonkoff et al.,2012),保证婴幼儿正常生长发育。

同时,本研究发现家庭收入对婴幼儿的发展也存在显著的影响,这可能是因为家庭收入水平是家庭环境和儿童早期营养、学习环境的重要影响因素(李曼丽,等,2011;Duncan et al.,1994),一个家庭的社会经济状况在一定程度上决定了该家庭能否为儿童提供丰富的食物、较好的生活用品、多元的早期发展环境和良好的沟通教导。低收入家庭或家境困难的父母或照养人承受更多的、来自各方面的精神负担,这会间接影响到他们对待孩子的方式(Conger et al.,2002;Rodriguez et al.,2009)。除经济条件外,相关研究发现家庭的文化背景以及父母对婴幼儿早期教育的态度,均可能对婴幼儿精神发育和智力开发有一定影响(Alexander et al.,1994)。

基于上述分析,为改善农村婴幼儿的认知及运动发展水平,从源头上打破贫困的代际传递陷阱,政府应加大农村地区儿童早期发展服务力度:提高科学养育信息的宣传和普及,提高照养人养育知识水平,采取积极措施改善婴幼儿营养状况。从国家层面积极落实和完善农村地区儿童早期发展相关政策,从而通过学前教育助力我国从人力资源大国向人力资源强国的转变。

第四节 西部农村 0—3 岁儿童社交情绪发展现状及其影响因素

社交情绪作为个体竞争力的核心因素,是婴幼儿早期发展的重要组成部分,同时也是形成人格特征和良好适应性的基础(Bretherton,1992),关乎其未来的社会性发展水平(周秀琴,2010)。社交能力和情绪能力之间存在着明确的关联,但两者的结构有所区别,仅研究某一方面不能涵盖社交和情绪能力的多样性(Bost et al.,1998)。

婴幼儿从出生起,就开始了社会化过程,即从生物个体向社会个体发展转变。根据发展组织结构理论(Dishion,Patterson,2006)和边缘偏离理论(Trapolini et al.,2007),当重要的社交情绪等过程不能有意义的整合为更高级的复杂功能时,发育轨迹就会偏离正常轨道。这意味着,早期的社交情绪问题是根深蒂固的,出现在生命早期的问题或不恰当的社会学习将可能发展为日后持久的、更严重的问题。

目前,关于婴幼儿社交情绪发展方面的研究主要针对的是 3 岁以上的城市儿童,且大多使用横截面数据,不能看到较长期的变化趋势,也只能识别当期的社交情绪发展风险因素,对农村地区婴幼儿社交情绪发展现状、趋势以及风险因素识别的研究不足,更缺乏 0—3 岁儿童阶段的社交情绪发展风险因素的长期影响的研究。本节拟就农村地区 0—3 岁儿童社交情绪发展方面开展研究,以了解我国西部农村 0—3 岁儿童社交情绪发展水平现状、变化趋势和相关的风险因素,探讨提高农村地区婴幼儿社交情绪和农村地区人力资本发展水平的有效方式。

本节使用数据集三中的基线调查和评估调查控制组的数据,基线的有效样本为 962 个,评估期的有效样本为 639 个。

一、婴幼儿社交情绪发展现状及变化趋势

数据显示,样本农村地区大部分婴幼儿存在社交情绪发展滞后的风险。通过表 3-8 可以看出,在基线调查,样本婴幼儿社交情绪的平均分是 -0.78,一年后的评估数据中,其社交情绪的平均得分降到 -19 分,这意味着随着年龄的增长,婴幼儿的社交情绪发展越来越差。同样的,在基线时候有44.18%的样本婴幼儿存在社交情绪发展滞后的风险,这一比例在评估时已经扩大到63.38%。

表3-8　被测婴幼儿在基线和评估期的社交情绪发展现状的样本分布情况

	社交情绪得分				社交情绪障碍			
	平均分	标准差	T值	P值	人数(样本量)	百分比(%)	T值	p值
基线	−0.78	31.98	9.8	<0.01	425(962)	44.18	−7.66	<0.01
追踪	−19.00	42.19			405(639)	63.38		
合计	−8.05	37.47			830(1601)	51.84		

二、农村地区婴幼儿社交情绪发展的风险因素分析

(一) 农村地区婴幼儿社交情绪发展风险因素的单因素分析

由于良好的社交情绪发展水平可能与婴幼儿自身因素有关联,表3-9检验了婴幼儿特征和社交情绪发展水平的相关关系。可以看出,社交情绪发展水平在不同月龄段的婴幼儿之间有显著差异(P<0.01),无论处在哪个年龄段,评估时的社交情绪发展得分均低于基线调查时的得分。并且,对于年龄越大的孩子来说,随着年龄的增长,发展滞后的风险水平更高。除此之外,男孩的社交情绪发展水平显著低于女孩,是否是独生子女以及母亲的早开奶行为与婴幼儿的社交情绪发展没有显著的相关关系。

其次,我们通过分析基线调查时家庭成员及经济特征与婴幼儿社交情绪发展水平发现(表3-10),妈妈抚养的孩子社交情绪的发展水平显著更高,这一结论在基线和评估期均保持一致。第一照养人以及母亲的受教育水平与婴幼儿的社交情绪发展水平的相关关系在基线调查时候并不显著,但是与评估期婴幼儿的社交情绪发展水平有显著的正相关关系。同样的,我们仅在评估期发现母亲的年龄与婴幼儿社交情绪发展水平呈显著的负相关关系。我们通过两个指标衡量家庭经济水平,发现基线调查时经济水平较好的家庭的婴幼儿社交情绪发展水平更好。

表3-9　婴幼儿社交情绪发展水平与婴幼儿自身特征的关系

变　量	社交情绪得分							
	基线				评估			
	均值/标准差	样本量	F/T值	p值	均值/标准差	样本量	F/T值	P值
月龄段								
5—11 月	8.43 (24.13)	312	20.16	<0.01	−8.01 (31.56)	206	11.42	<0.01
12—18 月	−4.44 (33.51)	383			−26.24 (46.24)	260		
19—24 月	−6.28 (35.40)	267			−21.21 (44.33)	173		

变　量	社交情绪得分							
	基线				评估			
	均值/标准差	样本量	F/T 值	p 值	均值/标准差	样本量	F/T 值	P 值
性别								
男	−2.54 (32.77)	504	1.79	0.07	−25.15 (44.91)	329	3.83	＜0.01
女	1.16 (31.02)	458			−12.48 (38.09)	310		
独生子女								
是	−1.01 (32.42)	486	0.23	0.82	−21.65 (42.92)	312	1.55	0.12
否	−0.54 (31.57)	476			−16.48 (41.38)	327		
早开奶								
是	−2.26 (34.87)	67	0.39	0.69	−19.42 (38.37)	46	0.07	0.94
否	−0.66 (31.78)	895			−18.97 (42.50)	593		

注：早开奶的定义为婴幼儿出生后，第一次喝母乳是否在一个小时内

表 3-10　儿童社交情绪与父母及家庭特征的关系

变　量	社交情绪得分							
	基线				评估			
	均值/标准差	样本量	T 值	P 值	均值/标准差	样本量	T 值	P 值
基线时家庭成员特征								
第一照养人								
妈妈	1.05 (30.40)	673	−2.71	＜0.01	−16.14 (39.93)	446	−2.64	＜0.01
奶奶或其他	−5.03 (35.08)	289			−25.71 (46.49)	193		

变 量	社交情绪得分							
	基线				评估			
	均值/标准差	样本量	T值	P值	均值/标准差	样本量	T值	P值
第一照养人受教育水平								
高中及以上	3.41 (31.94)	125	−1.57	0.12	−10.02 (36.21)	91	−2.20	＜0.05
高中以下	−1.40 (31.96)	837			−20.49 (42.95)	548		
母亲的年龄								
25 岁以上	−2.85 (33.23)	343	1.15	0.13	−23.99 (42.38)	226	2.22	＜0.05
25 岁及以下	0.38 (31.24)	619			−16.27 (41.88)	413		
母亲的受教育水平								
高中及以上	2.26 (32.99)	192	−1.47	0.14	−11.16 (37.09)	136	−2.45	＜0.05
高中以下	−1.53 (31.70)	770			−21.12 (43.25)	503		
基线时家庭经济情况								
家庭是否有低保								
有	−3.15 (32.26)	105	0.81	0.42	−22.29 (41.16)	68	0.68	0.50
没有	−0.48 (31.96)	857			−18.61 (42.32)	571		
家庭资产								
≥0	4.12 (26.50)	301	−3.22	＜0.01	−15.85 (40.80)	220	−1.37	0.17
＜0	−3.01 (33.98)	661			−20.66 (42.85)	419		

通过分析养育方式与社交情绪发展水平的关系(表 3-11),我们发现在管教孩子方面,除了经常给孩子解释原因可以促进孩子社交情绪发展之外,其他的行为:例如,吼孩子、打屁股、拿走属于孩子的东西均与婴幼儿的社交情绪发展水平有显著的负相关关系。无论是在基线调查,还是正式评估中,我们都没有发现给孩子限定时间与婴幼儿社交情绪发展水平的相关关系。

表 3-11　儿童社交情绪与养育行为特征的关系

变　量	社交情绪得分							
	基线				评估			
	均值/标准差	样本量	T 值	P 值	均值/标准差	样本量	T 值	P 值
家长养育行为								
吼孩子								
经常	−11.83 (35.91)	98			−32.10 (52.90)	126		
有时	−5.17 (33.76)	377	17.52	<0.01	−16.84 (37.61)	320	8.00	<0.01
很少/从不	4.85 (28.50)	487			−14.04 (39.96)	193		
打屁股								
经常	−7.19 (30.47)	41			−35.81 (40.82)	66		
有时	−8.16 (35.99)	274	12.37	<0.01	−16.85 (37.26)	274	5.94	<0.01
很少/从不	2.76 (29.64)	647			−17.27 (45.88)	299		
拿走东西								
经常	−21.26 (34.65)	39			−63.09 (62.69)	22		
有时	−4.89 (33.61)	216	12.03	<0.01	−18.88 (36.54)	194	13.09	<0.01
很少/从不	1.61 (30.82)	707			−16.77 (42.17)	423		
限制时间								
经常	−3.22 (33.40)	63			−19.78 (46.11)	95		
有时	−4.47 (34.81)	160	1.62	0.20	−19.37 (40.99)	175	0.04	0.96
很少/从不	0.23 (31.19)	739			−18.63 (41.80)	369		
解释原因								
经常	1.68 (31.54)	349			−12.42 (40.17)	361		
有时	−5.79 (33.49)	274	4.82	<0.01	−23.23 (37.77)	183	13.43	<0.01
很少/从不	0.75 (30.81)	339			−35.88 (51.44)	95		

（二）农村地区婴幼儿社交情绪发展风险因素的多元线性回归分析

为了进一步检验婴幼儿自身特征、家庭特征以及养育行为与其社交情绪发展水平之间的关系，本研究使用多元回归分析的方法，对上述风险因素进行了进一步分析，并在村级层面设置群组效应，在回归中控制了主试固定效应和县固定效应。多元回归分析的结果与上述检验的结果基本一致。通过对比表 3-12 和表 3-13 的结果，可以发现母亲的受教育水平和年龄与婴幼儿社交情绪得分有显著关系，这表示家庭特征可能是通过养育行为来影响婴幼儿社交情绪得分。

表 3-12　农村地区儿童社交情绪影响因素的回归分析结果

	社交情绪得分	
	基线	评估
	(1)	(2)
儿童月龄组		
儿童的月龄是 12—18 月(1=是;0=否)	−13.52***	−12.52***
	(2.05)	(3.54)
儿童的月龄是 19—24 月(1=是;0=否)	−14.12***	−11.92**
	(2.60)	(4.74)
儿童性别	−4.25**	−12.40***
(1=男;0=女)	(1.93)	(3.87)
儿童是否是独生子女	−0.86	−6.07
(1=是;0=否)	(2.67)	(3.93)
早开奶	−0.14	0.23
(1=是;0=否)	(3.81)	(6.81)
第一照养人	1.64	8.17*
(1=妈妈;0=奶奶或其他)	(2.18)	(4.84)
第一照养人的受教育水平	−1.19	−6.41
(1=高中及以上;0=高中以下)	(5.28)	(7.30)
母亲的年龄	−1.24	−2.36
(1=25 岁及以上;0=25 岁以下)	(2.62)	(3.84)
母亲的受教育水平	3.46	17.91**
(1=高中及以上;0=高中以下)	(4.12)	(7.07)
家庭是否领取低保	0.34	1.47
(1=是;0=否)	(3.24)	(5.58)

	社交情绪得分	
	基线	评估
	(1)	(2)
基线家庭资产综合得分 (1＝得分大于等于0;0＝得分小于0)	1.74 (2.37)	4.48 (4.10)
常数项	−33.40*** (10.43)	−22.60 (18.96)
样本量	962	639
调整后的R平方	0.183	0.156

注:回归控制了主试固定效应和县固定效应*** p<0.001; ** p<0.01; * p<0.05

表3-13 农村地区儿童社交情绪影响因素的回归分析结果

	社交情绪得分	
	基线	评估
	(1)	(2)
儿童月龄组		
儿童的月龄是12—18月(1＝是;0＝否)	−11.35*** (2.17)	−13.22*** (3.18)
儿童的月龄是19—24月(1＝是;0＝否)	−10.87*** (2.75)	−12.35** (5.03)
儿童性别(1＝男;0＝女)	−3.82** (1.88)	−11.37*** (3.86)
儿童是否是独生子女 (1＝是;0＝否)	−1.49 (2.58)	−5.04 (3.79)
早开奶 (1＝是;0＝否)	0.30 (3.97)	−0.47 (6.22)
第一照养人 (1＝妈妈;0＝奶奶或其他)	1.51 (1.94)	5.27 (4.56)
第一照养人的受教育水平 (1＝高中及以上;0＝高中以下)	−1.65 (5.30)	−2.41 (7.00)
母亲的年龄 (1＝25岁及以上;0＝25岁以下)	−2.06 (2.67)	−3.73 (4.02)
母亲的受教育水平 (1＝高中及以上;0＝高中以下)	3.45 (4.06)	12.58* (7.30)
家庭是否领取低保 (1＝是;0＝否)	0.40 (3.28)	−1.30 (5.06)

	社交情绪得分	
	基线	评估
	(1)	(2)
基线家庭资产综合得分 （1＝得分大于等于 0；0＝得分小于 0）	1.82 (2.21)	3.62 (3.82)
吼孩子		
经常	−6.28 (4.57)	−13.22* (6.68)
有时	−5.02* (2.58)	−9.05* (5.18)
打屁股		
经常	−2.11 (4.75)	−5.87 (6.82)
有时	−6.29** (2.91)	−2.92 (5.00)
拿走东西		
经常	−16.31*** (5.24)	−35.26** (13.27)
有时	−2.38 (3.17)	−4.03 (3.73)
限制时间		
经常	−0.28 (3.81)	2.45 (5.62)
有时	−0.26 (3.20)	−3.32 (4.41)
解释原因		
经常	2.62 (3.10)	23.11*** (5.46)
有时	−4.98 (3.08)	13.16** (5.55)
常数项	−24.20** (10.16)	−25.07* (14.95)
样本量	962	639
调整后的 R 平方	0.213	0.224

注：回归控制了主试固定效应和村庄层面的集聚效应。*** $p < 0.001$；** $p < 0.01$；* $p < 0.05$

三、结论与讨论

（一）样本农村地区婴幼儿社交情绪发展现状及趋势

本节使用有代表性的我国西部农村地区婴幼儿大样本数据,研究表明 5—24 月龄婴幼儿的社交情绪问题检出率为 44.18%,一年后对同样本进行追踪调研,结果发现,63.38% 的婴幼儿存在社交情绪发展风险,这意味着超过一半的样本农村婴幼儿不会进行自我调控,无法适应陌生的环境,不愿意接触陌生人,强烈的不安全感使得他们缺少探索世界的基础;这些孩子可能很难服从家长的指令,不知道如何遵守规则;他们不知道如何表达自己的情绪,控制自己的行为。更严重的情况可能会使他们缺乏共情心,不能体会他人的感受,社交反应能力低下,难以良好回应他人或与他人互动。另一个方面,有研究数据显示我国农村婴幼儿社交情绪检出率高于我国城市地区的检出率(11.2%—24.5%)(卢平,等,2018;宋佳,等,2014)和美国(11%—20%)的检出率(Weitzman,Wegner,2015)。因此,婴幼儿社交情绪发展水平存在很大的城乡差异,农村地区婴幼儿社交情绪发展水平低于我国城市地区婴幼儿。鉴于社交情绪发展在个体人力资本积累过程中的重要性,关注农村地区婴幼儿的社交情绪发展水平有着重要意义。

（二）农村地区婴幼儿社交情绪发展的风险因素分析

1. 婴幼儿自身特征因素在其社交情绪发展过程中的影响作用

我们使用面板数据对不同性别婴幼儿在不同月龄段进行了差异分析,发现在基线时三个月龄段的婴幼儿(5—11 个月、12—17 个月、18—23 个月)的社交情绪发展水平有显著差异,随着月龄的增长,婴幼儿的社交情绪发展滞后风险的比例增加,并且滞后的程度随年龄的增加而扩大。这与卢平的研究结论一致。这可能是因为儿童在成长过程中活动的能力增强,范围也在扩大,社会经验越来越丰富,开始出现一些较复杂的情绪和社会性需要(卢平,等,2018),另一个可能的原因是婴幼儿阶段是社交情绪等能力发展的关键期,而农村照养人不能很好的把握这个发展的窗口期,导致孩子在婴幼儿阶段不能充分发挥社交情绪发展的潜力,对未来的社交情绪能力的成长有巨大的影响(凌辉,等,2012)。这就表明,如果在早期不能给予婴幼儿成长所需要的恰当干预,随着年龄的增长农村婴幼儿较之同龄人的社交情绪发展水平会越来越低,因此,在早期识别婴幼儿社交情绪发展的风险因素至关重要。

但是在评估期,三个月龄段婴幼儿的社交情绪得分在不同性别之间均存在显著差异,女孩的社交情绪发展水平显著高于同龄段男孩。一个可能的原因是农村家长对儿童早期发展重要性的认识不足,在婴幼儿较小的阶段,家长对男女童的投入和教养方式差异不大,随着婴幼儿年龄的增长,这一差异逐渐显现。陈必卿(2015)在探究学龄前儿童家长对不同性别儿童的教养观念的研究发现,家长对不同婴幼儿的教养观念存在差异(陈必卿,2015)。也有国外研究指出女孩的情绪发展比男孩更早(Maselko et al.，2015)。从另一个方面看,这个结果可能说明,女孩的社交情绪发展速度比男孩更快,在同样的时间内,女孩的社交情绪发展的水平更高,这也与吴春艳(2017)的研究结果一致(吴春艳,等,2017)。

在是否为独生子女差异方面,本研究发现无论在基线还是评估期,是否为独生子女与婴幼儿社交情绪得分以及障碍检出率都没有显著的相关关系,这可能是因为在本研究数据中,95%的农村家庭只有1—2个子女,家长可以合理分配自己的精力,关注到每个孩子的差异。

本小节没有发现母亲的早开奶行为与婴幼儿社交情绪发展水平的关系。尽管有研究发现,母亲通过早开奶可顺利进行母乳喂养,在哺乳的过程中的声音、与婴幼儿肢体的接触都能刺激婴幼儿大脑的反射,促进心理发育以及外界的适应能力(夏洁,高健,2007;肖乾玉,2011)。但是在本研究中,农村地区母亲早开奶的比例仅为6.96%,可能是因为样本太小无法识别出真正的相关关系,这也从另一个方面反映了农村家长的养育知识不足,应当提高母亲对于早开奶的认识,明确早开奶的重要性。

2. 家庭一般因素在婴幼儿社交情绪发展过程中的影响作用

儿童与父母分离的时间会影响儿童社交情绪的发展(凌辉,等,2012)。父母陪伴对婴幼儿的成长有关键性作用,在各种关系中,母亲对婴幼儿的成长影响重大(张丹,等,2015)。但是在样本中有30%的婴幼儿由奶奶或者其他家庭成员喂养,同时我们也发现母亲在婴幼儿较小的时候作为主要照养人更有助于发展婴幼儿的社交情绪能力。从长期来看,照养人和母亲的受教育水平对婴幼儿的社交情绪发展有促进作用。一方面,母亲和照养人的受教育水平越高,其养育方式可能越好(韦桂姬,等,2013),另一方面,受教育水平越高的母亲和照养人对孩子的教育期望可能更高(李凌艳,等,1997),在多数情况下也更理解孩子不高兴或者哭闹的原因(黄东明,等,2006)。即便受教育程度高的母亲不是婴幼儿的主要照养人,母亲也可以为祖辈提供更多的建议,使得婴幼儿接收到更好的养育刺激,帮助其社交情绪更好的发展。

此外,有很多研究发现家庭收入在很大程度上决定了孩子的成长环境(刘国艳,等,2008b)。本研究使用家庭是否有低保和家庭财产综合得分衡量家庭经济水平,通过T检验和回归分析中发现,在两期数据中,是否为低保家庭与婴幼儿社交情绪发展水平没有显著的相关关系,在基线时候,家庭财产综合得分更高的家庭的婴幼儿社交情绪发展水平更好,但是在评估期没有发现两者的显著差异。出现这一结果的原因可能是我国农村低保家庭的要求设定很高,是否享受低保不足以区分家庭经济水平,另一个可能的原因是农村照养人对儿童早期发展认识不足,使得他们更愿意投资他们认为对孩子有用的东西而非真正对孩子有帮助的物品,例如,一项在我国农村的实证研究发现大部分家庭都没有儿童绘本和益智玩具,更加缺乏恰当的养育方式(Yue et al.，2017)。

3. 养育方式在婴幼儿社交情绪发展过程中的影响作用

家庭是婴幼儿成长的主要环境,在婴幼儿发展的过程中起着非常重要的作用。良好的家庭养育氛围、养育环境和恰当的婴幼儿发展所需的刺激能够促进婴幼儿更好的发展。通过 T 检验和多元回归分析,我们可以看出吼孩子、打屁股、拿走属于孩子的东西这些不良的养育方式与婴幼儿的社交情绪发展有长期且显著的负面关系。现有文献发现父母消极的养育方式更易形成子女焦虑的心理。如果父母多以惩罚为手段对待孩子,会增加孩子的社交焦虑(严标宾,郑雪,2006)。父母长期拒绝和否认会损害儿童的情绪控制和表达技巧,容易导致他们不能表达自己的情绪体验,增加其攻击行为的发生率(朱雪娜,等,2011)。

本小节使用面板数据分析,可以看到样本地区婴幼儿的社交情绪发展水平相对落后于城市,且如果不及时干预,这一问题随着年龄的增长会越来越严重,为了在早期给婴幼儿提供一个良好的成长环境,认识婴幼儿社交情绪发展的风险因素至关重要。鉴于亲子关系在儿童早期发展过程中的重要性,本节就改善我国农村地区养育行为及儿童早期发展水平,探索适合我国国情的儿童早期发展模式提出以下几点建议:

首先,建议将我国农村地区的婴幼儿早期教育纳入国家公共服务体系。农村地区照养人既缺乏养育知识,也缺乏获得科学养育知识的途径,建议各地方卫生与计划生育部门设置专门机构,负责婴幼儿照养人的养育知识培训。

第二,为农村母亲提供更多的就业机会,鼓励农村母亲在本地工作,不仅可以带动地方经济发展,也能够为婴幼儿的健康成长提供好的环境。

第三,加强对现有儿童早期发展项目的评估。目前已经有很多针对儿童早期发展的试点项目在全国各地开展,但是缺乏科学影响评估识别其有效性,建议各个组织互相学习经验,进行资源整合,从落实情况和实际效果几个方面进行交流分享,总结出一套政府可执行、易推广、适合我国农村地区家庭的干预模式。

第五节　西部农村 0—3 岁儿童语言能力发展现状及其影响因素

正如前文所述,儿童早期语言能力的发展与后期的阅读、学习成绩有显著的相关性,存在表达性语言障碍的儿童,其精细动作、适应能力、语言和社交行为四个能区,也均存在一定比例的落后(李国凯,等,2017)。

相较于国外研究而言,我国目前对于儿童早期语言发展的研究多集中在城市地区或特殊群体(李国凯,等,2017),缺少对农村地区儿童语言能力发展情况的描述,也缺少对于儿童语言发展水平与相关因素之间关系的探讨。在测量工具方面,目前的研究在测量语言发展水平方面缺乏专门且精确的测量工具。因此,本节的目标使用数据集三和数据集四中的样本分析我国农村地区 0—3 岁儿童早期语言发展水平及其风险因素,探索促进婴幼儿语言发展的可行路径。

一、样本儿童早期语言发展现状

由表 3 - 14 可知,总体 0—3 岁儿童早期存在语言发展滞后风险(低于均值一个标准差)的比例为 57.0%,存在语言发展迟缓的比例(低于均值两个标准差)为 26.5%。在秦巴地区样本中,语言均值仅为 91.68,远低于健康人群均值 109 分;语言滞后比例为 61.7%,远远高于健康人群 15% 的比例;语言发展迟缓的比例高达 29.4%。

在 N 县样本中,语言总分均值为 103.34,低于健康人群的均值 109 分,且存在着明显的城乡差异。其中,城市样本语言总分均值为 114.54,高于均值,而农村样本语言总分均值较低,为 100.73;N 县样本语言滞后的比例为 34.3%,存在显著的城乡差异。其中,农村样本婴幼儿语言滞后比例达到 37.4%,城市样本婴幼儿存在语言发展滞后风险的比例较低,为 20.8%,但仍高于健康人群的比例;N 县样本语言发展迟缓的比例为 12.2%,其中,城市样本和农村样本没有显著差异。

根据以上数据可以了解到,目前在我国西部农村地区婴幼儿语言发展存在滞后风险,且存在明显的城乡差异,城市婴幼儿的总体语言发展水平要优于农村婴幼儿。

表3-14 样本儿童语言发展水平

变量	总样本(1)		秦巴地区数据(2)		N县数据(3)		N县城市数据(4)		N县农村数据(5)		差异(2)—(3)(6)	差异(4)—(5)(7)
	均值 标准差		均值 标准差		均值 标准差		均值 标准差		均值 标准差		p-value	p-value
语言发展水平												
贝利语言总分	93.693 (0.373)		91.684 (0.369)		103.343 (1.053)		114.542 (2.948)		100.733 (1.023)		0.000	0.000
语言发展滞后 (1=是)	0.570 (0.013)		0.617 (0.014)		0.343 (0.030)		0.208 (0.059)		0.374 (0.034)		0.000	0.030
语言发展迟缓 (1=是)	0.265 (0.011)		0.294 (0.013)		0.122 (0.021)		0.062 (0.035)		0.136 (0.024)		0.000	0.163
样本量	1474		1220		254		48		206			

二、样本儿童早期语言发展水平的风险因素分析

由表3-15第(3)列可知,女孩在儿童早期的语言发展水平显著高于男孩,这与已有的研究结果一致(Etchell et al.,2018;Morisset et al.,1995)。第二,早产儿的语言发展得分显著低于足月婴幼儿。家庭资产也是重要的风险因素之一,家庭财产综合得分较高家庭中的婴幼儿语言发展水平显著高于家庭财产综合得分低的婴幼儿。从户口类型上看,非农业户口家庭中的婴幼儿语言发展得分高于农业户口家庭中的婴幼儿10.633分。此外,当未控制照养人养育知识及照养人养育行为时,婴幼儿母亲教育水平与婴幼儿语言发展水平显著相关;在控制了照养人养育知识及养育行为后,相关性不再显著。

由表3-15结果显示,在控制了其他因素的情况下,照养人养育知识水平越高,婴幼儿语言发展情况越好;在养育行为方面,影响儿童早期语言发展的主要养育行为是读绘本书及讲故事。过去三天给婴幼儿读绘本书和讲故事的家庭中的孩子,语言发展水平显著高于没有看绘本和讲故事的家庭中的婴幼儿。

表3-15 儿童早期语言发展水平影响因素的相关性分析

	贝利语言得分		
	(1)	(2)	(3)
月龄(月)	0.393*** (0.051)	0.404*** (0.050)	0.364*** (0.052)

	贝利语言得分		
	(1)	(2)	(3)
儿童性别 （1＝女；0＝男）	3.624*** (0.636)	3.698*** (0.632)	3.556*** (0.665)
是否有兄弟姐妹 （1＝是；0＝否）	−0.646 (1.527)	−0.236 (1.482)	0.056 (1.539)
是否早产 （1＝是；0＝否）	−1.709** (0.669)	−1.833*** (0.663)	−1.607** (0.673)
第一照养人 （1＝妈妈；0＝奶奶或其他）	1.014 (0.631)	0.286 (0.663)	−0.254 (0.679)
母亲年龄（周岁）	0.063 (0.089)	0.097 (0.087)	0.077 (0.086)
母亲的教育水平 （1＝高中及以上；0＝高中以下）	1.903** (0.958)	1.408 (0.964)	1.082 (0.963)
父亲的教育水平 （1＝高中及以上；0＝高中以下）	1.091 (0.852)	0.998 (0.822)	0.643 (0.824)
家庭财产综合得分 （1＝大于等于0；0＝小于0）	3.462*** (0.640)	3.225*** (0.657)	2.681*** (0.686)
户口 （1＝非农业；0＝农业）	11.417** (4.501)	11.336*** (4.177)	10.633** (4.369)
养育知识标准分		1.693*** (0.328)	1.573*** (0.335)
读绘本书 （1＝是；0＝否）			2.559*** (0.836)
讲故事 （1＝是；0＝否）			1.439* (0.748)
唱儿歌 （1＝是；0＝否）			1.206 (0.775)
在户外玩游戏 （1＝是；0＝否）			−0.696 (0.660)
用玩具做游戏 （1＝是；0＝否）			0.211 (0.830)
给东西命名、数数或画画 （1＝是；0＝否）			0.159 (0.756)
样本量	1,474	1,474	1,474
R 平方	0.336	0.348	0.362

注：* p＜0.05；** p＜0.01；*** p＜0.001

三、儿童早期语言发展测量工具的准确性分析

如表 3－16 所示，ASQ-沟通量表和汉语言沟通量表与贝利 3 均有较强的相关性。汉语言沟通量表与贝利 3 语言量表相关性为 0.423（$p<0.001$），ASQ-沟通量表与贝利 3 语言量表的相关性为 0.393（$p<0.001$），汉语言沟通量表与 ASQ-沟通量表的相关性最强，为 0.511（$p<0.001$）。汉语言沟通量表（短表）在小月龄段与贝利 3 测试的相关性较弱（0.287），但随月龄增加，相关性增强。ASQ-沟通量表与贝利 3 语言量表的相关性随月龄增大较为稳定。

表 3－16　贝利 3 语言量表，汉语言沟通量表，ASQ-沟通量表的相关性分析

	全样本		8—16 个月		17—29 个月		31—36 个月	
	汉语言沟通量表-表达	贝利 3 语言	汉语言沟通量表-表达	贝利 3 语言	汉语言沟通量表-表达	贝利 3 语言	汉语言沟通量表-表达	贝利 3 语言
贝利 3 语言得分	0.423***		0.287***		0.420***		0.4724***	
ASQ 沟通得分	0.511***	0.393***	0.304***	0.306***	0.629***	0.424***	0.557***	0.377**

注：* $p<0.05$；** $p<0.01$；*** $p<0.001$

四、结论和讨论

基于以上研究数据表明，我国西部农村地区 6—36 月龄样本婴幼儿一半以上存在语言发展滞后风险（57%）。对比 N 县的农村和城市数据可见，城乡存在显著差异。N 县的农村地区婴幼儿存在语言发展滞后风险的比例更高（37.4%），与城市婴幼儿存在语言发展滞后风险的比例（20.8%）有显著差异。

数据显示，我国西部农村地区照养人的养育知识水平较低，养育知识的正确率仅为 53.9%。其养育行为情况总体较差，尤其是能进行讲故事、读绘本、唱儿歌等活动的教养人所占比例较低，城乡之间在养育行为方面也存在明显差距。

从回归结果来看，女孩的语言发展水平显著高于男孩。其次，早产儿的语言发展水平低于足月婴幼儿。大量临床资料表明，早产会导致大脑功能受损，这是影响婴幼儿发展的生理原因，有可能导致早产儿在运动、感觉、语言等方面存在缺陷。另外，城乡婴幼儿的家庭环境存在较大差异，相对于城市家庭，农村家庭经济情况较差，是限制婴幼儿早期语言发展的风险因素。

在控制其他变量的情况下，第一照养人养育知识与婴幼儿语言发展显著相关。照养人养育

知识水平越高,婴幼儿语言发展越好。读故事和读绘本是与语言发展相关的养育行为。给孩子讲故事和一起读绘本的家庭,其孩子的语言发展水平显著高于家中没有讲故事和读绘本行为的孩子。从本研究的结果来看在控制了养育知识水平和养育行为后,母亲的受教育程度的显著关系消失了。可能的原因是尽管母亲的受教育程度低会在一定程度上限制婴幼儿的语言发展,但是只要照养人和婴幼儿进行类似读绘本,讲故事的亲子互动,将有利于促进婴幼儿语言发展。也就是说,尽管农村地区照养人受教育程度较低,但是通过对家庭养育知识和行为的干预,教会家长如何与孩子进行科学有效的互动,可以改善欠发达地区婴幼儿的语言发展。

此外,本研究数据显示汉语言沟通量表(短表)和 ASQ-3 与贝利 3 测试语言量表均表现出显著的相关性。汉语言沟通量表(短表)在小月龄段与贝利 3 测试的相关性较弱,但随月龄增加,相关性增强。在儿童早期发展的干预和评估项目中,使用适合的、准确性高、成本低的量表进行评估和反馈等,有助于提高项目效果、准确评估项目、提高成本效益。

本章小结

本章主要在了解我国西部农村地区 0—3 岁儿童发展现状的基础上,从个人特征、照养人特征和家庭特征三个层面分析了 0—3 岁儿童发展的影响因素。主要得出以下几个结论:

第一,中国在改革开放 40 年来的成就是很显著的,婴幼儿的死亡率、低体重儿童的比例持续下降。但是还存在一些发展的风险,在健康发展方面,研究发现,样本地区几乎一半的婴幼儿仍存在缺铁性贫血,贫血严重影响了儿童的发展,因此贫血还值得我们关注。

第二,样本地区超过一半的 0—3 岁儿童在认知、语言、运动、社交情绪方面存在发展滞后的风险。研究发现,超过一半的样本婴幼儿分别在认知、语言和社交情绪发展方面存在滞后风险,尽管存在运动发展滞后风险的婴幼儿所占比例相对较低,但是仍有超过三分之一的婴幼儿存在运动发展滞后的风险。而且 3 岁以下婴幼儿随着年龄的增长,存在认知、语言和社交情绪发展风险的比例在不断增加,因此需要找到可能改变这些趋势的路径。

第三,认知、运动、语言和社交情绪发展受到个人特征、照养人特征和家庭特征的影响。通过影响因素的分析我们发现,认知发展主要受到母亲的年龄,教育程度、家庭收入和儿童低体重和生长迟缓的影响。社交情绪主要受到性别,家庭收入和养育方式的影响。而语言主要受到养育行为的影响。

第四章

西部农村地区0—3岁儿童养育环境研究

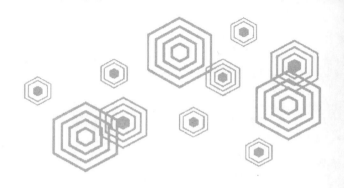

　　第三章我们了解了儿童早期发展的现状和面临的挑战,那导致0—3岁儿童存在滞后风险的原因是什么? 儿童生活的家庭环境和养育环境的现状是什么呢? 这些家庭环境和养育环境是否面临风险呢? 这些环境是否可以为儿童的发展提供足够的支持呢? 本章主要介绍0—3岁婴幼儿面临的家庭环境和养育环境的现状,了解家庭和养育环境,为改善婴幼儿早期发展提供方向和思路。具体主要从喂养行为、养育行为和照养人抑郁倾向三个方面进行说明和分析。

第一节　我国农村地区照养人喂养行为研究

改善儿童营养水平,是各国政府共同关注的核心问题(WHO,2013,2019)。生长发育的关键时期——即生命早期1000天的营养不良,不仅短期内会导致婴幼儿贫血、体格发育迟缓、免疫能力下降等,也会对其健康造成长期影响,如增加慢病风险(李沛霖,刘鸿雁,2017;Qu et al.,2017)。为促进婴幼儿营养改善,我国政府相继出台了《中国儿童发展纲要》、《婴幼儿喂养策略》等相关政策(中国人民共和国国务院,2011)。然而一些研究表明我国农村地区婴幼儿仍面临科学喂养匮乏问题(黄志,蒋富香,2017;鹿盼婷,等,2020),近年来基于大样本了解不同时期农村婴幼儿喂养状况及其相关因素的研究较为缺乏。基于此,本小节使用数据集三和数据集五的数据,了解我国农村地区6—23月龄婴幼儿喂养现状及变化,并进一步分析其影响因素。

一、膳食结构及母乳喂养现状

首先,研究结果刻画了6—23月龄样本婴幼儿的膳食结构(图4-1)。在母乳、配方奶与食物相结合的喂养方式上,6月龄时发生率为26.60%,随月龄增长逐步下降,23月龄时发生率仅为3.75%。在母乳搭配食物的喂养方式上,6月龄时发生率为38.3%,12月龄时下降到31.06%。配方奶与食物相结合的喂养方式,随着月龄的增长,逐渐成为发生率最高的喂养方式,23月龄时达到66.25%。

将母乳喂养指标细分为出生1小时内进行母乳喂养、6个月内完全母乳喂养、持续母乳喂养至1岁,6个月后开始添加辅食被认为是婴幼儿健康发展的关键指标(Perez-Escamilla et al.,1994)。总体上,仅8.32%婴幼儿在出生1小时内进行了第一次母乳喂养,37.61%婴幼儿在出生当天能第一次喝到母乳。超过三分之二婴幼儿(67.86%)完全母乳喂养时间不足6个月,12—23月龄段婴幼儿持续至1岁母乳喂养率17.06%。四个样本省份婴幼儿在6个月龄时添加辅食的比例均超过80%。

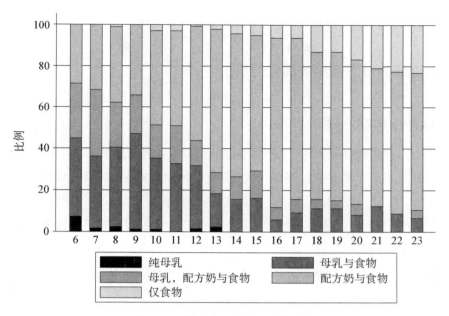

图 4-1 样本地区婴幼儿膳食结构

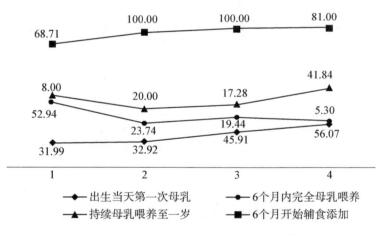

图 4-2 样本婴幼儿 2016—2019 年母乳喂养情况

结合调查时间跨度,研究进一步描述了 2016—2019 年间样本婴幼儿的母乳喂养情况。如图 4-2 所示,样本婴幼儿仅在 6 个月及时添加辅食指标上发生率较高,早开奶情况、6 个月内完全母乳喂养和持续母乳喂养至 1 岁发生率在不同时期均较低。从变化趋势来看,出生当天进行母乳喂养的比例逐年上升,6 个月开始添加辅食比例持续保持较高水平,其他指标在不同时期发生率存在显著性差异,但无明显变化趋势($\chi^2 = 139.53$,$\chi^2 = 421.89$,$\chi^2 = 421.89$,$\chi^2 = 155.69$,χ^2

=557.91；$P<0.01$)。在考虑不同地区差异性的影响下,仅通过 2016—2018 年样本婴幼儿也未发现 6 个月内添加辅食与持续母乳喂养发生率存在规律性变化。

二、辅食喂养情况及影响因素分析

(一) 辅食喂养现状分析

结合 WHO 标准,数据结果呈现了样本婴幼儿辅食喂养各指标发生率。总体上符合最小辅食多样性标准、最小进餐频率标准、最低可接受膳食摄入和富铁强化铁摄入标准的发生率分别为 61.67%、36.15%、15.40%和 51.98%。如图 4-3 所示,2016—2019 年不同调查时期,辅食多样性达标率呈逐年上升趋势,富铁强化铁摄入达标率也大致增长,但进餐频率和膳食摄入未有增长趋势,且每年达标率均相对较低。辅食喂养四类指标的分布,在不同调查年份间存在统计意义上的显著性差异($\chi^2=85.41$,$\chi^2=103.16$,$\chi^2=51.43$,$\chi^2=282.4$；$P<0.01$)。

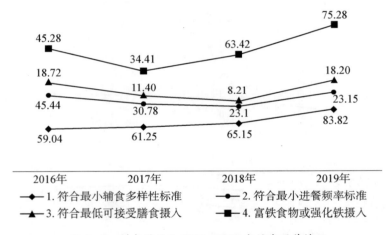

图 4-3 样本婴幼儿 2016—2019 年辅食喂养情况

基于分年龄组数据和追踪队列数据,研究进一步细化婴幼儿辅食喂养情况。与 12—17 月龄、18—23 月龄相比,6—11 月龄婴幼儿辅食多样性、膳食摄入和富铁摄入达标率相对最低(图 4-4)。队列数据研究结果表明,与基线期符合辅食多样性的婴幼儿相比,基线期未达标婴幼儿在评估调查时期不符合饮食多样性标准的比例更高(图 4-5)。比如,在辅食多样性指标上,基线不符合标准的婴幼儿在评估期达标比例为 81.11%,但符合标准的婴幼儿在评估期达标比例为 88.55%。

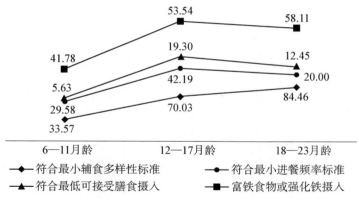

图 4-4 样本婴幼儿不同年龄段辅食多样性差异

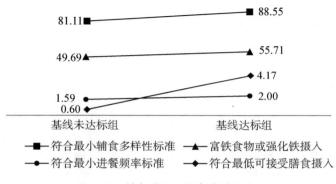

图 4-5 样本婴幼儿辅食多样性变化

(二) 辅食多样性单因素分析

如表 4-1 所示,从婴幼儿基本特征相关的单因素分析发现,不同年龄段婴幼儿在辅食多样性、进餐频率、膳食摄入和富铁食物摄入达标率上存在统计意义上的显著性差异($\chi^2=470.89$,$\chi^2=34.77$,$\chi^2=95.87$,$\chi^2=67.91$;$P<0.01$)。不同胎次间婴幼儿在辅食多样性上也存在统计意义上的显著性差异,一胎婴幼儿在辅食多样性、进餐频率与可接受膳食中的达标率显著性更高($\chi^2=7.49$,$\chi^2=18.98$,$\chi^2=4.95$;$P<0.05$)。此外,不同生产方式的婴幼儿在辅食多样性和富铁食物摄入上存在显著性差异($\chi^2=5.65$,$P<0.05$;$\chi^2=12.55$,$P<0.01$);早产与正常婴幼儿在进餐频率的达标率上存在显著性差异($\chi^2=4.25$,$P<0.05$)。

婴幼儿家庭背景特征方面的相关因素分析结果显示(表 4-2),第一看护人与母亲年龄段不同的婴幼儿在富铁食物上的达标率存在统计意义上的显著性差异($\chi^2=4.03$,$P<0.05$;$\chi^2=14.83$,$P<0.01$)。母亲教育程度不同、家庭资产不同的婴幼儿在饮食多样性($\chi^2=18.89$,$\chi^2=$

表 4-1 婴幼儿基本特征与辅食多样性单因素分析

变　量	合计	符合最小饮食多样性标准			符合最小进餐频率标准			符合最低可接受膳食摄入			富铁食物或强化铁摄入		
		人数(百分比)	x^2值	P值	人数(百分比)	x^2值	P值	人数(百分比)	x^2值	P值	人数(百分比)	x^2值	P值
1. 性别													
男	1298	778(59.94)	3.38	0.066	473(36.44)	0.10	0.755	212(16.33)	1.80	0.180	671(51.69)	0.09	0.765
女	1222	776(63.50)			438(35.84)			176(14.40)			639(52.29)		
2. 年龄													
6—11 个月	852	286(33.57)	470.89	0.000	252(29.58)	34.77	0.000	48(5.63)	95.87	0.000	356(41.78)	67.91	0.000
12—17 个月	1022	715(69.96)			435(42.56)			199(19.47)			547(53.52)		
18—23 个月	646	553(85.60)			224(34.67)			141(21.83)			407(63.00)		
3. 胎次													
一胎	1117	722(64.64)	7.49	0.006	456(40.82)	18.98	0.000	192(17.19)	4.95	0.026	573(51.30)	0.38	0.539
二胎及以上	1403	832(59.30)			455(32.43)			196(13.97)			737(52.53)		
4. 生产方式													
顺产	1475	881(59.73)	5.65	0.017	555(37.63)	3.36	0.067	218(14.78)	1.04	0.308	723(49.02)	12.55	0.000
剖腹产	1045	673(64.40)			356(34.07)			170(16.27)			587(56.17)		
5. 早产													
是	135	85(62.96)	0.10	0.750	60(44.44)	4.25	0.039	28(20.74)	3.13	0.077	73(54.07)	0.25	0.617
否	2385	1469(61.59)			851(35.68)			360(15.09)			1237(51.87)		

表 4-2 婴幼儿家庭背景特征与辅食多样性单因素分析

变量	合计	符合最小饮食多样性标准			符合最小进餐频率标准			符合最低可接受膳食摄入			富铁食物或强化铁摄入		
		人数(百分比)	x^2值	P值	人数(百分比)	x^2值	P值	人数(百分比)	x^2值	P值	人数(百分比)	x^2值	P值
1. 第一看护人													
母亲	2 359	1 445(61.25)	2.65	0.104	847(35.91)	0.97	0.326	361(15.30)	0.25	0.618	1 214(51.46)	4.03	0.045
祖母及其他	161	109(67.70)			64(39.75)			27(16.77)			96(59.63)		
2. 母亲教育程度													
初中及以下	1886	1 117(59.23)	18.89	0.000	662(35.10)	3.58	0.058	264(14.00)	11.26	0.001	946(50.16)	10.00	0.002
高中及以上	634	437(68.93)			249(39.27)			124(19.56)			364(57.41)		
3. 母亲年龄													
30岁以内	1541	937(60.80)	1.25	0.264	568(36.86)	0.86	0.353	230(14.93)	0.68	0.411	754(48.93)	14.83	0.000
30岁及以上	979	617(63.02)			343(35.04)			158(16.14)			556(56.79)		
4. 父亲教育程度													
初中及以下	1740	1 036(59.54)	10.75	0.001	634(36.44)	0.20	0.655	260(14.94)	0.89	0.345	860(49.43)	14.75	0.000
高中及以上	780	518(66.41)			277(35.51)			128(16.41)			450(57.69)		
5. 家庭资产													
中上水平	1391	928(66.71)	33.47	0.000	511(36.74)	0.46	0.497	249(17.90)	14.94	0.000	822(59.09)	62.88	0.000
中下水平	1129	626(55.45)			400(35.43)			139(12.31)			488(43.22)		

33.47；$P<0.01$)、膳食摄入($\chi^2=11.26$，$\chi^2=14.94$；$P<0.01$)和富铁食物($\chi^2=10.00$，$\chi^2=62.88$；$P<0.01$)的达标率上存在显著性差异。进餐频率与富铁食物摄入达标率在父亲教育程度上的差异性也存在显著的统计意义($\chi^2=10.75$，$\chi^2=14.75$；$P<0.01$)。除关注婴幼儿与其家庭基本特征外，本研究进一步分析了第一照养人的情绪因素(表4-3)。结果显示，照养人抑郁情绪在婴幼儿富铁食物达标率上存在显著性差异($\chi^2=17.4$，$P<0.01$)。

(三) 辅食多样性多因素 Logistic 回归分析

将单因素分析中有意义的婴幼儿特征变量(年龄段、胎次、生产方式、早产)、家庭特征变量(第一看护人、母亲受教育程度、母亲年龄、父亲受教育程度、家庭资产)、照养人抑郁情况纳入多因素 Logistic 回归分析。表4-4结果显示6—23月龄婴幼儿中，年龄段越小婴幼儿、二胎及以上婴幼儿及顺产的婴幼儿面临辅食不均衡的风险越高($P<0.05$)。父母亲受教育程度越高、母亲年龄越大、家庭收入水平越高是婴幼儿进行辅食均衡性喂养的保护性因素($P<0.05$)。此外，第一照养人抑郁情况是婴幼儿富铁食物摄入的危险因素($P<0.01$)。

三、结论和讨论

已有研究发现，早开奶有助于降低新生儿感染率、死亡率，提高母子依恋关系，提升纯母乳喂养比例(Edmond et al.，2006，2007；Klaus，1998；Perez-Escamilla et al.，1994)。本研究结果显示，东西部调查地区婴幼儿的早开奶情况发生率较低，总体上仅有 8.32％的母亲在孩子出生一小时内进行了第一次母乳喂养，在一小时以上但一天内的比例为 29.29％。该结果与汤蕾等早期调查结果接近一致，也低于一些发展中国家的研究结果(汤蕾，等，2019；Asare et al.，2018；Victora et al.，2016)。然而，早开奶发生率在 2016—2019 年间不断上升，说明农村地区早开奶情况在逐渐改善。

婴幼儿时期进行母乳喂养可以提高自身免疫力，减少腹泻、呼吸道感染等疾病发生率，以及过敏、肥胖等问题的出现(Hetzner et al.，2009；Raheem et al.，2017；Victora et al.，2016)。总体上，仅 31.14％婴幼儿 6 个月内进行完全母乳喂养，持续至一岁母乳喂养率为 17.06％，且在 2016—2019 年间没有显著改善趋势。该完全母乳喂养发生率，与鹿盼婷等 2018—2019 年在甘肃农村的调查结果及一些发展中国家的研究结果(如乌干达、埃塞俄比亚等)一致(鹿盼婷，等，2020；Abebe et al.，2019；Fadnes et al.，2009)。同时，该发生率高于汤蕾等在陕西农村地区 2013—2015 年调查比例，也低于一些 2013 年的调查结果，但均低于《中国儿童发展纲要》对纯母乳喂养率 50％以上的要求(汤蕾，等，2019；中国人民共和国国务院，2011；Duan et al.，2018)。这表明样本地区与早期相比农村地区完全母乳情况已有所提高，但近年来无显著改善，仍需提升。

表 4 - 3　照养人情绪与辅食多样性单因素分析

变量	合计	符合最小饮食多样性标准			符合最小进餐频率标准			符合最低可接受膳食摄入			富铁食物或强化铁摄入		
		人数(百分比)	x^2值	P值	人数(百分比)	x^2值	P值	人数(百分比)	x^2值	P值	人数(百分比)	x^2值	P值
1. 照养人压力感													
正常	2137	1325(62.00)	0.67	0.412	758(35.47)	2.82	0.093	322(15.07)	1.17	0.280	1116(52.22)	0.32	0.571
压力	383	229(59.79)			153(39.95)			66(17.23)			194(50.65)		
2. 照养人抑郁情绪													
正常	2002	1249(62.39)	2.14	0.143	705(35.21)	3.70	0.055	307(15.33)	0.03	0.865	1083(54.10)	17.4	0.000
抑郁	518	305(58.88)			206(39.77)			81(15.64)			227(43.82)		
3. 照养人焦虑感													
正常	1885	1177(62.44)	1.89	0.169	664(35.23)	2.78	0.096	285(15.12)	0.44	0.506	993(52.68)	1.45	0.229
焦虑	635	377(59.37)			247(38.90)			103(16.22)			317(49.92)		

表 4-4 Logistic 多因素分析婴幼儿基本特征、家庭背景特征和照养人情绪对辅食多样性的影响

变量	符合最小饮食多样性标准			符合最小进餐频率标准			符合最低可接受膳食摄入			富铁食物或强化辅食铁摄入		
	系数	标准误	OR(95% CI)	系数	标准误	OR(95% CI)	系数	标准误	OR(95% CI)	系数	标准误	OR(95% CI)
1. 儿童年龄												
6—11个月			1.00			1.00			1.00			1.00
12—17个月	1.61**	0.10	5.02 (4.10—6.14)	0.55**	0.10	1.74 (1.43—2.11)	1.43**	0.17	4.17 (2.99—5.81)	0.52**	0.10	1.67 (1.39—2.02)
18—23个月	2.55**	0.14	12.86 (9.82—16.84)	0.22	0.11	1.24 (1.00—1.55)	1.57**	0.18	4.80 (3.38—6.81)	0.88**	0.11	2.41 (1.94—2.99)
2. 胎次												
二胎及以上			1.00			1.00			1.00			1.00
一胎	0.20	0.11	1.23 (0.99—1.52)	0.41**	0.10	1.51 (1.24—1.83)	0.28*	0.14	1.32 (1.01—1.72)	−0.01	0.10	0.99 (0.82—1.19)
3. 生产方式												
剖腹产			1.00			1.00			1.00			1.00
顺产	−0.20*	0.10	0.82 (0.68—0.99)	0.17	0.09	1.18 (1.00—1.40)	−0.06	0.12	0.94 (0.75—1.18)	−0.21*	0.09	0.81 (0.69—0.96)
4. 早产												
否			1.00			1.00			1.00			1.00
是	−0.07	0.21	0.94 (0.62—1.40)	0.33	0.18	1.40 (0.98—2.00)	0.33	0.23	1.39 (0.89—2.17)	0.03	0.19	1.04 (0.72—1.49)

变量	符合最小饮食多样性标准			符合最小进餐频率标准			符合最低可接受膳食摄入			富铁食物或强化铁摄入		
	系数	标准误	OR(95% CI)	系数	标准误	OR(95% CI)	系数	标准误	OR(95% CI)	系数	标准误	OR(95% CI)
5. 第一看护人												
祖母及其他			1.00			1.00			1.00			1.00
母亲	0.23	0.20	1.26 (0.86—1.86)	−0.07	0.17	0.94 (0.70—1.31)	0.22	0.23	1.24 (0.80—1.93)	−0.14	0.17	0.87 (0.62—1.22)
6. 母亲受教育程度												
初中及以下			1.00			1.00			1.00			1.00
高中及以上	0.40**	0.12	1.50 (1.18—1.90)	0.20	0.11	1.22 (0.99—1.50)	0.42**	0.14	1.53 (1.16—2.01)	0.14	0.11	1.14 (0.93—1.42)
7. 母亲年龄												
30岁以内			1.00			1.00			1.00			1.00
30岁及以上	0.14	0.11	1.15 (0.93—1.43)	0.15	0.10	1.17 (0.95—1.43)	0.21	0.14	1.24 (0.94—1.62)	0.29**	0.10	1.33 (1.10—1.62)
8. 父亲受教育程度												
初中及以下			1.00			1.00			1.00			1.00
高中及以上	0.09	0.11	1.10 (0.88—1.36)	−0.18	0.10	0.84 (0.69—1.02)	−0.15	0.14	0.86 (0.66—1.13)	0.21*	0.10	1.23 (1.01—1.49)
9. 家庭资产												
中下水平			1.00			1.00			1.00			1.00

（续表）

变量	符合最小饮食多样性标准			符合最小进餐频率标准			符合最低可接受膳食摄入			富铁食物或强化铁摄入		
	系数	标准误	OR(95% CI)	系数	标准误	OR(95% CI)	系数	标准误	OR(95% CI)	系数	标准误	OR(95% CI)
中上水平	0.51**	0.10	1.66 (1.37—2.00)	0.07	0.09	1.08 (0.91—1.28)	0.44**	0.12	1.55 (1.22—1.96)	0.56**	0.09	1.76 (1.49—2.08)
10. 第一照养人抑郁情绪												
正常			1.00			1.00			1.00			1.00
抑郁	−0.13	0.11	0.88 (0.70—1.10)	0.21*	0.10	1.23 (1.00—1.51)	0.10	0.14	1.10 (0.84—1.45)	−0.36**	0.10	0.70 (0.57—0.86)

注：* $p < 0.05$；** $p < 0.01$；*** $p < 0.001$

婴幼儿 6 月龄后合理添加辅食,才能满足该阶段其生长发育所需营养,促进大脑与神经认知的充足发展(汪之顼,等,2016)。本研究发现,总体上有超过 80% 婴幼儿在 6 月龄时添加了辅食,且在不同时期发生率均较高,远高于一些早期研究的发现(罗仁福,等,2017)。虽然辅食添加及时,但样本婴幼儿的辅食均衡性仍需改善。参考 WHO 标准,共计 61.67%、36.15%、15.4%、51.98% 婴幼儿分别达到辅食多样性、进餐频率、膳食摄入、富铁食物摄入标准。本研究的达标率高于陕南地区的一些早期调查结果,与甘肃农村地区的同期研究结果类似,表明我国农村地区 6—23 月龄婴幼儿仍存在辅食摄入不均衡问题(鹿盼婷,等,2020;汤蕾,等,2019;Yue et al.,2018)。2016—2019 年间,辅食多样性和富铁强化铁摄入标准的达标率呈大致上升趋势,但进餐频率和膳食摄入达标率每年均较低,且在 6—11 月龄婴幼儿中该问题更为突出。队列研究结果也揭示了辅食营养均衡性不达标的婴幼儿更容易长时间处于营养不均衡状态,其长期辅食均衡性不达标率相对更高。

本研究 Logistic 多因素分析显示,父母受教育程度、母亲年龄、家庭收入水平是婴幼儿辅食均衡性的保护因素,与已有研究结果一致(郑小璇,等,2013;Chih et al.,2020;Sheikh et al.,2020)。照养人抑郁是婴幼儿富铁食物摄入的危险因素,可能是由于存在抑郁风险的照养人,会在一定程度上忽视对婴幼儿的关心与照料,从而对其喂养行为造成负面影响(Chih et al.,2020)。

综上所述,东西部农村样本地区 6—23 月龄婴幼儿在母乳喂养和辅食添加方面仍有待改善。尽管 2016—2019 年样本婴幼儿在各类指标的发生率存在显著性差异,但不同时期均存在完全母乳喂养率低、母乳喂养持续时间较短、辅食喂养不均衡等问题。尽管国家已出台相关政策规定,仍需加强农村地区婴幼儿科学喂养宣教工作,并对低收入、父母学历水平较低和照养人有情绪问题的婴幼儿家庭提供更多的指导与营养改善干预,最终促进农村地区婴幼儿营养改善与健康成长。

第二节 我国西部农村地区照养人养育行为研究

很多研究证实了照养人的养育行为对婴幼儿早期发展的影响,但是少有研究基于实证一手数据分析我国农村地区婴幼儿照养人养育行为的现状。本小节使用数据集一中基线调查的数据探索我国西部农村地区养育环境、亲子互动和管教方式的现状及影响因素,充分了解影响婴幼儿早期发展的养育环境,为促进婴幼儿早期发展提供参考和决策依据。

一、我国农村地区养育行为、管教方式和养育态度现状

表4-5从昨天给儿童讲故事、唱歌、玩游戏和打儿童屁股的角度汇总了农村家庭的养育行为和管教方式。总体而言,只有13.68%的照养人昨天给儿童讲故事,差不多三分之一的照养人与儿童唱歌,玩游戏。从表4-6我们可以看出,照养人都很喜欢自己的孩子,都觉得自己有责任帮助孩子,但是也存在一些消极的行为,比如打孩子。从表4-7我们发现,样本地区照养人的信息来源比较单一,43.4%的照养人的信息来源是自己的婆婆或者妈妈,还有很多是来自电视等其他媒体,能够从专业的医疗机构或者儿童服务中心获取信息的几乎没有。

表4-5 养育行为特征

特 征	人数(n)	比例(%)
讲故事		
讲	170	13.68
不讲	1073	86.32
唱歌		
唱	477	38.37
不唱	766	61.63

特　征	人数(n)	比例(%)
玩游戏		
玩	496	39.90
不玩	747	60.10
打屁股		
经常	188	15.12
有时	935	75.22
从不	120	9.65

表4-6　照养人的养育态度

	同意程度		
	不同意	不确定	同意
积极态度			
我非常享受和孩子在一起	5.5	5.9	88.6
上个月,我和孩子相处得非常好	4.0	4.9	91.1
和我的孩子玩很有趣	8.6	7.7	83.7
感到有责任帮助孩子了解他们周围的世界	2.9	2.2	94.9
消极态度			
上个月,我对孩子很生气	76.5	13.2	10.3
上个月,我和孩子相处时感到压力很大	68.9	9.6	21.5

表4-7　养育行为知识的来源

知识来源	百分比	数量
家庭成员	43.4	626
书籍或网络	34.6	498
电视	33.1	476
个人经历	25.2	364
当地医生、计生委或妇女代表	11.7	168
朋友	9.2	133

二、养育行为及风险因素分析

单因素分析结果显示，和初中及以下教育程度照养人相比，高中及以上教育水平照养人陪儿童玩游戏（P＜0.001）、讲故事（P＜0.001）、唱歌（P＜0.001）的比例要更高，且打孩子屁股的可能性更低（P＝0.008）。照养人有手机的家庭在陪儿童玩游戏和唱歌方面做得更好（P＜0.001）。房产价值在10万元以上的家庭在陪儿童玩游戏（P＝0.006）、讲故事（P＝0.031）和唱歌（P＝0.003）方面的表现要优于房产价值低于10万元家庭，类似的结果在家庭能否上网方面也有体现。见表4-8。

表4-8　照养人、家庭因素与养育行为单因素分析(百分比)

	玩游戏	讲故事	唱歌	经常打孩子
教育程度				
高中及以上	75(56.82)	36(27.27)	86(65.15)	9(6.82)
高中以下	421(37.89)	134(12.06)	391(35.19)	179(16.11)
T 值	−4.224	−4.850	−6.810	2.651
P 值	＜0.001	＜0.001	＜0.001	0.008
是否有手机				
有	424(42.19)	140(13.93)	412(41.00)	134(13.33)
无	72(30.25)	30(12.61)	65(27.31)	54(22.69)
T 值	−3.394	−0.535	−3.924	2.478
P 值	＜0.001	0.593	＜0.001	0.013
房屋价值(元)				
10 万及以上	295(43.38)	106(15.59)	286(42.06)	92(13.53)
10 万以下	201(35.70)	64(11.37)	191(33.93)	96(17.05)
T 值	−2.759	−2.158	−2.943	0.253
P 值	0.006	0.031	0.003	0.800
能否上网				
能	123(49.20)	49(19.60)	128(51.20)	28(11.20)
不能	373(37.56)	121(12.19)	349(35.15)	160(16.11)
T 值	−3.371	−3.059	−4.703	1.241
P 值	＜0.001	0.002	＜0.001	0.215

通过养育行为与照养人信息来源的渠道分析我们发现（表4-9），照养人的信息渠道为

正式的信息渠道时，比如医生等，照养人采用科学养育行为的比例越高，也就是说照养人与婴幼儿读绘本、唱歌、用玩具与孩子玩的比例越高，在统计意义上显著。

表 4-9　信息来源与照养人和孩子互动的关系

	(1) 给孩子读书	(2) 给孩子唱歌	(3) 用玩具和孩子玩耍	(4) 上述三种行为都有	(5) 每天独自玩耍的时间	(6) 每天看屏幕的时间
照养人有专业性信息来源	0.07* (0.03)	0.11** (0.04)	0.12** (0.04)	0.05* (0.03)	−0.04 (0.10)	0.09 (0.23)
观测值	1 442	1 442	1 442	1 442	1 442	1 442

注：根据性别、年龄、幼儿是否早产、幼儿是否为独生子、幼儿的健康状况（发育迟缓和体重不足）、幼儿的母亲是否为主要照养人、母亲的教育水平和年龄以及这个家庭是否得到了政府福利等因素进行多元回归估计。标准误在村的层面聚类。专业性来源包括医生、计生委和/或村里的妇女代表。

** $p < 0.01$；* $p < 0.05$

在单因素分析基础上，使用多元回归模型进一步剖析婴幼儿家庭养育行为的风险因素。从照养人特征看，照养人的受教育程度越高，更有可能陪儿童玩游戏、讲故事和唱歌，而打儿童的行为则越少。40 岁以下或非离异的照养人会更多的与儿童一起玩游戏。有手机的照养人陪儿童玩游戏和唱歌的可能性更高。从家庭特征层面看，家庭社会经济因素和照养人的养育行为间存在一定相关关系。家庭房屋的价值在 10 万以上的家庭会更多和儿童玩游戏和唱歌。和不能上网家庭比，能上网家庭照养人会更多陪儿童玩游戏、讲故事和唱歌。从性别差异看，照养人会更多倾向于和男孩玩游戏，但相应打男孩的可行性也更高（见表 4-10）。

通过养育行为与儿童认知和运动的单因素分析（表 4-11）和多元回归分析（表 4-12），我们发现照养人与婴幼儿一起读书、唱歌和使用玩具与婴幼儿玩耍可以显著的促进儿童的认知和运动能力发展，结果统计意义上显著。也就是说照养人可以通过与婴幼儿开展读书、唱歌和玩游戏等科学养育行为，从而促进婴幼儿发展。

三、讨论

（一）样本农村地区养育行为现状

在制约儿童能力成长和发展的重要环境因素中，家庭环境因素对儿童发展的影响受到广泛的关注。近年来越来越多的研究表明，家庭养育行为对儿童早期发展至关重要（丁丽丽，等，2016；何守森，等，2015；李东阳，等，2015；宋佳，等，2016；Rodriguez et al.，2009）。国内外学者也开始关注影响婴幼儿家庭养育行为的因素，并且得出了很多有意思的结果（郝波，等，2006；李东

表4-10 养育行为因素的多重线性回归分析(N=1243)

特征	玩游戏			讲故事			唱歌			打孩子		
	系数	95%置信区间	P值	系数	95%置信区间	P值	系数	95%置信区间	P值	系数	95%置信区间	P值
照养人特征												
是否健康(1=是)	0.01	−0.055—0.067	0.85	0.02	−0.019—0.068	0.28	−0.01	−0.068—0.053	0.82	−0.03	−0.089—0.037	0.41
教育程度(1=高中及以上)	0.13	0.039—0.221	0.01**	0.03	0.065—0.194	0.00***	0.24	0.150—0.329	0.00***	−0.10	−0.190—−0.004	0.04**
年龄/岁(≥40)	−0.17	−0.298—−0.033	0.01**	0.05	−0.149—0.039	0.25	0.02	−0.109—0.153	0.74	0.10	−0.038—0.234	0.16
是否为母亲(1=是)	−0.09	−0.218—0.045	0.20	0.05	−0.138—0.048	0.35	0.08	−0.054—0.205	0.25	0.08	−0.052—0.218	0.23
婚姻状况(1=非离异)	0.26	0.060—0.083	0.01**	0.07	−0.051—0.235	0.21	0.08	−0.122—0.276	0.45	−0.10	−0.306—0.108	0.35
是否有手机(1=是)	0.07	−0.007—0.137	0.08*	0.03	−0.061—0.042	0.71	0.09	0.023—0.165	0.01**	−0.06	−0.135—0.014	0.11
家庭特征												
年收入(≥3万)	0.03	−0.022—0.087	0.24	0.02	−0.039—0.038	0.98	−0.02	−0.076—0.031	0.41	−0.03	−0.083—0.029	0.35
房屋价值(≥10万)	0.05	−0.004—0.107	0.07*	0.02	−0.012—0.067	0.17	0.05	−0.005—0.105	0.07*	0.00	−0.055—0.059	0.94
能否上网(1=是)	0.08	0.012—0.153	0.02**	0.03	−0.004—0.096	0.07*	0.11	0.043—0.182	0.00***	−0.02	−0.097—0.047	0.50
是否有补贴(1=是)	0.03	−0.030—0.096	0.31	0.02	−0.025—0.037	0.74	−0.05	−0.109—0.016	0.14	−0.02	−0.088—0.041	0.47
婴幼儿特征												
性别(1=男)	0.05	0.000—0.108	0.05*	0.02	−0.046—0.030	0.68	−0.03	−0.083—0.023	0.27	0.07	0.012—0.123	0.02**
是否为第一胎(1=是)	0.05	−0.009—0.107	0.10	0.02	−0.029—0.053	0.57	0.03	−0.028—0.087	0.31	0.01	−0.045—0.074	0.64
常数项	0.06	−0.195—0.307	0.66	0.09	−0.132—0.024	0.61	0.13	−0.122—0.372	0.32	1.12	0.863—1.378	0.00

注：* p＜0.10；** p＜0.05；*** p＜0.01

表4-11 养育指标与认知和运动的双变量关系

	观测值	认知均值±标准差	P值	运动均值±标准差	P值
照养人给孩子读书					
是	182	91.4±21.4	<0.05	108.6±19.5	<0.05
否	1,260	82.6±20.9		104.7±20.8	
照养人给孩子唱歌					
是	541	89.4±21.5	<0.05	108.1±19.4	<0.05
否	901	80.4±20.2		103.5±21.7	
照养人和孩子一起玩					
是	565	87.4±21.5	<0.05	107.4±20.4	<0.05
否	877	81.4±20.6		103.8±20.4	
每天独自玩耍的时间					
小于平均时间	872	84.8±21.5	<0.05	105.6±20.4	>0.05
大于等于平均时间	570	82.1±20.6		104.6±20.5	
每天看屏幕的时间					
小于平均时间	1,003	83.7±21.1	>0.05	104.9±20.7	>0.05
大于等于平均时间	439	83.8±21.3		105.8±19.9	

注：样本平均每天单独玩耍时间为155分钟，每天看屏幕67.4分钟。

表4-12 养育行为与儿童发展的关系

	认知			运动		
	系数	95% 置信区间	P值	系数	95% 置信区间	P值
给孩子读书	7.62	[4.55, 10.70]	0.00	3.15	[−0.03, 6.34]	0.05
给孩子唱歌	8.16	[6.04, 10.28]	0.00	4.38	[2.16, 6.60]	0.00
和孩子一起玩玩具	5.45	[3.16, 7.74]	0.00	2.94	[1.00, 5.05]	0.004
每天独自玩耍的时间（小时）	−0.33	[−0.78, 0.11]	0.13	0.01	[−0.40, 0.43]	0.99
每天看屏幕的时间（小时）	0.75	[−0.20, 1.71]	0.12	1.21	[0.34, 2.08]	0.007

注：根据性别、年龄、幼儿是否早产、幼儿是否为独生子、幼儿的健康状况（发育迟缓和体重不足）、幼儿的母亲是否为主要照养人、母亲的教育水平和年龄以及这个家庭是否得到了政府福利等因素进行多元回归估计。标准误在村的层面聚类。

阳,等,2015；刘黎明,等,2002；邹薇,张芬,2006；Alexander et al.，1994；Evans et al.，2000；Ginsburg，Health，2007；Karrass，Braungart-Rieker，2005；Nathanson，Rasmussen，2011；Rodriguez et al.，2009；Shenfield et al.，2003；Tomopoulos et al.，2006)。本节利用具有代表性的农户层面的随机抽样调查数据,分析了农村地区养育行为现状及其影响因素。

有研究者对我国5省10个经济较发达城市社区婴幼儿家庭养育行为的调查结果显示,经常给婴幼儿讲故事和与婴幼儿玩游戏的比例均为80%以上(郝波,等,2006),表明我国城市和农村地区的家庭养育行为存在巨大差异,农村婴幼儿家庭讲故事、唱歌和玩游戏等科学养育行为发生率普遍偏低,陪伴性等阅读和亲子活动明显不足。研究还发现,和城市家庭主要采取表扬的方式鼓励婴幼儿积极行为不同(郝波,等,2006),农村家庭在婴幼儿养育过程中更多采用打孩子屁股等消极的养育行为。这些现象都提示目前农村地区家庭在满足婴幼儿认知、语言和社交情绪发育需求方面还存在一定的偏差,不利于婴幼儿发展和发育的需要(ADRIANA,2003；Campbell et al.，2001；Evans et al.，2000)。

(二) 农村地区养育行为风险因素探析

通过相关性分析我们发现照养人的特征不同,照养人的养育行为表现出很大的差异,照养人的受教育程度越高,对孩子的教育方式会更加趋于理性化,读书、唱儿歌的比例较高。教育程度越高的照养人可能愿意花更多的时间陪伴婴幼儿,而教育程度较低的家长,更容易做出负面的养育行为,如恐吓、打骂孩子等,他们的养育方式可能比教育程度高、家境好、父母双方都在的家庭差一些,这与国外的一些研究的结论类似。和国内外的其他研究结果类似,本研究发现年龄偏大的照养人更能够及时响应儿童的需求,满足儿童的需要,而社会经济状况较差的家庭则不能为儿童提供有利于儿童发展的学习游戏环境(邹薇,张芬,2006；Conger et al.，2002；Klebanov et al.，1994)。

另外,本研究还发现拥有手机的照养人更倾向于和儿童玩游戏、唱歌。而且家里能够上互联网的家庭也倾向于有更加科学合理的养育行为。导致上述现象的原因在于手机和互联网不仅提供了家长获取科学养育知识的新途径,还提供了开展游戏活动的新手段(如手机的音乐播放功能、视频功能),照养人可以充分利用这些工具获取更加科学合理的养育行为的信息,从而开展科学的养育行为。

(三) 养育行为与儿童发展的关系

通过单因素分析和多元回归分析我们发现,养育行为与婴幼儿早期发展存在显著的相关性关系,与婴幼儿开展科学的养育行为,比如读书、唱歌和玩游戏,可以让婴幼儿认知能力和运动能力得到更好的发展,因此照养人应该和婴幼儿一起开展读书、唱儿歌和玩游戏等可以促进婴幼儿早期发展的活动。

基于上述分析,改善农村地区的养育行为,不仅需要国家更多教育资源的投入和政策的惠及,更需要拓宽农村地区信息获取途径,提高信息的可及性,加大科学养育知识的宣传,特别是加大农村地区养育知识的宣传,从而从根本上改变农村的养育现状。

第三节　我国西部农村地区照养人抑郁倾向研究

国内外研究发现照养人抑郁在儿童早期阶段非常普遍,而且担任婴幼儿照养人的农村女性和中老年人是有抑郁倾向的高风险群体,那么照养人抑郁倾向会对 0—3 岁婴幼儿发展产生什么影响? 目前很少有研究使用一手数据开展关于我国西部农村地区婴幼儿照养人抑郁现状及影响的研究,因此本节使用数据集一中的数据和定性访谈的数据,了解我国农村地区 0—3 岁婴幼儿照养人抑郁倾向现状及影响因素,充分了解 0—3 岁婴幼儿的养育环境,为改善 0—3 岁婴幼儿发展提供实证数据和决策依据。

一、定性访谈方法和假设

2017 年 4 月,对数据集一的部分样本进行了深度的定性访谈。共有 55 个样本的主要照养人参加了此次访谈,包括 27 位妈妈和 28 位奶奶。有 4 个样本(3 位妈妈,1 位奶奶)从分析中剔除掉了,他们或者不愿意参加访谈,或者不能完成访谈。因此最终访谈的样本包括 14 个村的 51 个照养人。

我们将根据定量研究中 DASS - 21 量表的得分将参加访谈的样本照养人分成抑郁程度高的组和抑郁程度较低的组。分别将两组命名为抑郁组和非抑郁组。最终非抑郁组有 27 个样本,称为 B 组,抑郁组有 24 个样本,称为 A 组。24 个抑郁组的照养人又被分成了中度抑郁组(17 个样本),重度抑郁组(4 个样本)和非常严重抑郁组(3 个样本)。

定性访谈主要采取结构式访谈方法,通过一些开放性的访谈提纲了解照养人的想法。除预设的四个假设外访谈员也会问照养人一些额外的问题,比如,她是否听说过心理健康或者抑郁问题,如果他们听说过,他们怎么看心理健康或者抑郁? 访谈是在照养人家里进行的,大概持续 1 个小时到 2 个小时。所有的访谈都是由一个访谈小组完成,访谈员都是经过了专业的心理学方法的培训。

定性访谈的目的是了解照养人抑郁的原因,访谈人员将按照手册完成此次访谈。根据已有文献提出下面的几个假设:第一,假设较低的社会支持与抑郁程度有关系。这个问题主要是了解家人和邻居朋友提供的社会支持的水平,照养人可以依靠的实际和情感的支持有哪些;第二,假设照养人面对的抚养压力与照养人抑郁相关,主要了解照养人在抚养孩子和照顾其他家人时,面临的压力;第三,假设家庭内部的矛盾冲突与照养人抑郁相关,当地的文化因素可能导致或影响了这种冲突,比如婆婆和儿媳的冲突(Zheng,Lin,1994);最后,假设在家庭中缺少掌控的权利也与照养人抑郁有关,这个问题主要是希望了解照养人掌控他们自己生活和家庭生活的能力,包括他们在家庭中做决定的能力和他们在家庭中是否有话语权。

二、照养人抑郁现状及其与儿童早期发展的关系

(一)照养人抑郁现状及其影响因素分析

总体而言,近23.6%的西部农村地区照养人存在抑郁倾向风险,在存在抑郁倾向的421个样本中,44.9%的主要照养人是轻度抑郁,42.3%的照养人是中度抑郁,8.8%的照养人是重度抑郁,4%的照养人存在非常严重的抑郁倾向。

当比较母亲为第一照养人或者祖辈为第一照养人的抑郁程度时,从表4-13和表4-14结果我们看出祖辈照养人的抑郁程度要比母亲严重(p<0.01)。18.9%的妈妈存在抑郁倾向,34.7%奶奶存在抑郁倾向。存在抑郁倾向的妈妈中,50.2%是轻度抑郁,38.5%是中度抑郁,11.3%是重度或者非常严重的抑郁倾向。存在抑郁倾向的奶奶中,33.8%是轻度抑郁,47.4%是中度抑郁,14.8%是重度或者非常严重的抑郁倾向。

表4-13 照养人抑郁倾向特征描述统计(N=1787)

变 量	均值	标准差
照养人抑郁倾向		
照养人抑郁(1=是;0=否)	23.5	0.4
照养人妈妈抑郁(1=是;0=否)	18.9	0.4
照养人非妈妈抑郁(1=是;0=否)	34.7	0.5

表4-14 存在抑郁倾向照养人中抑郁程度分析(N=421)

抑郁程度	所有存在抑郁倾向照养人(%)	抑郁妈妈(%)	抑郁奶奶(%)
轻度	44.9	50.2	33.8
中度	42.3	38.5	47.4
严重	8.8	9.1	9.0
非常严重	4.0	2.2	5.8

表 4-15 中我们可以看出个人特征和家庭特征与抑郁倾向的相关关系。照养人是祖母的(P <0.01)和家庭经济较差的照养人(P<0.05)更可能出现抑郁倾向。婴幼儿的年龄、婴幼儿的性别、婴幼儿是否早产、婴幼儿是否有兄弟姐妹、主要照养人的年龄、主要照养人的教育水平、父亲的教育水平、父亲是否在家住和家里是否有低保都与照养人抑郁倾向不存在显著的相关关系。同时我们也发现照养人抑郁倾向和样本村户数和样本村到最近的乡镇的距离也不存在显著性相关性。

表 4-15　照养人抑郁影响因素分析(N=1787)

自变量	照养人是否抑郁(1=是；0=否)
儿童特征	
婴幼儿月龄(月)	0.002 (0.002)
是否为女孩(1=是;0=否)	−0.026 (0.019)
是否早产(1=是;0=否)	0.056 (0.047)
是否有兄弟姐妹(1=是;0=否)	0.008 (0.024)
家庭特征	
主要照养人类型(妈妈=1;奶奶=0)	−0.098*** (0.033)
主要照养人年龄(年)	0.001 (0.001)
主要照养人教育程度(年)	−0.007 (0.004)
爸爸教育程度(年)	−0.003 (0.004)
爸爸是否在家住(1=是;0=否)	−0.026 (0.020)
家庭资产(PCA 得分)	−0.028*** (0.009)
是否接受到低保(1=是;0=否)	−0.027 (0.031)

自变量	照养人是否抑郁(1＝是；0＝否)
家庭特征	
村中户数(户)	−0.0001
	(0.0001)
村子距离镇政府的距离(公里)	0.003
	(0.002)
批次	−0.003
	(0.014)
常数项	0.353***
	(0.092)
观察值	1787

注：** p＜0.05，*** p＜0.01，标准误在村的层面聚类

（二）照养人抑郁倾向和儿童发展的关系

研究发现照养人抑郁倾向和婴幼儿的社交情绪发展存在显著的相关性关系，相对于不存在抑郁倾向照养人抚养的婴幼儿，存在抑郁倾向的照养人抚养的婴幼儿的社交情绪发展更差，低 0.53 个标准差($P<0.01$)，语言发展也一样低 0.12 个标准差($P<0.05$)。但在认知发展上，二者不存在显著的差异(表 4 - 16)。

表 4 - 16　使用多元回归方法分析照养人抑郁和儿童发展的关系(N＝1787)

因变量	照养人抑郁(1＝是；0＝否)
认知发展得分(认知得分)	0.375
	(0.670)
样本量	1787
语言发展得分(语言得分)	−1.562**
	(0.761)
样本量	1787
社交情绪(标准分)	0.529***
	(0.065)
样本量	1787
批次变量	是
控制变量	是

注：控制变量为儿童年龄、性别、是否早产、是否有兄弟姐妹、是否外出打工、照养人类型、主要照养人年龄、主要照养人教育程度、爸爸教育程度、家庭资产、是否接受低保、村里的户数和村子距离乡镇政府的距离。

** p＜0.05％；* p＜0.01

三、定性分析的研究结果

基于定量研究的样本,本研究团队深度访谈了 24 个在定量调查时具有抑郁倾向的照养人和 27 位没有抑郁倾向的照养人。同样使用 DASS-21 量表,研究发现 12 位被访者之前具有抑郁倾向,但是访谈时已经不具有抑郁倾向,同时也有 4 位被访者之前不抑郁,深度访谈中发现存在抑郁倾向。总体上,深度访谈的样本中,16 个照养人存在抑郁情况,其中 13 位是奶奶,占到 81%,3 位是妈妈。35 位不存在抑郁情况,其中 21 位是奶奶,占比 60%。

表 4-17 中我们可以看出参与深度访谈对象的基本特征。平均而言,妈妈的年龄为 28 岁(20 到 36 之间),奶奶的平均年龄为 54 岁。大部分的照养人已婚(96.1%)。每个照养人平均需要照顾 1.7 个孩子,而且超过一半(60.8%)的照养人有一个以上的孩子。超过一半(52.9%)的照养人接受过初中及以上的教育。但是我们发现还存在 15.7% 的照养人没有接受过任何教育。几乎所有的照养人(92.2%)的家里至少有一个人在本村以外的地方工作。52.9% 的照养人的丈夫住在家里,40% 的照养人之前工作过,52.9% 的照养人说会通过微信等媒体进行社会交往。

表 4-17　定性样本的社会人口学信息(N=51)

变　量	n(%)	不抑郁 n(%)	抑郁 n(%)
照养人			
妈妈	24(47.06)	21(60.00)	3(18.75)
奶奶	27(52.94)	14(40.00)	13(81.25)
婚姻状况			
已婚	49(96.08)	34(97.14)	15(93.75)
丧偶	2(3.92)	1(2.86)	1(6.25)
需要照顾的孩子数量			
一个	20(39.22)	11(31.43)	9(56.25)
一个以上	31(60.78)	24(68.57)	7(43.75)
受教育程度			
没上过学	8(15.69)	3(8.57)	5(31.25)
文盲	5(9.80)	0(0)	5(31.25)
小学	16(31.37)	11(31.43)	5(31.25)
初中	23(45.10)	18(51.43)	5(31.25)
高中	4(7.84)	3(8.57)	1(6.25)

变 量	n(%)	不抑郁 n(%)	抑郁 n(%)
家庭成员在村外工作			
是	47(92.16)	33(94.29)	14(87.50)
否	4(7.84)	2(5.71)	2(12.50)
爸爸住在家			
是	27(52.94)	17(48.57)	10(62.50)
否	22(43.14)	17(48.57)	5(31.25)
之前工作过			
是	20(39.22)	17(48.57)	3(18.75)
否	31(60.78)	18(51.43)	13(81.25)
能够使用社交媒体(微信)			
妈妈	22(43.14)	20(57.14)	2(12.5)
奶奶	5(9.80)	1(2.86)	4(25.00)
民族			
汉族	51(100)	35(100)	16(100)
总数($N=51$)	51	35	16

本节对深度访谈的样本进行分析,希望了解照养人抑郁倾向的风险因素(表4-18)。我们分析了6个风险因素,包括之前的4个假设和2个意外发现的因素。

(一) 四个基本假设的验证

假设一:缺少社会支持。

在访谈中我们发现很多的女性照养人从来不跟其他人谈论自己的困难,因此他们更不容易接受对他们有用、可以解决他们问题的帮助。访谈中发现31%的照养人在遇到生气或者沮丧的事情时从来不和任何人交流。他们都给出了不同的原因,比如"我不能和其他的外人谈个人的事情"、"我不想让其他人担心我"、"甚至有些人说我不知跟谁谈这些事情"。与此同时,本研究发现存在抑郁倾向的照养人和不存在抑郁倾向的照养人在这些方面不存在显著差异,但是这些交流也许对于存在抑郁倾向的照养人更加重要,一定程度上可以缓解他们的负面情绪。

> 我没有朋友可以谈这些事情。　　　　　　　　　　　【A16号抑郁的奶奶】
> 我一般不谈这个话题。我把它放在心里。在村上,我们经常说,不要把你自己家庭内部的事情给外面的人说。一般情况下,你只能自己忍受这些痛苦的时候。如果你告

诉其他人你的痛苦,其他人会嘲笑你。如果你告诉其他人你的痛苦,他们将会给你带来新得痛苦。　　　　　　　　　　　　　　　　　　　　　　　　　【B23 非抑郁的奶奶】

　　我只是独自待一会,然后就安静下来了。如果我给我的父母说这些不好的情绪,他们也只是会担心,所以我们不给他们说。　　　　　　　　【B27 抑郁的妈妈】

　　当发生一些让我心烦意乱的事情的时候,没有必要告诉其他人,因为这样会让大家都心烦意乱。　　　　　　　　　　　　　　　　　　　【A24 非抑郁的妈妈】

　　尽管69%的照养人提到当他们遇到不高兴或者不好的事情时,会对朋友或者家人诉说,但是这些回应大多是一些客套的话或者说常规的回答,很难起到实质的作用。比如在访谈中提到:"当你的情绪不好时,你会和你的家人和朋友诉说吗?"访谈对象回答:"会。"当进一步追问被倾听者的反应时,访谈对象大多回答朋友或者家人只是听着,或者将原因归结为"想的太多"。后来调查对象就只能自己再想想这个问题,不能对任何人说了。这就导致了他们觉得给别人说也没有用,别人也不理解他们,进一步恶化了这种现象。

　　【访谈者】当你的心情不好时,你会给你的丈夫或者孩子讲吗?
　　【B17 奶奶】是的,我会给他们讲。
　　【访谈者】他们是什么反应?
　　【B17 奶奶】他们能说什么呢? 他们只是听,他们有时说:"你想的太多了",然后我自己想一想,我们不能告诉任何人关于这个。　　　　　　　　　【B17 抑郁的奶奶】

　　这种当试图与别人交谈时,别人可能不理解自己的假设,一定程度上强化了拒绝说出自己想法的行为。

　　当我告诉我的丈夫时,感觉都很不好。他一般都不知说什么,他们根本不能理解。
　　　　　　　　　　　　　　　　　　　　　　　　　　　　　　　【B6 非抑郁妈妈】
　　当你告诉别人你的困扰时,他们似乎不能帮你解决任何事情。
　　　　　　　　　　　　　　　　　　　　　　　　　　　　　　　【B2 非抑郁奶奶】
　　我的丈夫根本不能理解我为什么感觉不好,有很多的妈妈感觉很好。
　　　　　　　　　　　　　　　　　　　　　　　　　【B21 非抑郁妈妈(之前有抑郁)】
　　访谈结果还发现,他们不愿意与别人交流他们的痛苦和想法的原因是别人会误认为他们是错误的,他们觉得让别人知道自己有病很丢脸。
　　我觉得我不值得,其他的家庭可能看低你,如果你的家庭有这种问题。例如,当我的女儿(她的女儿认知有些问题)说了一些别人不能理解的东西时,村里的人会看低她。

当我看见这些的时候,作为一个妈妈我的心里会怎么想?

【B23 非抑郁的奶奶】

我的朋友会跟其他的人谈论我的女儿的病,别人会嘲笑我的女儿。这样她是不是很丢脸?我们花了45万人民币治疗这种病,每个人嘲笑她,他们说为什么你的女儿这么丑?谁想听这些话?!我每天都担心这些事情,我不能冷静下来。在别人面前,我觉得很丢脸。我们花了这么多的钱,但是她的脸还没有好,我感觉无力。

【B27 抑郁的妈妈(女儿有一个罕见的皮肤病)】

别人在我背后说一些我的病的事情,他们说我以前肯定做了不好的事情,不然怎么得这种病。

【B24 非抑郁妈妈,之前得了一些病】

我的丈夫得了脑膜炎,现在残疾了。因为我的丈夫我觉得和其他人不一样,我担心别人嘲笑我。因为我的丈夫是残疾人,他不能出去工作挣钱。

【A9 非抑郁的奶奶】

在村子里,你只有去医院进行心理咨询,否则别人都会认为你太脆弱,你需要自己处理自己的问题。

【B21 非抑郁妈妈,之前有产后抑郁】

心理健康类疾病被很多人误解或者不能很好的理解,41%的照养人之前没有听说抑郁或者心理健康。在听说过这种疾病的人群中,抑郁被描述为(包括抑郁倾向)"疯"的行为或者"做傻的事情",或者有暴力倾向可能导致她自杀或者死(例如女的杀死自己的孩子的事件)。当问到他们对于抑郁的理解的时候,许多的人举出了很极端的例子。

有一些人说你可能生完孩子后得产后抑郁症,有一些妈妈可能会杀掉自己的孩子,所以抑郁症听起来很可怕。

【B6 非抑郁妈妈】

一些年前,一个年轻人杀死了一个人,后来他得了抑郁症。一个陌生人来到了他的家里,那个人(抑郁症患者)杀死了那个陌生人。

【B3 非抑郁奶奶】

当照养人表示他们知道抑郁症时,他们的答案通常表明他们对抑郁症了解的很有限。

【访谈者】你听说过抑郁或者心理健康吗?

【B19 妈妈】是的,我只是听过如果你的心里不舒服,你应该去心理咨询。

【访谈者】抑郁是怎样的?

【B19 妈妈】他是自闭症,对吗?

【访谈者】你听说过抑郁或者心理健康吗?

【A17 妈妈】是的,我在电视上听过。

【访谈者】你了解他是什么样的?

【A17 妈妈】有一些人将自己锁在家里,当其他人想跟她聊天时,他们不说话,有些人会说一点。

即使一些照养人听说过抑郁,他们也只是从电视节目或者微信上听过,例如有一个人在微信上做了一个测试,发现自己有产后抑郁的倾向,所以离开家两个月,希望走出家庭,换个环境。这也说明这些媒体可以帮助提供一些信息,让人们可以知道自己可能患了心理健康问题。

【访谈者】你听说过抑郁或者心理健康吗?

【B21妈妈】是的,我知道他。因为我存在抑郁,而且我了解它。

【访谈者】你怎么知道你有抑郁?

【B21妈妈】在我做了一个测试后,我通过百度知道的,我知道他后,我觉得我要改变我的脾气。

【访谈者】你怎么知道要给自己做测试?

【B21妈妈】我通过微信发现我的朋友做了一个小测试,所以我测试一下自己。测试后,我就更加注意抑郁这个问题了,我尝试让自己变得更好。

假设二:照养人的压力很大

具有抑郁倾向的照养人更易于表示抚养孩子有很大的压力,其中50%存在抑郁倾向的照养人表示抚养孩子的压力很大,只有20%不存在抑郁倾向的照养人觉得抚养孩子的压力很大。抚养孩子的压力主要来自经济方面和身体方面,比如买奶粉,送孩子去学校和看医生等等。

当我想一些不能让我放松的事情时,我就想起了孩子还没有长大,我将变老,孩子需要喝奶粉,我没有钱为孩子买这些东西。 【A18抑郁奶奶】

而且这种压力对于年龄大的照养人的影响更大,除了一位带有3个孩子的妈妈外,其他存在抑郁倾向的照养人表示抚养孩子压力大的都是孩子的奶奶。奶奶表示有更多的心理和身体压力,奶奶经常感觉很累,感觉抚养孩子时存在压力和疼痛。

我几乎都70岁了,我们照顾孩子不容易呀。自从我最小孙子的妈妈走之后,每天都需要照顾孩子,我开始变得很累。我们年龄大了,不能做所有的事情。我需要别人照顾我,但是我需要照顾这些孩子。 【A18抑郁奶奶】

因为我的腿疼,所以孩子跑时我很难追。 【B5抑郁奶奶】

看这个最小的孙子更加累一些。我老了,抱不动他了。有时我接了他,只能用小车推上他。 【A18抑郁奶奶】

有时候照顾孙子让我感到不知所措,他太黏人,总是想抱着,我觉得很烦,很生气。我不想照顾孩子,当我有这种想法时,我就只是想躺在床上,也不想吃东西。这种感受每周都会有,然后我需要睡几个小时,有时感觉难以忍受。 【A8抑郁奶奶】

抑郁的照养人更倾向打孩子或者对孩子的行为感到生气和沮丧。在 16 个具有抑郁倾向的照养人中,31%的照养人表示当他们心情不好时他们会打孩子,这一比例高于不存在抑郁倾向的照养人(20%)。这并不是因为存在抑郁倾向照养人的家庭的儿童更不听话,也就是说存在抑郁倾向的照养人更容易因为照养孩子生气和发脾气。

> 当我脾气不好时,我会打我的孙女,因为她老是跑来跑去。　　　【B5 抑郁的奶奶】

照养人的抑郁不仅影响抚养儿童,而且影响其他大人。当家里有人生病了,会引起很多的冲突,其他人需要花费额外的精力,包括照顾这个生病的人,还有就是负责本来应该由她负责的家务。这些额外的责任的划分就可能给这个家庭带来关系和情感压力。

> 照顾婆婆是我们争吵的另一个事情。我想要自己照顾我的婆婆,但是我的丈夫认为这个对我太累了,他想雇人来做这个。　　　【B10 抑郁妈妈】
> 我需要担心很多的事情,我的丈夫不需要担心这些事情。如果有其他的人可以帮助我就好了。我的儿子在外面工作,我的儿媳妇需要被照顾,她有癫痫病。我的丈夫不能帮忙,没有人可以帮我。　　　【B13 抑郁奶奶】
> 当我的孩子生病时,我给我的丈夫打电话,他在北京工作,他问我:"你为什么给我打电话? 你应该给医生打电话。"　　　【B9 抑郁的奶奶】

尽管抚养孩子存在很多的挑战,但是很多照养人表示孩子可以很好的抵御不好的感觉,比如孤独和伤心。有意思的是,抑郁严重的照养人更多提到孩子是一个很好的保护因素(44%对 26%)。

> 每当我照顾孩子的时候,我感觉好一些。我的儿子死后,我们孙女使我高兴起来,有了她,我感觉好多了。我可以放松些,没有担心很多了。　　　【B4 抑郁奶奶】
> 你看见我的头发了吗? 完全白了,都是因为担心。但是照顾我的孙子使我开心多了。当你老了,所有的希望都寄托在孙子身上了。　　　【B13 抑郁奶奶】
> 我的儿子和儿媳想把孩子带到城里自己抚养,我不让他们这样做,因为没有他们了,我会很孤单。　　　【B20 抑郁奶奶】

假设三:家庭内部冲突

研究发现,相比不具有抑郁倾向的家庭(34%),具有抑郁倾向的家庭更容易出现家庭内部冲突(50%)。一般的情况下都是婆婆、丈夫和儿媳因为家庭之间的农活、家务和带孩子的事情吵架。

> 我很容易生气,我想让我的亲戚帮我做农活,收土豆,种玉米,但是没有人帮我,也
没有人帮我带孩子。
> 【A8 抑郁奶奶】

> 有时,我感觉很失望,因为每天在家里,没有其他人可以带孩子,老的老,小的小。
> 【A18 抑郁奶奶】

正如之前描述的,虽然之前的研究中证明存在婆媳矛盾,但是没有发现有很多的妈妈因为与婆婆发生冲突而受到约束和刺激。甚至当一位妈妈描述邻居和自己的婆婆关系比较紧张时,那个妈妈和孩子搬到了城里,矛盾很快就消失了。

> 【A23 妈妈】我的邻居和她婆婆的关系不太好。那个妈妈打她的孩子,她的婆婆非常生气。他们经常为这个打架。当我搬到这里时,我听到他们吵架,有时我看到他们相互打对方,每 3 到 4 天打一次。

> 【访谈者】他们如何解决的?

> 【A23 妈妈】妈妈和孩子搬到了城里。

> 等孩子长到一岁时,我计划搬到城里,让孩子接受更好的教育。
> 【A25 非抑郁妈妈(和婆婆的关系很不好)】

存在抑郁倾向的婆婆因为儿媳没有按照他们的要求做很生气。例如,相比不存在抑郁倾向的奶奶(14%),更多存在抑郁倾向的奶奶(39%)对他们的儿媳妇不满意。通常给出的理由包括儿媳妇不给家里寄抚养孩子的花费,或者一直不生孩子,或者不知道如何很好的照顾孩子,或者和他们的儿子经常吵架。有意思的是,没有发现儿媳妇抱怨婆婆的情况。

> 我的儿媳告诉我不要给孩子买任何便宜的东西,但是当儿媳回家时,她也不给孩子买任何东西,甚至是糖果。而且如果我想要钱(为孩子),我的儿媳也不给。
> 【B20 抑郁奶奶】

> 我担心我大儿子的婚事,因为我的儿媳已经结婚 5 年了,也没有孩子。我感到很担心,我只能想这些事情,我不能不想。　　【A3 抑郁奶奶,当我们问他最担心的事情时】

假设四:在家里没有掌控权,没有话语权

尽管之前有研究表明在中国农村有许多年轻的照养人因为缺失控制或者家里婆婆的权利问题而抑郁(Chan et al.,2009),我们没有发现这方面压力的证据。年轻的妈妈,包括抑郁的和非

抑郁的,大多数都认可目前的家庭分工,没有表示想要更多的控制权,或者感觉到限制。

【B24 妈妈】家里婆婆说了算,她喜欢做决定。

【访谈者】你感觉这种分工怎么样?

【B24 妈妈】我觉得好着呢。因为我不喜欢做决定,所以我认为这样很好。我觉得最好是我婆婆管理钱,因为他的经验比我多,所以最好是她做决定。

但是相反我们发现许多奶奶经常表达紧张和没用,因为他们没有能力做他们期望的在家庭中的角色,或者觉得没对家里产生作用。在抑郁的照养人中,80%的照养人表示"没有价值"、感到无用、恨自己或者与之相似的感觉。相比较来说,只有 26%的非抑郁照养人有类似的感觉。年龄大的照养人通常有三个理由解释这些没有价值的感觉:文盲、年龄大和生病。这三个因素合起来就是没有能力改变现在的环境、在家里缺乏掌控权。首先,文盲被很多次提到作为缺乏生活目标的一个理由。我们注意到 5 个没有上过学的家长都是奶奶,而且都抑郁。照养人描述他们的文盲阻碍了他们找工作,也就无法缓解他们的家庭压力。但是我们也发现了所有被访谈的奶奶中,只有 2 个曾经有过工作,不仅仅是文盲奶奶,大多数的奶奶都没有工作过。这也就表示文盲不是导致奶奶找不到工作的原因,也许可以作为一个没有在城市里生活的原因。从来没有在除了土地以外的地方工作,也许是奶奶们觉得文盲是一个使他们比别人差的原因,不能适应城里的环境。

我从来没有做任何有价值的工作:我没有上学,没有读书,我不识字,所以我没有做任何有价值的工作。
【B17 抑郁奶奶,文盲】

我周围的人开始工作,而我不能。我开始恐惧,因为我周围的人都有工作。
【B9 抑郁奶奶,文盲】

我老是恨自己,因为我觉得没用,我觉得我不能做任何事情。我老是需要寻求别人的帮助。没有人找我帮过忙。即使是别人帮助了我,但我也不能帮忙别人。我看不起自己。我想要工作,但是我又害怕别人告诉我我不能工作。我看很多人找保姆的工作,我想做一个保姆,上次尝试了,我告诉他们我不认识字,也不会写字,最终我没有获得这个工作。
【B9 抑郁奶奶,文盲】

年龄大是另外一个觉得没有价值的因素。在我们的样本中,奶奶通常因为年龄大觉得自己没用,觉得自己身体不好,没有办法帮助家里。对于很多的奶奶来说,变老意味着改善他们处境的可能性更小了。

我老了,我没有用了。　　　　　　　　　　　　　　　　　【B13 抑郁奶奶】

当你年轻的时候,你可以去城里打工,你老了,你能做什么?　　【B4 抑郁奶奶】

你老了后还有什么价值?有时真的觉得自己没有什么用。不能挣钱。对于下一代来说你也不能做什么。我很难过。　　　　　　　　　　　　　　　　　【B13 抑郁奶奶】

第三,生了很严重的疾病且存在抑郁倾向的照养人感到自我没有价值。对于一些女性,好的身体就代表自尊。生病了代表照养人不能充当自己的角色,比如照顾孩子和做家务。所以导致不能做这些事情,对于一个家庭来说是一种压力,他们开始怀疑自己和自己存在的价值。

自我价值是跟身体相关的。如果你不健康,你不能做任何事情。　【B16 抑郁奶奶】

年龄大的照养人担心如果他们生病了不能照顾他们的孩子,也担心有什么事情发生在他们家庭成员身上。

我害怕生病,我头疼和经常困。我担心如果我病了有什么不好的事情发生在孩子身上。有时我很困,不能起来,我就开始想我现在该怎么办?　　　　　【B20 抑郁奶奶】

(二) 意外发现的一些因素

1. 家庭经济困难或突发的巨大开支是影响抑郁的一个因素

存在抑郁倾向的照养人经常表示家庭经济困难或突发的巨大开支是一个压力的主要来源,88%存在抑郁倾向的照养人表示收入是他们很担心的问题,他们不能买自己需要的东西。但是与不存在抑郁的照养人相比较,只有34%的照养人提到了经济问题。我们发现存在抑郁倾向的照养人更多地在最近遇到急需钱的问题,比如家里有人生重病。也就是说突发的经济上的问题,很容易让一个家庭陷入危机,昂贵的医疗费用和支出是一个很大的经济压力。

有时当我没有钱可以用时,没有足够的钱时,我会担心。现在,我需要买油和盐,当你没有钱买这些东西,你就会恐惧。　　　　　　　　　　　　【B17 抑郁奶奶】

我们家的情况很困难。没有人在挣钱,我们有很多贷款。我的丈夫身体有很多问题(颈椎和背的问题),因为他身体有很多毛病,所以不能工作。他不能工作,所以没有收入。我感觉我快疯了。我的丈夫不能工作,我们家没有钱。真的很困难。

【A16 抑郁奶奶】

我的情绪不好。我感觉害怕，我不想做任何事情。照顾孩子给我很大的压力。只有他的爸爸在工作，要养活三个孩子。钱很难挣。我们还有一个80岁的老人要养活。

【B10 抑郁奶奶】

我整天都很激动。因为没有钱，我每天都很担心。家里没有钱，如果孩子生病就变得非常困难。

【B9 抑郁奶奶】

样本中所有抑郁的照养人究竟实际经济状况如何，是否是认知的偏差也是一个需要考虑的问题。本研究发现92%的样本家庭至少有一个家庭成员在城里工作，也就是有除了农业以外其他的收入来源。通过进一步调研发现抑郁的照养人更有可能发生一些大的家庭波动，比如家里有人生很严重的疾病，因此尽管收入条件并不差，仍然产生了经济压力。这说明收入的波动很容易导致他们生活陷入危机。抑郁家庭发生这些波动的比例是非抑郁家庭的2倍。

昂贵的医疗和治疗费用是这些家庭主要的经济压力。高质量的医疗在农村地区是很有限的，这就带给这些原本不富裕的家庭很大的压力。去往医疗条件较好的大城市，往往需要花费更多的时间和金钱。

自从我的儿媳有孩子后，她患有癫痫。她和孩子回到家不久，在家待了10天，然后救护车就将她带走了，就像她死了一样。我儿媳的医疗花费很大。当我照顾孙子的时候，她去了三次医院。每年她需要去北京看病，我们需要花费一周的交通费、医疗费、生活和住宿费，医疗保险没有报销任何的花费。

【B13 抑郁奶奶】

2. 不健康的财富观

调研中发现很多被调查对象以财富作为衡量自我价值的标准，认为其他人比自己快乐是因为自己没有钱。这种思想在存在抑郁倾向的人群中特别明显(88%)。

说实话都是钱的问题，没有钱就没有快乐！　　　　　　【A23 非抑郁妈妈】

村里其他的不开心的女性，因为他们像我们家一样，没有钱，所以他们不开心。

【A16 抑郁奶奶】

表 4-18　照养人抑郁风险因素分析

因素	定　义	抑郁(%)	非抑郁(%)
缺少社会支持			
谈论家庭中的负面情绪或困难	回答"没有人"可以谈论家庭中的负面情绪或困难,当问到如果有人,你将和谁说你的担心、不安和沮丧?	5/16(31%)	11/35(31%)
听说过心理健康或抑郁概念	对于你是否听说过心理健康问题或者抑郁问题给出积极的答案	4/16(25%)	17/35(49%)
抚养孩子的压力			
抚养孩子是负担	认为抚养孩子是一种负担	8/16(50%)	7/35(20%)
孩子有不好的行为	认为孩子淘气,不听话等	5/16(31%)	10/35(29%)
打孩子	当情绪不好时,打孩子	5/16(31%)	7/35(20%)
孩子作为一个保护伞	孩子起到自己孤独或者难过时一种抵御难过和孤独的作用	7/16(44%)	9/35(26%)
家庭内容冲突			
家庭之间发生冲突	提到打架,冲突,吵架等	8/16(50%)	12/35(34%)
夫妻打架	夫妻之情吵架或者打架	6/16(38%)	10/35(29%)
与儿媳吵架	对婆婆,当婆婆抱怨儿媳没有按照他的想法做事情,比如给她邮寄钱,没有照顾孩子,没有做家务或者和自己的儿子打架	5/13(39%)	2/14(14%)
与婆婆吵架	对于妈妈,当抱怨婆婆没有按照自己的想法做事情,比如照顾孩子	0/3(0%)	3/21(14%)
缺少控制力			
感觉自己没有价值	抑郁量表中回答我觉得自己没有价值	13/16(81%)	9/35(26%)
文盲	不能认字,不能读,不能写字,文盲	5/16(31%)	0/35(0%)
年龄大作为一个自我没有价值的原因	对于奶奶,年龄大作为自我没有价值的原因	3/13(23%)	0/14(0%)
家庭经济困难			
缺钱	提到贷款很难还,不能买重要的东西,钱很紧张,需要更多的钱	14/16(88%)	12/35(34%)
生病	提到生病、疼痛、痛苦、坏的身体	13/16(81%)	14/35(40%)
财富作为自我价值的衡量标注	当跟其他的家庭相比时,财富作为衡量价值的一个标准	11/16(69%)	12/35(34%)
总数(N=51)		16	35

四、结论与讨论

本节使用定量和定性研究方法结合的方式分析样本农村地区抑郁现状及其可能的影响因素。研究发现样本农村地区的女性照养人存在较高比例的抑郁倾向。大概四分之一的婴幼儿照养人(23.5%)存在抑郁倾向。这一比例高于全球 13%—21% 的平均水平(Coll et al.，2016；de Castro et al.，2017；O'hara，Swain，1996)。由于没有关于我国城市婴幼儿照养人的抑郁倾向的相关数据,我们发现样本农村地区这一比例可以和成都地区成人的心脏病发病率比较(31%)(Hu et al.，2017),高于天津的老年痴呆症患病率(6%)(Liu et al.，2017)。

调研发现照养人中奶奶存在抑郁倾向的比例更高(34.7%),比妈妈高出 18.9%。而且在存在抑郁倾向的奶奶中,62.2% 的奶奶是中度或者重度抑郁倾向,比妈妈高出 12.4%。定性访谈的结果也支持这一结论,81% 是中高度抑郁倾向者。其他的研究也发现年龄大的,低收入的,较低教育程度的农村女性更容易患有抑郁倾向(Hou et al.，2015；Qiu et al.，2016)。与此同时,参加访谈的 5 位没有接受任何教育的女性都是奶奶,而且都存在抑郁倾向。

乡村照养人抑郁倾向的现状令人担忧,特别是当我们发现抑郁倾向和儿童的社交情绪和语言发展显著相关。相比较于不存在抑郁倾向的照养人带的孩子,存在抑郁倾向的照养人带的孩子的社交情绪得分要低于一个标准差,语言得分低于 1.56 分(0.12 个标准差)。众所周知,婴幼儿发展滞后对婴幼儿未来会产生长期的不良影响。因此必须很充分的了解抑郁倾向的特性,才可以更好地阻止抑郁倾向的发生。什么样的人更容易抑郁呢？更重要的是,她们为什么抑郁呢？我们使用深度访谈的资料也进一步分析了"什么样的人更容易抑郁?"以及"她们为什么抑郁"的原因,以及影响这些问题的因素。

定性访谈的结果证实了 4 个原始假设和 2 个其他可能的影响因素。我们发现缺乏家人和朋友的支持,抚养的压力,缺乏掌控权和家庭矛盾四个都是影响抑郁倾向的因素。研究也发现贫困和使用财富衡量自我价值也是影响抑郁倾向重要的因素。下面分别讨论这四个因素：

首先,发现缺少家人和朋友的支持在农村地区是一个严重的问题。社会偏见阻止人们寻求帮助、精神疾病和承认家里困难,这些都加重了抑郁倾向。阻止女性向别人开放自己的心怀,害怕别人嘲弄和八卦。其他的研究也发现了类似的结果,如果个人接收的社会支持较高,抑郁的可能性就比较低(Grav et al.，2012；Hou et al.，2015)。更好的社会支持(被定义为提供一些可以让人感受到尊敬、照顾和爱护的)可以保护人们免受身心疾病,尤其是在具有挑战性的时刻(Cassel，1976；Cobb，1976)。

第二,我们发现相较于不存在抑郁倾向的照养人,存在抑郁倾向照养人在照顾孩子的过程中更容易有压力。访谈结果显示存在抑郁倾向照养人带的孩子和其他的孩子是一样的,并没有比其他的孩子更难带。众多研究表明,与不存在抑郁的照养人相比,抑郁的照养人会减少她们与孩子的交流,在日常生活中说话少,反应速度慢(Bettes,1988;Breznitz,Sherman,1987)。减少互动也可能导致增加敌意和暴躁,特别是在压力之下(Cohn et al.,1986)。研究表明,存在抑郁的妈妈更容易采取严厉的惩罚,因为这需要更少的认知努力(Kuczynski,1984)。这可能部分解释了为什么在样本中更多的抑郁照养人承认当他们很生气的时候,他们打了孩子。照养人采取惩罚的手段管教孩子的时候对于孩子的需要也就不敏感了(Field,2010;Field et al.,2006;McLearn et al.,2006)。

第三,我们发现家庭矛盾,特别是由于其他的家庭成员引起的矛盾更容易引起抑郁问题。存在抑郁倾向的奶奶经常抱怨自己的儿媳妇没有尽到应有的责任,比如没有给家里寄钱,没有帮家里做家务、照顾孩子或者生一个男孩子。然而并没有发现妈妈担心和抱怨婆婆。许多的妈妈表示希望可以带着孩子几年后搬到城里去工作。这也许是为什么这些妈妈很少抱怨奶奶的原因。这些年轻妈妈即使现在居住在一个不舒服的环境,但是她们可能会将这种情况理解为暂时的,所以没有抱怨。

第四,很多的研究已经证明了抑郁倾向与他们控制自己生活的权利相关(Kessler,Bromet,2013;Mirowsky,Ross,1990;Ross,Mirowsky,1989)。我们发现这种情况是真实的,尽管与他们的预期不一样,但是提供给年轻女性的可以到村外工作的机会,这是年轻妈妈和奶奶很重要的区别。研究表明,越来越多的中国女性外出务工(Connelly et al.,2012;Mu,de Brauw,2015)。他们选择离开也是一个逃脱的出口,年轻的,受过教育的妈妈可以离开村庄。相反,这些老奶奶感觉被困在村庄。在访谈中发现,很多抑郁的奶奶抱怨他们无法改变他们的生活环境(谁会雇佣一个不识字的人呢?)

一个意料之外的导致抑郁的因素是贫困,这是定量研究和定性研究发现的一致的结果,这不是一个新的发现,但是可以证实在中国农村地区,贫困是一个强有力的可以影响抑郁倾向的因素(WHO,2012)。回顾11个关于中等收入和低收入国家的关于心理障碍的研究我们发现贫困和心理健康是相关的(Patel,Kleinman,2003)。

在农村地区,贫困的作用作为一个风险因素集合了以下因素:物质财富的中心和一个人的自我价值。许多照养人迅速将"自我价值"与物质资产,钱,工作联系起来。如果比他们的邻居有更少的钱或更少的资产,这是被视为一个明确的迹象表明他们的邻居比他们更开心。

研究显示目前还缺乏对农村地区婴幼儿照养人抑郁倾向的了解,建议我国农村地区可以有相关的心理健康的培训和指导服务,微信的使用对于信息的传播和交流提供了很大的帮忙,但是不是每人都有智能的电话,特别是年龄大的奶奶都不太会使用高科技的手机或者电脑。希望未来的研究可以进步一步在农村地区扩展信息化服务,为农村地区提供更多帮助。

本章小结

本章主要了解了我国西部农村地区0—3岁儿童的家庭养育环境,主要从喂养方式、养育行为、管教方式和照养人的抑郁倾向几个维度进行分析。主要得出以下几个结论：

第一，样本地区 0—3 岁儿童的照养人缺乏科学的喂养行为，母乳喂养的比例较低，母乳喂养持续的时间不够。辅食摄入出现营养不均衡、不达标等问题。

第二，样本地区 0—3 岁儿童的照养人都是很爱自己的孩子，但是缺乏能够促进儿童发展的科学养育行为，样本家庭照养人很少与孩子开展读书，看绘本，唱儿歌和玩游戏等活动。

第三，中国农村地区女性照养人存在严重的抑郁倾向。而且抑郁倾向对于儿童的社交情绪和语言发展存在负面的影响，同时也对女性照养人的生活产生了不好的影响。他们发现年龄大的照养人，比如奶奶存在更高比例的抑郁倾向。缺少家庭和朋友的支持、家庭的权利，冲突和贫困是影响抑郁的风险因素。

第五章

不同特征与对儿童早期发展的影响

　　随着我国经济的迅速发展和城市化进程的加剧,国家出台很多新的政策,比如三胎政策,儿童早期的成长环境发展了很大的变化,出现了很多具有不同特征的儿童。这些不同特征对人力资本发展的关键期会产生怎样的影响,儿童的照养人如何随着环境的变化为儿童提供能够促进其发展的养育行为? 为了回答这些疑问,本章主要分析留守、有无兄弟姐妹和家庭社会经济地位三个特征因素与儿童早期发展的关系,为政策部门优化和制定政策提供决策依据。

第一节　留守儿童现状及对儿童早期发展的影响研究

随着我国经济的迅速发展和城市化进程的加剧,越来越多的农村剩余劳动力向城市转移,农村劳动力转移是增加家庭收入的重要渠道,也是推动我国经济增长的一个关键因素。国家统计局调查数据显示,2015年外出农民工达到1.69亿人(国家统计局住居调查办公室,2016)。受到自身经济条件等制约,外出务工人员子女难以随父母外出,因此形成了留守儿童这一庞大群体,2015年全国0—17岁留守儿童规模6 876.6万,其中农村地区留守儿童规模达4 051万(段成荣,等,2017)。特别需要指出的是,当前农村留守儿童年龄结构正在发生变化(全国妇联课题组,2013),学龄前儿童规模迅速膨胀,5岁以下留守儿童多达2 342万,占农村留守儿童38.37%,与2005年相比增加了757万,其中两岁以下留守儿童规模达到1 170万,占比超过全国两岁以下儿童的四分之一(UNICEF et al.,2014)。

父母在子女三岁前外出可能对婴幼儿早期发展造成负面影响,甚至影响个体成年后的发展。很多婴幼儿早期发展的研究发现,生命最初的1 000天是个体发展的关键时期,这一时期个体的发展水平甚至会影响其未来的人力资本积累(Black et al.,2017;Britto et al.,2017)。但是目前关于父母外出务工对儿童早期发展的影响还不清晰(吕文慧,等,2018;王妍,等,2019),有一些研究认为,父母外出务工对子女的学习成绩有促进作用(侯玉娜,2015;马俊龙,2017),马俊龙运用倾向分数匹配方法(PSM),使用2013—2014年中国教育追踪调查的数据分析发现外出务工能够提高父母对子女的教育期望,从而提高子女学业表现,另一些研究则发现,父母外出会对留守儿童的成绩有负面影响(李庆海,等,2014;李云森,2013),因为外出务工会减少与子女相处和沟通的时间,不能为子女学业和心理健康提供及时的辅导和支持,从而使其学习成绩受到负面影响(胡枫,李善同,2009;王玉琼,等,2005)。

由于目前研究使用的数据、分析方法等存在差异,因此结论并不一致,综合以往的研究,父母外出务工对留守儿童发展方面的影响可能有多种渠道,“净影响”是正向或者负向主要取决于两个方面:一是收入效应,父母外出务工可以改善家庭收入情况,近年来,关于家庭经济情况与儿童发展的研究主要以两个理论框架为指导,第一种理论是家庭压力模型(Family stress model,FSM)的扩展,涉及父母以及父母和子女之间的关系,以及如何受到经济困难的不利影响

（Conger，Conger，2002）。第二种理论涉及投资模型（Investment model，IM），指的是经济改善可以有效提高对子女营养和教育方面的投资，长久来看会促进子女的学业表现和健康状况等（杨菊华，段成荣，2008；Ambler et al.，2015；Bradley，Corwyn，2002）。二是陪伴效应，尽管父母外出务工会提高家庭收入，但是也伴随着父母陪伴缺位的问题，父母外出务工不能为子女的生活、学习和心理发展提供有效和及时的照料，可能会对儿童社会化发展和学业表现等方面产生负面影响（胡枫，李善同，2009；周念丽，徐芳芳，2012）。父母外出务工的"净影响"取决于物质投入的提高带来的正效应与父母陪伴缺位带来的负效应的双重作用（高玉娟，等，2018；马俊龙，2017）。

与年龄较大儿童相比，婴幼儿对物质和陪伴的需要显然不完全相同，因此，父母外出务工的收入效应和陪伴效应的大小可能存在差异。首先，相较于学龄儿童，满足婴幼儿物质需求的费用较低，即使在农村地区，为婴幼儿发展提供必要的物质也在大多数家庭的能力范围之内（Yue et al.，2017；Yue et al.，2019），考虑到早期农村婴幼儿的物质投入成本相对于家庭财富较低，父母外出的收入效应可能有限。另一方面，考虑到父母陪伴对0—3岁婴幼儿早期发展的重要性，父母在成长关键期的缺位可能会造成更大且更长久的负面影响，研究发现，子女在三岁前与父母分开会增加其焦虑与抑郁症状的发生率（Liu et al.，2009），特别是在婴幼儿时期，母亲作为其直接的照养人，相比于其他家庭成员，对婴幼儿的早期发展具有更重要的作用（杨菊华，段成荣，2008；Murphy et al.，2016）。在婴幼儿时期，区别于其他家庭成员，母亲的作用与地位尤为重要，这可以从两个方面进行理解：首先，母亲对婴幼儿照料主要体现在营养摄入和家庭教育方面（宋月萍，2007；王芳，周兴，2012），而这两方面均会影响婴幼儿早期发展，实证研究发现，母亲在婴幼儿早期阶段的支持性行为（例如回应和互动游戏等）对提高子女未来的受教育水平、幸福感和降低问题行为发生率等具有积极的影响（Lombardi et al.，2017；Murphy et al.，2016；Razza，Raymond，2013），其次，有研究从神经科学的角度同样证实了母亲的重要性，区别于其他家庭成员，母亲的早期养育会影响学龄儿童大脑的海马体积（海马体为大脑中协调记忆和压力的关键区域）（Luby et al.，2012）。

随着外出务工人员的不断增加，母亲外出务工的比例正在不断扩大（Connelly et al.，2012；Mu，de Brauw，2015）。一般来说，母亲通常是家庭中第二个外出务工的成员（Liu et al.，2009），母亲外出工作后，负责孩子营养和养育的工作就由祖父母或者其他家庭成员承担，由于祖父母和母亲养育方式具有较大的差异（凌辉，等，2012），因此母亲外出意味着婴幼儿的早期环境，特别是养育观念、养育方式、时间投入和物质投资等方面都面临着较大的变化（Robson et al.，2008；Yue et al.，2017），也有一些实证研究发现，比较父母任意一方外出的影响时，母亲外出务工对子女的负面影响大于父亲外出的影响（李梦云，付义朝，2020；苏群，等，2015；吴映雄，杜康力，2014），其中，苏群等人的研究分别从收入效应和陪伴效应两个角度分析父母外出务工对子女辍学的影响，研究结论表明母亲外出务工会提高子女的辍学率，而父亲外出务工结果则相反，造成这一差异的原因可能在于父亲外出的收入效应更大，增加家庭收入可以缓解子女上学带来的成本压力,而母亲外出的陪伴效应更大,母亲陪伴缺失会对子女教育产生负面影响(王瑶,等,2019)。因此从这个角度来看,研究母亲外出务工对婴幼儿早期发展的影响尤为重要。

在时间投入方面,研究假设随着母亲的外出,婴幼儿主要照养人角色从母亲转变为祖父母,两者对孩子的关注点、投入时间等多个方面都存在差异,由此会对婴幼儿早期发展造成影响。研究发现,儿童的母亲外出务工会导致照养人减少和儿童一起进行积极性活动的时间。与控制组相比,照养人陪儿童玩玩具的比例减少了8%,还发现照养人与儿童唱歌的比例减少了10%(李珊珊,等,2021),母亲和祖父母与孩子互动活动的投入程度存在显著差异,祖父母更容易忽略对孩子情感的回应,缺少有效陪伴婴幼儿的时间,而这些都是婴幼儿早期发展的风险因素(何守森,等,2006;Yue et al.,2017)。

母亲外出的家庭管教行为更加消极,母亲外出家庭出现提高声调或者吼孩子这类行为的频率更高,打屁股行为发生率高出3.1%,拿走玩具或其他孩子想要的东西的比例也高出4.0%。母亲外出对家庭养育环境产生显著的负面影响,具体来说,母亲外出会显著降低玩具来源和种类的多样性,减少照养人与婴幼儿互动游戏的种类,同时母亲外出的家庭拥有的书籍、报纸和杂志的数量和种类均会减少(李珊珊,等,2021)。也就是说照养人与儿童一起参与积极性活动的时间减少了。

研究还发现母亲外出务工对儿童饮食的营养质量具有显著的负面影响。具体对进餐频率(量度)没有显著的影响,但对饮食多样性指数以及对富含铁的食物和促进铁吸收的食物(肉类、绿叶蔬菜、铁补充剂和水果)的摄入有显著的负面影响。此前的研究指出,中国农村地区父母与祖父母之间在营养知识上存在很大差异,尤其是在幼儿微量营养素需求方面(Tan et al.,2010)。

研究发现在婴幼儿个体特征的异质性分析中,母亲在子女不同月龄段外出或者母亲的教育水平不同对于留守儿童的影响是不同的(李珊珊,等,2021),随着月龄的增长,母亲外出对婴幼儿的社交情绪发展负面影响越大,社交情绪发展滞后风险会更高。这可能是因为随着婴幼儿月龄的增长,增加了与母亲互动的需求,这一时期缺失母亲的陪伴,婴幼儿不能自行调节自己的情绪,可能更易出现情绪不适应等问题。对于母亲受教育水平较高的家庭来说,母亲外出会提高婴幼儿认知得分0.36个标准差,这可能是因为对于有更好受教育水平的母亲来说,外出务工的收入效应大于陪伴效应,受过良好教育的母亲外出务工后可能会带来更高的经济收益,母亲对子女教育回报率的预期更高。因此尽管减少了对孩子的陪伴,但是经济改善和教育预期提高都使母亲有更强的投资意愿,为孩子创造更好的成长环境(袁梦,郑筱婷,2016),并且母亲去城市务工可能会接触更多的育儿信息,会将自己了解的养育知识分享给祖父母(Yue et al.,2017);其次,农村照养人由于普遍缺乏科学的养育观念和行为,即使是受教育水平较高的母亲在陪伴孩子方面表现稍好,但是整体来说还是不足的(白钰,等,2019),由于缺乏科学的养育知识,农村母亲留在家庭带来的陪伴效应本身可能很小。受到两方面因素的影响,对于受教育水平更高的母亲来说,母亲外出的收入效应大于陪伴效应,这个结果反映出农村照养人需要加强对婴幼儿早期发展重要性认识,丰富科学养育知识,需要更多的获取科学喂养知识的科学途径。最后,对于母亲外出的家庭来说,家庭经济条件越好,孩子的认知和社交情绪能力发展越好。这两者可能都是因为母亲外出务工引起的收入效应,对于那些更有资源的家庭来说,他们可能或是能够了解更多科学养育的知识或是对子女有更高的教育期待,因此家庭收入的提高有助于为婴幼儿创造更好的早期成长环境(Bradley,Corwyn,2002;Lipina et al.,2013)。

因此,可以推论农村家庭并没有改善子女的早期成长环境,反而因为主要照养人的改变,导致婴幼儿缺乏丰富多样的早期互动游戏,可能是因为对农村家庭来说,没有为婴幼儿创造良好的成长环境主要是因为缺乏对婴幼儿早期发展重要性的认识,更缺乏获得科学养育知识和方法的途径,而经济条件可能并不是唯一的决定因素。白钰等人的研究发现,消极的管教行为可能会引起婴幼儿早期发展滞后风险,特别是婴幼儿的认知和语言发展滞后风险,因此,母亲外出导致管教行为消极可能是影响婴幼儿早期发展的途径之一。也就是说,留守儿童的养育环境值得我们更多的关注,促进留守儿童与照养人开展有利于儿童发展的养育活动,从而促进留守儿童的发展(白钰,等,2019)。

在中国,这些文献主要关注学龄儿童,其展示了在学校教育与健康状况层面的综合影响(Chen et al.,2011;de Brauw,Giles,2017;Hu,2012;Meyerhoefer,Chen,2011;Zhang et al.,2014)。区别于侧重学龄儿童研究取向的其他研究(de Brauw,Mu,2011;Mu,de Brauw,2015),他们分析了父母外出务工对2—7岁留守儿童营养状况的影响,在解决了外出务工决策的内生性问题后,他们发现父母外出务工对留守儿童的身高没有影响,但相应年龄下的体重增加了0.19个标准差(de Brauw,Giles,2017;Mu,de Brauw,2015)。利用同一调查数据,研究发现父母的外出务工增加了0—6岁儿童的患病概率(Li et al.,2015)。最后,尽管他们没有明确关注婴幼儿群体,但是有学者研究了父母外出务工对0—15岁儿童教育和健康的累积效应,他们使用一项对中国农村人口外出务工的全国性纵向调查中的数据,研究显示,如果考虑到整个人口群体的外出务工历史,在许多不同的结果变量上对留守儿童都具有显著的负面影响(Meng,Yamauchi,2017)。

在中国以外的其他地区,一些研究估计了父母外出务工对留守儿童的影响。比如估计了季节性外出务工对尼加拉瓜农村地区儿童早期发展状况的影响(Macours,Vakis,2010)。他们发现,母亲冲动趋向性的外出务工对3—7岁儿童的认知发展有积极作用。也有学者研究了墨西哥至少一名成年家庭成员移民到美国的经历是如何对婴儿死亡率和出生体重产生影响的(Hildebrandt et al.,2005)。最后,薛麦尔(Schmeer)也以墨西哥为例,研究了父亲移民对儿童疾病的影响(Schmeer,2009)。

因此本小节使用数据集一中四期调研数据,在了解0—3岁婴幼儿母亲外出及发展变化趋势的基础上,分析母亲不同时点外出对儿童早期认知、运动和社交情绪发展的影响及其可能的路径,找到促进0—3岁留守儿童发展的可能方法,为国家制定留守儿童相关政策提供实证基础和决策依据。

一、留守现状及留守儿童发展现状

在每次项目调查中,我们询问孩子的母亲是否住在家里,如果不住在家中,则询问她何时离开。如果一位母亲在每半年开展一次的项目调查中离开超过三个月,我们认为该母亲已外出务工。需要注意的是,该定义并未将母亲因工作原因外出与因为其他原因外出区分开。调研中发现只有2.1%的母亲由于非工作原因外出。

图5-1展示了母亲外出务工情况,项目详细了解了4期调研中婴幼儿主要照养人为母亲、祖母或其他人所占的比例,主要照养人是母亲的比例第一期到第四期下降了22%(从82%下降至60%)。当孩子长到24—30个月时,有26%的孩子因为母亲外出务工而成为留守儿童。

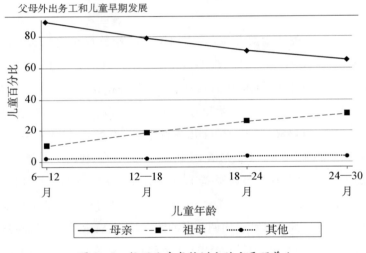

图5-1 按照儿童年龄划分的主要照养人

表5-1描述了基线调查中母亲未外出务工的儿童与母亲外出务工的儿童的基本特征情况。首先,在基线调查中,很大一部分婴幼儿存在发育迟缓和营养不良的风险。其次,研究发现与母亲从未外出务工的孩子相比,母亲外出务工的孩子的认知得分更高,血红蛋白浓度更高,HAZ和WAZ更高。在父母和家庭特征方面,外出务工家庭的父母一般受过更多的教育,更加富有,家庭资产更多,获得福利支持的可能性更小。

从表5-1我们还可以看出,与母亲外出儿童相比,母亲外出务工的儿童有兄弟姐妹的比例更小,只有8%的母亲外出务工儿童有兄弟姐妹,而母亲未外出务工的儿童中26%有兄弟姐妹,研究发现母亲外出家庭中,父亲在家的比例更低,儿童的祖母更健康,受教育程度也更高。这可能反映出一个事实,如果母亲认为祖母能够提供更好的婴幼儿照护,她们更有可能外出务工。我们使用回归分析进一步分析了母亲外出务工的影响因素,结果与表5-1基本一致。

表5-1　6—12个月婴幼儿个体层面和家庭层面特征信息表

	总样本 (1)	母亲未外出务工 (2)	母亲外出务工 (3)	差异：(2)—(3) P值(4)
A. 发展水平				
1. 贝利发展得分	96.673 (16.891)	96.295 (16.959)	98.042 (16.597)	0.093
2. 认知发育滞后风险(认知得分<80)	0.139 (0.346)	0.148 (0.355)	0.110 (0.313)	0.077
3. 贝利运动发展得分	89.981 (17.365)	89.923 (17.494)	90.190 (16.914)	0.803
4. 运动发展滞后风险(运动得分<80)	0.240 (0.427)	0.242 (0.428)	0.231 (0.422)	0.694
5. 社交情绪发育延缓(1=是，2=否)	0.392 (0.488)	0.384 (0.487)	0.421 (0.495)	0.213
B. 健康水平				
6. 血红蛋白浓度(g/L)	108.761 (12.669)	108.479 (12.878)	109.779 (11.849)	0.097
7. 贫血(血红蛋白浓度<110 g/L)	0.505 (0.500)	0.513 (0.500)	0.478 (0.500)	0.254
8. 体重-年龄-z评分	0.349 (0.994)	0.323 (1.016)	0.446 (0.905)	0.045
9. 身高-年龄-z评分	0.103 (1.180)	0.075 (1.182)	0.205 (1.169)	0.074
10. 体重-身高-z评分	0.361 (1.144)	0.346 (1.166)	0.415 (1.062)	0.326
11. 上月患病次数	1.078 (0.025)	1.084 (0.029)	1.060 (0.050)	0.691
C. 婴幼儿层面特征				
12. 年龄(月)	8.912 (1.855)	8.856 (1.863)	9.113 (1.816)	0.025

	总样本 (1)	母亲未外出务工 (2)	母亲外出务工 (3)	差异：(2)—(3) P 值(4)
C. 婴幼儿层面特征				
13. 性别女	0.469 (0.499)	0.471 (0.499)	0.463 (0.499)	0.785
14. 早产儿	0.111 (0.320)	0.116 (0.327)	0.095 (0.294)	0.296
15. 兄弟姐妹数量	0.224 (0.417)	0.263 (0.441)	0.083 (0.276)	0.000
D. 家庭层面特征				
16. 母亲年龄在 25 岁以上	0.520 (0.500)	0.564 (0.496)	0.359 (0.480)	0.000
17. 母亲受教育程度在初中以上	0.171 (0.377)	0.157 (0.364)	0.223 (0.417)	0.005
18. 父亲受教育程度在初中以上	0.058 (0.233)	0.045 (0.208)	0.104 (0.306)	0.000
19. 父亲在家中	0.460 (0.499)	0.499 (0.500)	0.318 (0.466)	0.000
20. 祖母身体健康	0.409 (0.492)	0.379 (0.485)	0.519 (0.500)	0.000
21. 祖母完成小学学业	0.160 (0.367)	0.120 (0.326)	0.303 (0.460)	0.000
22. 家庭资产指数	−0.011 (1.191)	−0.044 (1.175)	0.108 (1.240)	0.038
23. 家庭在低保制度下获得的社会保障支持（是否低保户）	0.242 (0.429)	0.260 (0.439)	0.178 (0.383)	0.002

注：第 1 栏显示了整个样本的每个特征的平均值；第 2 栏显示了母亲在研究期间没有外出的儿童和家庭的特征值；第 3 栏显示了母亲在儿童 30—36 个月大之前某一点外出务工的儿童和家庭的特征值。父亲在家等于 1，表示如果父亲在基线调查时在过去 6 个月中大部分时间在家，否则为 0。祖母是否健康使用 Likert Scale 量表 1-5 题的自评表进行测量。资产指标是在以下变量上使用多元主成分分析：自来水、厕所、热水器、洗衣机、计算机、互联网、冰箱、空调、电机或电动自行车和汽车。

二、留守对 0—3 岁儿童发展的影响及稳健型检验

(一) 留守对 0—3 岁儿童发展的影响

在评估母亲外出务工对婴幼儿成长的影响时,一个值得关注的问题是外出务工决策的内生性。也就是说,可能有一些未被观测到的因素与母亲的外出务工结果和孩子的发展相关。另一种可能性为反向因果关系:如果母亲认为自己的孩子不健康或发育滞后,她们外出务工的可能性就较小。在控制其他可观察特征后,尽管我们没有发现母亲外出务工与基线儿童结果相关的迹象,这些结果指标可能也无法完全反映出母亲的想法。

我们估算母亲外出务工影响的主要方法是利用数据集纵向追踪性质,并使用双重差分法或者婴幼儿层面的固定效应来说明观察到的时间相关变量和未观察到的混杂因素。因此,识别方法基于这样一种假设,即母亲有外出务工或者没有外出务工,其子女的结果发展趋势是相同的。我们测试了这种假设以及对其他信度指标的识别。

采用上述方法,我们建立了以下回归估计模型:

$$Outcome_{it} = \alpha + \beta_1 MigrantMother_{it} + \beta_2 X_{it} + \eta_i + w_t + s_{it} + \varepsilon_{it} \tag{1}$$

在上述公式中,$Outcome_{it}$ 是婴幼儿的结果变量,意味着婴幼儿 i 在 t 轮调查中获得的结果;$MigrantMother_{it}$ 是一个虚拟变量,如果婴幼儿 i 的母亲在 t 轮调查这一时间段内外出务工则等于 1;X_{it} 是控制变量指标;η_i 是婴幼儿层面的固定效应;w_t 是指第几轮调查获得的指标;s_{it} 调研员获取数据存在的测量误差;ε_{it} 是一个误差扰动项。在我们采用双向固定效应模型前作出详细说明(婴幼儿和时间固定效应),X_{it} 包含婴幼儿年龄的三次函数,为了捕捉婴幼儿早期发展的非线性影响(在实践中,这对模型估计几乎没有任何影响)。虽然外出务工发生在两轮数据的采集过程中间,数据也会基于婴幼儿的年龄进行时间层面的处理。我们以 6—12 月龄为第一个时间段,12—18 月龄为第二个时间段,以此类推。标准误建立在村级层面,可以解释与村级层面存在的时间序列相关(Bertrand et al. , 2004)。简而言之,项目包括 245 个婴幼儿样本,他们母亲外出务工,但在项目调查期间返回,这一分析可以估计母亲务工返乡的影响。在样本分析中,外出务工返乡的影响结果不显著。

除了上述模型,我们也选择了其他一些比较模型,包括改变 X_{it} 的控制变量指标。建立另一个模型,不添加任何额外的控制变量(比如,只控制住调查期数);控制住以下变量:婴幼儿、照养人基线时的家庭特征、包括婴幼儿年龄的三次方、婴幼儿性别、是否早产、是否有兄弟姐妹、母亲的年龄和受教育程度、父亲受教育程度、基线调查时父亲是否在家中住、孩子祖母的健康状况、孩子祖母的受教育程度、家庭固定资产指数、是否在低保户家庭得到保障(中国的最低生活标准保障计划)、决定结果变量的测试人员或护士的固定效应(旨在观测测量误差)。

为了解释母亲外出务工对几个结果变量的影响，我们基于 p 值推导按照降维步骤对多重假设检验进行调整(Romano，Wolf，2005)。我们分别调整了涉及主要分析的九个结果变量，通过八个中间变量进行重复 500 次靴值分析。

表 5-2　母亲外出务工对儿童结果的影响

	(1)	(2)	(3)
1. 认知发展	−1.023 (1.039)	−2.308* (0.971)	2.569* (1.100)
N	5,395	5,393	5,393
2. 认知发展滞后风险(认知得分＜80)	0.015 (0.023)	0.033 (0.022)	0.082** (0.027)
N	5,395	5,393	5,393
3. 运动发展	1.117 (0.981)	0.646 (0.985)	1.477 (1.252)
N	5,377	5,374	5,374
4. 运动发展滞后风险(运动得分＜80)	−0.009 (0.016)	−0.006 (0.018)	−0.025 (0.025)
N	5,377	5,374	5,374
5. 社交情绪发展滞后(1＝是；0＝否)	−0.002 (0.023)	−0.000 (0.021)	−0.020 (0.032)
N	5,517	5,415	5,415
6. 血红蛋白浓度(g/L)	1.440* (0.646)	0.567 (0.605)	−0.726 (0.801)
N	5,284	5,283	5,283
7. 贫血(血红蛋白低于 110 g/L)	−0.033[†] (0.018)	−0.012 (0.018)	0.017 (0.030)
N	5,284	5,283	5,283
8. 体重—年龄 z 评分	0.192*** (0.055)	0.162*** (0.053)	0.020 (0.030)
N	5,349	5,349	5,349
9. 身高—年龄 z 评分	0.162* (0.066)	0.109 (0.066)	−0.095 (0.048)

	(1)	(2)	(3)
N	5,352	5,352	5,352
10. 体重-身高 z 评分	0.135*	0.139**	0.106
	(0.054)	(0.054)	(0.055)
N	5,369	5,369	5,369
11. 上月生病次数	−0.045	−0.030	−0.031
	(0.047)	(0.046)	(0.059)
N	5,406	5,406	5,406
12. 调查期数固定效应	√	√	√
13. 控制变量		√	√
14. 婴幼儿层面固定效应			√

注：第 1 列显示了多期数据下，控制期数虚拟变量，母亲外出务工下 OLS 回归结果。第 2 栏显示 OLS 多元回归结果，增加了对基线数据的控制，包括婴幼儿年龄、性别、是否过早、是否有兄弟姐妹、母亲年龄、母亲教育水平、父亲教育水平、外出务工状况、祖母的健康、祖母的教育水平、固定资产指数以及家庭是否获得社会保障支持。第 3 列控制婴幼儿层面固定效应，调查期数固定效应和儿童年龄。所有以 Bayley 认知和运动发展为因变量的回归都控制了测试者层面固定效应，健康和营养结果作为因变量的回归都控制了护士层面的固定效应。N 是每个回归的样本数量。

†p<0.10；*p<0.05；**p<0.01；***p<0.001

表 5-2 列出了母亲外出务工对婴幼儿早期成长影响的主要结果。对于每一种结果，我们在表中报告变量的相关系数和标准误。第 1 列显示了仅控制基线调查数据和同类群组固定效应进行的普通最小二乘（OLS）回归估算；第 2 列进一步控制了其他关于婴幼儿和家庭层面的相关协变量以及调研员固定效应；第 3 列包括婴幼儿层面的固定效应，调查期数的固定效应和婴幼儿年龄等。

在 OLS 相关性结果的第 1 列中，我们看到了在儿童健康状况方面外出务工提供的证据。母亲外出务工对血红蛋白浓度、贫血、WAZ、HAZ 和 WHZ 均具有显著的正向影响。如果控制了其他关于儿童和家庭层面的特征，尽管 HAZ 和血红蛋白结果的系数变得不显著，但大多数正相关关系仍然存在。另一方面，母亲外出务工对认知发展的影响变为负向。因为它们可能没有考虑到内生性的重要来源，这些估计仍有潜在偏差。

我们在第 3 列中展现了基于婴幼儿层面固定效应的主要估计值。一旦考虑到时间恒定下的异质性，在我们进行调整后，母亲外出务工对认知的影响才具有统计学意义。据估计，平均而言，母亲外出务工导致儿童的认知得分降低 2.57 分（0.15 个标准差）。此外，我们发现母亲外出务工使认知发育滞后（定义为认知分数低于 80）的概率增加了 8.2 个百分点（p<0.01）。

研究发现母亲外出务工对婴幼儿运动、社交情绪、贫血、WAZ 或患病频率没有显著影响。其中一些关于发育和 WHZ 的线性指数表明,母亲外出务工对 HAZ 有微小的负向影响,大概是 0.095 个标准差,对 WHZ 的正向影响大致相同,大约是 0.101 个标准差——在我们对多重假设进行调整后此结果在 10% 水平上不显著性。

(二)留守对 0—3 岁婴幼儿发展影响的稳健性检验

第一,虽然婴幼儿层面的固定效应可以解释时间不变下未观察到的异质性,但仍可能存在时间变化的未观察到的异质性使我们的估计值产生偏误。换句话说,我们的估计值基于这样一个假设,即每个时期母亲外出务工的孩子其结果将遵循与母亲不外出务工的孩子类似的趋势(所谓的平行趋势假设)。为了探究平行趋势假设的合理性,我们比较了在实际外出务工发生之前的时期,有外出务工行为母亲和未有外出务工行为母亲的孩子之间每个结果变量的趋势。我们通过重新估算式(2)来实现。在实际外出务工之后的项目调查中增加了母亲外出务工指标:

$$y_{it} = \alpha + \beta_1 \, MigrantMother_{i(t+1)} + \beta_2 \, MigrantMother_{it} + \beta_3 X_{it} + \eta_i + w_t + s_{it} + \varepsilon_{it} \quad (2)$$

在这一回归中,β_1 代表干预组后续的发展趋势。同时比较以下两种趋势:

(a)有效地比较母亲在第 3 期项目调查时外出务工与母亲从来没有外出务工或者母亲在第 4 期项目调查时外出务工的婴幼儿之间的从基线调查到第 2 次调查的发展趋势;(b)母亲在第 4 期项目调查时外出务工和母亲从来没有外出务工的婴幼儿之间从第 2 期到第 3 期项目调查的发展趋势。

表 5-3 为一个更为严格的平行趋势测试,对于每一种测量结果,两种类型的儿童的父母外出务工趋势的预测是相似的。从表格我们可以看出反向因果关系和时间变量遗漏偏误不大可能导致主要结果的偏差。表 5-3 的分析显示了母亲外出务工对关键结果变量的影响。但是,由于回归中使用的调查期数不同,因此它们与原始结果略有差异。尽管这不是对并行趋势假设的直接检验,但是在实际外出务工之前,趋势上的差异不大,这增加了平行趋势假设的有效性。

我们估计的有效性的第二个特征,来自潜在的内生性母亲外出务工的时间。总体而言,基线调查中 30% 的儿童在后续的研究过程中的某个时候从样本中减少了,而其中 16% 的儿童在随后的调查中一直没有参加(这意味着样本中 14% 的儿童重新参加了随后的调查)。尽管流失率相对较低,但如果流失与母亲外出务工和婴幼儿的结果指标系统相关,则可能会造成估计偏差。尽管项目也检测了参加者与未参加者之间存在差异,但观察到的差异对外出务工影响的估计影响不大(见表 5-4)。

第三个特征涉及母亲外出务工的定义。根据以前的文献,我们认为,如果一位母亲在调查的前六个月中超过一半的时间不在家,则我们认为这位母亲已外出务工。但此定义可能无法充分捕获外出务工行为。在表 5-5,我们使用前一阶段的 25% 和 75% 不在家来显示主要结果与替代定义的稳健性。在我们的分析样本中,在项目调查第 4 期(孩子年龄为 24—30 月龄时)中,有

表 5 - 3 平行趋势的测试

	认知	贝利认知发展滞后 (认知<80)	运动	贝利运动发展滞后 (运动<80)	社交情绪发展滞后 (1=是)	血红蛋白浓度 (克/升)	贫血	WAZ	HAZ	WHZ	上月生病次数
	(1)	(2)	(3)	(4)	(5)	(6)	(7)	(8)	(9)	(10)	(11)
1. 在下一期母亲外出	-0.133	-0.026	-2.670	0.052	-0.018	0.541	-0.061	-0.023	0.113	-0.117	-0.035
	(1.590)	(0.040)	(1.833)	(0.035)	(0.048)	(0.048)	(0.954)	(0.040)	(0.039)	(0.075)	(0.078)
2. 当期母亲外出	-2.948*	0.099*	2.904†	-0.046	-0.013	-0.013	-0.572	0.034	-0.122†	0.136†	-0.053
	(1.483)	(0.040)	(1.725)	(0.039)	(0.045)	(0.045)	(1.138)	(0.041)	(0.041)	(0.070)	(0.087)
3. 样本量	4,101	4,101	4,090	4,090	4,108	4,038	4,038	4,069	4,071	4,085	4,106

注：血红蛋白 (Hb)、贫血、体重-年龄 z 评分 (WAZ)、身高-年龄 z 评分 (HAZ) 和体重-身高 z 评分 (WHZ) 的回归对测试护士有额外控制。控制村级层面聚类效应。N 是每个回归的样本数量。在调整多重假设后计算显著性水平。

† p<0.01；* p<0.05

表 5-4　依从率的相关性

		全样本	依从样本	不依从样本	(2)—(3)	
		均值 (标准差) (1)	均值 (标准差) (2)	均值 (标准差) (3)	P 值 (4)	边际效应 (标准差) (5)
发展水平						
(1)	认知得分	96.673 (16.891)	97.266 (16.717)	96.324 (16.992)	0.289	0.000 (0.001)
(2)	认知发育滞后(认知<80)	0.139 (0.346)	0.125 (0.331)	0.148 (0.355)	0.195	−0.009 (0.053)
(3)	运动得分	89.981 (17.365)	91.365 (16.4)	89.170 (17.865)	0.016	0.001 (0.001)
(4)	运动发育滞后(运动<80)	0.240 (0.427)	0.199 (0.4)	0.264 (0.441)	0.004	−0.055 (0.043)
(5)	社交情绪滞后(1＝是；0＝否)	0.392 (0.448)	0.385 (0.487)	0.396 (0.489)	0.652	0.005 (0.027)
健康发展水平						
(6)	血红蛋白浓度(g/L)	108.761 (12.669)	108.854 (12.536)	108.707 (12.753)	0.825	−0.001 (0.002)
(7)	贫血(Hb<110 g/L)	0.505 (0.5)	0.492 (0.5)	0.513 (0.5)	0.432	−0.028 (0.04)
(8)	体重-年龄 z 评分	0.349 (0.994)	0.371 (1.036)	0.337 (0.97)	0.515	0.278 (0.343)
(9)	身高-年龄 z 评分	0.103 (1.18)	0.156 (1.182)	0.072 (1.178)	0.179	−0.151 (0.195)
(10)	体重-身高 z 评分	0.361 (1.144)	0.345 (1.196)	0.370 (1.113)	0.686	−0.213 (0.255)
(11)	过去的一个月生病次数	1.078 (0.978)	1.042 (0.941)	1.100 (0.998)	0.261	−0.013 (0.013)
儿童层面特征						
(12)	月龄(月)	8.912 (1.855)	8.851 (1.882)	8.948 (1.839)	0.319	−0.004 (0.007)
(13)	女生	0.469 (0.499)	0.458 (0.499)	0.476 (0.5)	0.504	−0.021 (0.024)

		全样本	依从样本	不依从样本	(2)—(3)	
		均值 （标准差） (1)	均值 （标准差） (2)	均值 （标准差） (3)	P值 (4)	边际效应 （标准差） (5)
儿童层面特征						
(14)	早产	0.111 (0.32)	0.107 (0.326)	0.113 (0.317)	0.716	−0.015 (0.041)
(15)	有兄弟姐妹	0.224 (0.417)	0.163 (0.369)	0.260 (0.439)	0.000	−0.129*** (0.032)
家庭层面特征						
(16)	母亲年龄超过25	0.520 (0.5)	0.497 (0.5)	0.533 (0.499)	0.162	0.009 (0.027)
(17)	母亲受教育水平为高中及以上	0.171 (0.377)	0.189 (0.392)	0.161 (0.368)	0.169	0.006 (0.034)
(18)	父亲受教育水平为高中及以上	0.058 (0.233)	0.066 (0.248)	0.053 (0.224)	0.303	0.009 (0.046)
(19)	父亲在家	0.460 (0.499)	0.427 (0.495)	0.479 (0.5)	0.048	−0.049† (0.025)
(20)	祖母身体健康	0.409 (0.492)	0.407 (0.492)	0.411 (0.492)	0.875	−0.007 (0.025)
(21)	祖母受教育水平为小学及以上	0.160 (0.367)	0.154 (0.361)	0.163 (0.37)	0.623	−0.043 (0.037)
(22)	家庭资产指数	−0.011 (1.191)	0.039 (1.172)	−0.041 (1.201)	0.199	0.011 (0.011)
(23)	家庭为低保户	0.242 (0.429)	0.261 (0.44)	0.231 (0.422)	0.176	0.049† (0.03)

注：第1列展示了每个特征的均值和标准差；第2列展示了调查期间依从的儿童及其家庭的特征，第3列为没有依从的；第4列为第2列和第三列相等时的p值；第5列展示了预测损耗状态probit回归的平均边际效应。如果样本儿童的父亲在过去六个月中大部分时间在家则定义"父亲在家"变量为1，否则为0；祖母是否健康使用Likert Scale量表1-5题的自评表进行测量。资产指数使用多元成分进行拟合，主要包括自来水、马桶、热水器、洗手盆、电脑、网络、冰箱、空调、电动自行车、汽车。在第5列中，标准误加入了村级固定效应。

†p<10%；* p<5%；** p<1%；*** p<0.1%

表 5-5　替代母亲外出务工的定义

替代母亲外出务工的定义	过去 6 个月超过 25% 时间不在家	过去 6 个月超过 50% 时间不在家	过去 6 个月超过 75% 时间不在家
(1) 认知发展指数	−1.948*	−2.569*	−2.162*
	(1.025)	(1.100)	(1.006)
N	5 393	5 393	5 393
(2) 运动发展指数	0.875	1.477	0.506
	(1.232)	(1.252)	(1.174)
N	5 347	5 347	5 347
(3) 社交情绪滞后(1=是)	−0.007	−0.020	−0.009
	(0.030)	(0.032)	(0.033)
N	5 415	5 415	5 415
(4) 血红蛋白浓度(克/升)	0.343	−0.726	−1.622*
	(0.795)	(0.801)	(0.710)
N	5 283	5 283	5 283
(5) 贫血(Hb<110 克/升)	−0.012	0.017	0.052*
	(0.028)	(0.029)	(0.026)
N	5 283	5 283	5 283
(6) 体重-年龄-z 评分	0.003	0.020	0.019
	(0.029)	(0.030)	(0.027)
N	5 349	5 349	5 349
(7) 身高-年龄-z 评分	−0.075*	−0.095*	−0.076
	(0.045)	−(0.048)	(0.048)
N	5 352	5 352	5 352
(8) 体重-身高-z 评分	0.067	0.106*	0.089*
	(0.049)	(0.055)	(0.048)
N	5 369	5 369	5 369
(9) 上个月生病次数	−0.027	−0.031	−0.058
	(0.057)	(0.059)	(0.055)
N	5 406	5 406	5 406

　　注：第 1 列显示母亲在过去 6 个月不在家的时间超过 25%,第 2 列显示母亲在过去 6 个月不在家的时间超过 50%,第 3 列显示母亲在过去 6 个月不在家的时间超过 75%。所有的回归控制了期数、儿童年龄的 3 次项和儿童的固定效应。贝利认知和运动指数作为回归的因变量时额外控制了测试者的固定效应,健康与营养相关的结果变量作为回归的因变量时额外控制了护士的固定效应。标准误在村一级聚类。N 代表每个回归的样本总数。

　　* p<0.05,N 表示样本量

25.9% 的母亲已经外出务工,当时外出务工被定义为母亲的流动率超过前一时期的 50%。如果使用 75% 和 25% 的界限衡量外出务工,则有 22.5% 和 27.0% 的母亲已经外出务工。

三、留守对0—3岁婴幼儿发展影响的路径机制分析

表5-6显示了母亲外出务工对养育方式和行为等的双向固定效应估计。A组显示了对养育方式的影响;B组显示了对喂养行为的影响。显著性是基于p值对多种假设进行调整后得出的。

我们发现,儿童的母亲外出务工会导致照养人减少和儿童一起进行积极养育活动的时间。项目调研发现,较没有外出务工的母亲,外出务工母亲昨天陪儿童玩玩具的人数减少了8%,前一天与儿童唱歌的人数减少了10%。也就是说照养人与儿童一起参与积极养育活动时间的减少,可能有助于我们解释母亲外出务工对认知得分的负面影响。

表5-6　母亲外出务工对中间结果影响的固定效应估计

	昨天和孩子一起玩玩具	昨天给孩子讲故事	昨天和孩子一起说话	昨天和孩子一起唱歌
	(1)	(2)	(3)	(4)
A. 母亲外出务工孩子的活动刺激	−0.080*	−0.023	−0.001	−0.100***
	(0.039)	(0.022)	(0.014)	(0.033)
N	4,591	4,590	4,590	4,590
	最低用餐频率	膳食多样性	最低膳食多样性	含铁食品
	(1)	(2)	(3)	(4)
B. 母亲外出务工孩子的饮食	−0.008	−0.231*	−0.060†	−0.168**
	(0.034)	(0.111)	(0.036)	(0.064)
N	4,082	4,559	4,559	5,360

注:所有回归控制婴幼儿固定效应和期数固定效应。对于6至8个月的母乳喂养儿童,如果前一天喂食两次,则最低进餐频率等于1;对于9至11个月的儿童,如果每天喂食三次或三次以上,则进餐频率等于1;对于6个月及以上的非母乳喂养儿童,如果每天喂食四次或四次以上,则最低进餐频率等于1。饮食多样性是前一天喂给孩子的下列食物类别的数量:谷物、豆类、肉类、乳制品、鸡蛋、富含维生素A的食物和水果。如果饮食多样性为4或更多,则最低饮食多样性等于1。富含铁的食物包括肉类、水果、蔬菜和铁补充剂。N是每个回归的观测总数。我们使用Romano和Wolf(2005)的降维过程来控制家庭层面错误率(FWER),调整多重假设后计算显著性水平。

†$p<0.10$; * $p<0.05$; ** $p<0.01$; *** $p<0.001$

在表5-6的B组中,我们看到母亲外出务工对营养质量具有显著的负面影响,对饮食多样性指数以及对富含铁的食物和促进铁吸收的食物(肉类、绿叶蔬菜、铁补充剂和水果)的摄入有显著的负面影响。研究也发现对进餐频率(量度)没有显著的影响。已有的研究中还发现,中国农村地区父母与祖父母之间在营养知识上存在很大差异,尤其是在幼儿微量营养素需求方面(Tan et al.,2010)。

四、留守时间长短对 0—3 岁婴幼儿发展的影响

基于对母亲外出务工影响的初步分析,估算了母亲外出务工对儿童发展的平均影响,但是未考虑母亲何时离开。我们估计了母亲在最初两年中的任何时间离开的影响,但是这些估计并未考虑到母亲外出务工的时间长短。综合考虑到这个时代的快速发展变化,以及对环境变化高度敏感的相对较短的证据,母亲外出务工的时机可能会产生不同的影响。

为了解决这个问题,我们报告了婴幼儿层面的固定效应回归结果,该分析使用了数据子样本,通过母亲外出务工的时间和结果测量的时间来消除干预效果的异质性。也就是说,我们重新估计了主要的固定效应回归,但是一次只用了两期数据,并且仅包括母亲在单一时间点外出务工的留守儿童。

如表 5-7 所示,基于主要分析中有显著影响或略有显著影响的度量上,我们根据外出务工年龄和测量结果的年龄进行了估计。前三列显示了在第一期和第二期调查之间外出务工的母亲对 12—18 月龄,18—24 月龄和 24—30 月龄影响的估计值。接下来的两列显示了在第二期和第三期之间外出务工的母亲对 18—24 月龄和 24—30 月龄影响的估计值。最后一栏显示了第三期和第四期之间母亲外出务工对 24—30 月龄婴幼儿测试结果的影响。

尽管与主要估计相比显著性有所降低,但一些结果还是显著的。首先,第一阶段的母亲外出务工对儿童发展结果有强烈的影响。但对营养结果的影响似乎随着儿童年龄的增长而消失,当儿童年龄在 24—30 月龄时这种影响可以忽略不计。然而,对认知发展的影响更为持久。研究发现,在第 1 阶段外出务工的母亲会使 24—30 月龄的认知得分降低 5.24 分(0.31 标准差)。相比而言,哥伦比亚和中国的养育干预措施使认知发展的指标增加了约 0.25 个标准差(Attanasio et al.,2014;Sylvia et al.,2021)。与六个月后的外出务工相比,这一早期外出务工对 24—30 月龄儿童的影响明显更大。表 5-5 的最后一列显示了在第 3 阶段外出务工对 24—30 月龄儿童认知的影响。这些结果与更早的外出对认知发展有消极影响的观点以及母亲外出务工的直接负面影响相一致。

五、结论与讨论

在本研究中,我们研究了母亲外出务工对中国农村儿童发展、健康和营养结果的影响。通过对 6—12 月龄儿童进行为期两年的跟踪调研,我们发现,幼儿时期的任何母亲外出务工行为都会降低认知发育和儿童营养。较早的外出务工(在孩子 15 个月大之前)会对认知发展产生巨大而持久的影响,当孩子在 24—30 月龄时,认知得分降低 0.31 个标准差。这一效果与最近一次父母干预措施的效应相一致(Sylvia et al.,2021)。

表 5 - 7 母亲外出务工的影响

母亲外出务工时婴幼儿年龄	在6—12个月至12—18个月之间（第1个时间段）			在12—18个月至18—24个月之间（第2个时间段）		在18—24个月至24—30个月之间（第3个时间段）
项目调研时婴幼儿的年龄	12—18月 (1)	18—24月 (2)	24—30月 (3)	18—24月 (4)	24—30月 (5)	24—30月 (6)
1. 认知发展指数	−5.142* (2.121)	−3.868 (2.397)	−5.238* (2.672)	−2.363 (2.544)	1.422 (2.680)	−4.326† (2.558)
N	2,380	2,375	2,381	2,318	2,325	2,403
2. 身高-年龄-z分数	−0.160 (0.111)	−0.153* (0.090)	−0.048 (0.099)	−0.024 (0.121)	−0.180 (0.131)	0.041 (0.107)
N	2,366	2,362	2,370	2,303	2,311	2,389
3. 体重-身高-z分数	0.205† (0.108)	0.212† (0.114)	0.042 (0.117)	0.011 (0.149)	0.190 (0.173)	−0.007 (0.102)
N	2,376	2,367	2,372	2,308	2,313	2,391

注：第 1、2 和 3 栏评估了第 1 期项目调查时母亲外出务工的影响（分别相对 2、3 和 4 期项目调查的影响）；第 4 和 5 栏评估了第 2 期项目调查时母亲外出务工的影响（分别相对第 3 和 4 期项目调查时的影响）；第 6 栏中的估计数估计了评估了第 3 期项目调查时母亲外出务工的影响（相对 4 期项目调查时的影响）。所有回归控制婴幼儿童年龄的三次方。第 1 行中添加了对贝利测试结果的控制，第 2 行和第 3 行中的回归额外控制护士层面的效应。所有回归控制婴幼儿层面的固定效应和儿童年龄效应。标准误，如括号所示，控制村级层面聚类效应。N 是每个回归的样本数量。

†p＜0.10；* p＜0.05

对婴幼儿来说,在农村照养人未充分认识婴幼儿早期发展重要性和掌握科学养育知识的情况下,尤其是考虑到婴幼儿早期发展过程中母亲角色的重要性,母亲外出对婴幼儿早期发展具有显著负面影响,特别是对婴幼儿的语言和社交情绪能力发展方面。

具体而言,首先,母亲外出并没有改善家庭游戏材料和来源的多样性,反而由于陪伴缺失对婴幼儿早期发展造成了负面影响。农村家长普遍缺乏早期阅读重要性的认识和科学养育知识,即使家庭收入水平提高,家庭对婴幼儿早期的投资往往更多体现在吃穿方面,忽略适合婴幼儿发展的早期阅读绘本和玩具,并且没有意识使用玩具和绘本与婴幼儿互动活动。

母亲外出后,一般孩子主要照养人的角色由祖父母承担,祖辈与母亲无论在养育观念还是对子女教育期望等各方面都存在差异,这些差异决定了他们养育行为的不同,母亲外出会增加不恰当管教行为的发生率,也会减少家庭对婴幼儿的时间投入,而这些都是影响婴幼儿早期发展的重要因素。在这种的正负作用下,整体上,母亲外出对婴幼儿的语言和社交情绪发展产生了负面影响。

研究存在一些局限性。首先,我们可能没有完全解决内生性问题。虽然我们相信我们能够使用婴幼儿层面固定效应来解释内生性的最重要来源,但时间变化下的未观察到的异质性可能仍然存在,既影响母亲外出务工的可能性,又影响孩子的发展结果,可能会影响到估计的有效性。例如家庭疾病或突如其来的经济困难。在家庭疾病的情况下,估计数字可能会向下偏移,因为这可能会增加外出务工的成本,并对儿童产生负面影响。经济困难问题仍不清楚,因为经济困难可能是母亲选择外出务工以赚取额外收入的原因之一。其次,尽管来自其他背景的资料表明,母婴外出务工的影响在幼儿期可能更为重要(Antman,2018;Bianchi,2000;Victora et al.,2008),但我们无法检查父辈外出务工的影响。

结果对中国的决策者有许多重要的启示。一定程度上推动经济发展的外出务工行为,有着损失下一代人力资本积累的风险。为了减少这些负面影响,应进行投资以支持农村地区的婴幼儿发展。尽管我们发现外出务工对留守婴幼儿的早期成长产生了负面影响,但仍有很大一部分的农村婴幼儿的发展是迟缓的。在我们最后一期调查中,有52%的儿童的认知和精神运动发育迟缓(认知/运动<80)。因此并不一定针对某些拥有具体特征的留守儿童,所有儿童都需要投资。另一种政策可以是,针对有育儿家庭的现金转移支付,可以是有条件或是无条件的,条件是母亲推迟外出务工。例如,如果母亲在家时进行干预措施更为有效,这些措施可能与公共早期儿童投资相辅相成。

第二节　家庭社会经济地位对儿童早期发展的影响

儿童早期发展受到内部基因和外部环境因素的影响,基因会影响儿童发展的潜力,但潜力的发挥程度则取决于外部环境因素(Tucker-Drob et al.,2013),家庭社会经济地位(Socioeconomic Status,以下简称 SES)作为外部环境因素之一,是儿童早期发展潜能是否充分的重要预测指标(Bradley,Corwyn,2002;Letourneau et al.,2013)。高 SES 家庭能够提供一系列刺激儿童发展的家庭资源和社会关系,低 SES 家庭的儿童由于缺乏这些刺激,面临发展潜力不足的风险(Bradley,Corwyn,2002;Brooks-Gunn,Duncan,1997)。有研究表明,在 SES 较低的家庭中长大的儿童,心理健康更差,社交情绪和认知发展滞后的风险也更高(Ronfani et al.,2015)。

家庭社会经济地位会影响儿童早期发展,但对不同领域发展的影响存在差异,总的来看,家庭 SES 对儿童早期认知、语言和运动发展有积极的影响,但对儿童社交情绪发展的影响不一致。布拉德利(Bradley)等人研究发现,从婴儿期到儿童期,家庭社会经济地位越高,个体认知发展越好(Bradley et al.,1996),与低 SES 家庭的儿童相比,高 SES 家庭的儿童在语言熟练程度、语言表现(Hart,Risley,1995),词汇和语言处理能力方面更好(Fernald et al.,2013)。可能由于不同月龄段儿童社交情绪发展的测量方式复杂多变,关于家庭社会经济地位对社交情绪发展结果的影响结论存在不一致性(俞国良,陈诗芳,2001;Bradley,Corwyn,2002;Khanam,Nghiem,2016)。

关于家庭社会经济地位影响儿童早期发展的途径,家庭投资模型(Family Investment Model,FIM)认为,家庭养育环境是儿童早期接触的重要场所,SES 会限制家庭为儿童发展提供的学习资源,正是家庭养育环境的不同导致儿童早期发展存在差异;家庭压力模型(Family Stress Model,FSM)认为,家庭经济压力(贫困、失业)会导致父母出现消极的养育行为,从而对儿童早期发展产生不良影响(Conger,Donnellan,2007)。国外多项研究也证实,儿童早期生活和学习的家庭养育环境会对儿童早期发展产生显著的影响(Irwin et al.,2007);而照养人消极的养育行为和低质量的亲子互动,也会制约儿童的认知和语言发展(Korat et al.,2007;Korat,Levin,2002)。我国开展的一些实证研究也证明了样本地区照养人的养育行为和儿童早期发展存在显著的相关关系,比如讲故事、唱歌和玩游戏能更好的促进儿童认知、语言和社交情绪的发展(Luo et al.,2019)。

基于对国内外已有文献的回顾,已有部分研究考察了家庭 SES 对儿童早期某一领域发展的影响,而且大部分侧重在认知领域,但儿童是一个综合发展过程,而且随着对儿童认识的不断加深,非认知能力的作用显得尤为重要,因此有必要探索家庭社会经济地位对儿童早期认知和非认知能力的综合影响;其次,现有研究多是使用单项指标(李艳玮,等,2012;张晓,等,2009)(如家庭收入、父母受教育水平)或两项指标(卢珊,等,2018;周皓,2013)代表家庭SES,较少使用由多项指标生成的家庭 SES 综合指数对儿童早期发展进行分析,且国内目前探究家庭 SES 对儿童早期发展的影响多是以城市儿童为研究对象(石瑞琪,等,2019;夏小英,2020),较少研究对农村地区儿童的影响,几乎没有研究结合家庭养育环境和养育行为,对家庭 SES 与儿童早期发展影响进行机制路径分析。因此本小节是探讨家庭社会经济地位综合指数对农村地区儿童早期不同发展领域的影响,并且分析家庭养育环境和养育行为等可能的影响路径。

一、家庭社会经济地位的定义

本研究参考国际学生评估项目(The Program for International Student Assessment,PISA),并结合袁晓娇(2009)等人的方法生成家庭社会经济地位指数(家庭 SES 指数)。具体步骤为:第一步,对父母教育水平、父母职业地位以及家庭收入赋值。由于问卷直接获得的是父母受教育程度,需要将父母受教育程度转化为受教育年限再赋值,比如"没上学"赋值为"0","大学及以上"赋值为"16";考虑到 PISA 使用的国际社会经济地位职业分类索引(ISEI)中的职业分类在我国不适用,因此参考钟宇平(2006)的标准将职业划分为 6 个等级,依次为:国家干部/政务公务员、管理人员、专业技术人员、一般工作人员、农民/临时工和待业/失业/退休人员,然后将回答替换为标准职业(由于本问卷中关于父母职业回答的选项中包含"其他",因此在处理变量时,将此选项中具体填写的职业替换为标准职业再赋值,如"在家种香菇"替换为"农民",赋值为2),比如"在家带宝宝"替换为"失业","打工"替换为"一般工作人员",最后对上述 6 种职业类别分别赋值 6、5、4、3、2、1;家庭收入则根据自报告结果如实赋值即可。第二步,对已赋值的父母教育水平和职业等级进行转换,将父亲或母亲中受教育年限长的、职业等级高的一方作为父母最高教育水平和职业地位。第三步,处理父母教育水平、职业地位和家庭收入的缺失值,上述三个值中缺失两项及以上的样本被剔除掉,对于只缺失了一个值的样本,采用其他两个值对缺失值进行回归,回归得到的拟合值替换为缺失值。第四步,将上述三个值转化为标准分,然后利用主成分分析法生成家庭 SES 指数,依据的公式如下:

$$家庭\ SES\ 指数=(\beta1\times Z\_父母最高教育水平+\beta2\times Z\_父母最高职业地位$$
$$+\beta3\times Z\_家庭收入)/\varepsilon$$

其中 $\beta1$、$\beta2$、$\beta3$ 代表因子载荷，ε 为第一个因子的特征根。接下来使用相同的步骤，以家庭资产指数替换家庭收入，再与父母最高教育水平以及职业地位生成家庭 SES 指数，家庭 SES 指数越小，表明家庭越贫困。将大于家庭 SES 指数均值的家庭定义为非贫困家庭，将小于或等于家庭 SES 指数均值的家庭定义为贫困家庭。

二、家庭社会经济地位与儿童早期发展的关系研究

(一) 家庭社会经济地位与儿童早期发展的相关性分析

如表 5-8 所示，样本地区儿童存在早期发展滞后风险，超过一半的儿童(51.7%)存在语言发展滞后风险。与家庭社会经济地位高的儿童相比，家庭社会经济地位低儿童的认知、语言和运动得分明显更低、社交情绪得分明显更高(得分越高，社交情绪发育越差)，并且在 5% 的统计水平上显著；家庭社会经济地位低的儿童认知、语言和社交情绪发展滞后风险也更高。

表5-8　家庭社会经济地位与儿童早期能力发展关系

	全部样本	家庭社会经济地位低	家庭社会经济地位高	t统计量
认知发展得分	95.919	95.080	97.168	3.441***
认知发展滞后(1=是)	0.370	0.386	0.347	−1.649*
语言发展得分	92.480	91.430	94.044	4.028***
语言发展滞后(1=是)	0.517	0.547	0.472	−3.080***
运动发展得分	97.289	96.519	98.435	2.397**
运动发展滞后(1=是)	0.363	0.376	0.343	−1.432
社交情绪发展标准分	1.259	3.780	−2.494	−3.987***
社交情绪发展滞后(1=是)	0.458	0.492	0.406	−3.618***
观测值	1779	1064	715	

注：* $p<5\%$；** $p<1\%$；*** $p<0.1\%$

表 5-9 对比了不同家庭社会经济地位儿童的家庭养育投资差异，分值越高，代表家庭在养育环境方面投资越多。结果表明，家庭社会经济地位高的家庭在物质投资和时间投资各个方面均较优，t 统计量也显示两者之间存在显著差异。

表 5-9 贫困与非贫困儿童家庭养育投资差异

	全部儿童	家庭社会经济地位低	家庭社会经济地位高	t 统计量
物质投资	0.000	−0.151	0.225	8.770***
玩具来源	2.354	2.305	2.426	2.508**
玩具种类	3.767	3.506	4.155	7.437***
书籍数量	2.372	2.179	2.660	7.907***
家里是否拥有儿童绘本书	0.345	0.305	0.406	4.419***
玩具数量	3.718	3.620	3.863	7.865***
报纸或杂志的数量	1.614	1.508	1.774	5.450***
时间投资	0.000	−0.077	0.115	4.765***
过去三天是否和宝宝读书看绘本书	0.211	0.190	0.243	2.714***
过去三天是否给宝宝讲故事	0.184	0.168	0.207	2.071**
过去三天是否给宝宝唱儿歌	0.438	0.407	0.484	3.215***
过去三天是否带宝宝在户外玩游戏	0.755	0.725	0.800	3.635***
过去三天是否跟宝宝用玩具玩游戏	0.712	0.665	0.780	5.288***
过去三天是否花时间和宝宝给东西命名、数数、画画	0.440	0.420	0.469	2.019**
观测值	1779	1064	715	

注：对家里拥有书籍、儿童绘本书、玩具和报纸或杂志数量赋值为：0＝没有，1＝1—2 本，2＝3—5 本，4＝大于或等于 6 本。

* p＜5%；** p＜1%；*** p＜0.1%

从表 5-10 儿童和家庭特征层面我们可以看出，样本儿童平均月龄为 14 个月，男孩（51.5%）略多于女孩，低出生体重儿童（出生体重低于 2 500 g）以及早产儿童占比相对较低，分别为 3.9% 和 4.5%，而贫血儿童占比高达 40.9%；样本农村地区儿童主要照养人多数是母亲（70.3%）；父母最高教育年限平均为 10 年（初中为 9 年）。与家庭社会经济地位较高儿童相比，家庭社会经济地位较低儿童的主要照养人更多的是母亲，家庭收入、父母最高教育年限以及职业地位更低，并且均在 1% 的统计水平上显著。

表 5-10　家庭社会经济地位高低儿童、照养人基本特征差异

	全部儿童	家庭社会经济地位低	家庭社会经济地位高	t 统计量
月龄(月)	14.382	14.494	14.214	−0.951
性别(1=男,0=女)	0.515	0.517	0.513	−0.150
出生体重(1<2 500,0≥2 500)	0.039	0.039	0.039	−0.033
早产(1=是,0=否)	0.045	0.041	0.050	0.897
贫血(1=是,0=否)	0.409	0.416	0.397	−0.805
主要照养人(1=母亲,0=其他)	0.703	0.744	0.642	−4.667***
母亲年龄(1=25 岁以上,0=25 岁及以下)	0.650	0.657	0.641	−0.711
家庭收入	38 114	26 606	55 239	21.616***
父母最高教育年限	10.097	8.736	12.122	39.370***
父母最高职业地位	3.002	2.835	3.252	13.594***
观测值	1 779	1 064	715	

注：* $p<5\%$；** $p<1\%$；*** $p<0.1\%$

(二) 家庭社会经济地位对儿童早期发展的影响

使用 OLS 方法估计家庭社会经济地位对儿童早期认知与非认知能力的影响,结果如表 5-11 所示。在控制基期儿童发展水平的情况下,家庭社会经济地位越低,儿童早期认知、语言、运动和社交情绪发展越差,贫困使得儿童认知、语言和运动综合得分显著下降3.022 分、3.522 分和1.427 分,社交情绪得分显著增加 6.863 分(得分越高,社交情绪发育越差)。

(三) 家庭经济地位对儿童早期发展影响的稳健性检验

基本估计结果表明,随着家庭社会经济地位的提高,儿童早期认知与非认知能力显著提高,家庭社会经济地位会对儿童早期能力产生不利影响,但是两个方面会影响估计结果。首先,本文使用的数据是依托项目组在样本地区开展的随机干预实验项目,在基期调研结束后,一半的样本儿童及其家庭进入干预组接受干预(史耀疆,等,2020),干预措施会提高儿童早期能力,也就是说,我们可能低估了影响,为排除干预对儿童早期能力的影响,有必要估计对控制组(未接受任何干预)儿童早期能力的影响;其次,虽然本文使用增长模型,控制了儿童的部分能力,但是还是存在遗漏变量和测量误差等内生性问题,核心自变量家庭 SES 指数是根据家庭收入、父母最高教育水平以及职业地位生成,其中家庭收入由受访者自报告得到,自报告的收入容易出现漏报或瞒

表5-11　家庭社会经济地位对儿童发展影响

自变量	因变量：儿童评估期发展得分							
	认知	语言	运动	社交情绪	认知	语言	运动	社交情绪
家庭社会经济地位指数	2.285*** (0.430)	2.511*** (0.493)	1.376*** (0.484)	-5.866*** (1.304)				
家庭社会经济地位低 (1=是)					-3.022*** (0.603)	-3.522*** (0.788)	-1.427* (0.810)	6.863*** (2.243)
月龄 (月)	1.080*** (0.325)	1.196*** (0.441)	-0.483 (0.540)	0.572 (1.059)	1.085*** (0.326)	1.187*** (0.440)	-0.531 (0.543)	0.542 (1.049)
性别 (1=男)	-1.559** (0.688)	-3.040*** (0.702)	-2.746*** (0.792)	6.611*** (2.048)	-1.715** (0.708)	-3.208*** (0.713)	-2.833*** (0.793)	7.031*** (2.104)
出生体重 (1<2 500 g)	-4.454*** (1.647)	-2.134 (1.706)	-3.337* (1.811)	-0.440 (6.075)	-4.712*** (1.678)	-2.448 (1.731)	-3.509* (1.827)	0.253 (6.023)
是否早产 (1=是)	-0.457 (1.273)	-1.698 (1.367)	-0.873 (1.960)	-1.086 (5.068)	-0.275 (1.259)	-1.494 (1.325)	-0.756 (1.947)	-1.739 (4.978)
是否贫血 (1=是)	0.670 (0.588)	1.504** (0.708)	1.139 (0.818)	-2.606 (2.510)	0.686 (0.597)	1.511** (0.696)	1.149 (0.811)	-2.580 (2.477)
妈妈是否主要照养人 (1=是)	-0.469 (0.678)	0.385 (0.704)	-0.603 (0.907)	-4.920* (2.677)	-0.577 (0.693)	0.284 (0.722)	-0.713 (0.899)	-4.593* (2.648)

自变量	因变量：儿童评估期发展得分									
	认知	语言	运动	社交情绪	认知	语言	运动	社交情绪
妈妈年龄 （1=大于 25 岁）	−0.722 (0.732)	−0.232 (0.847)	0.660 (0.942)	−2.770 (2.358)	−0.751 (0.603)	−0.270 (0.732)	0.655 (0.833)	−2.785 (2.372)
基期能力（贝利测试）	0.149*** (0.028)	0.249*** (0.026)	0.258*** (0.030)	0.420*** (0.046)	0.157*** (0.028)	0.254*** (0.026)	0.264*** (0.030)	0.429*** (0.048)
常数项	84.035*** (2.933)	82.016*** (3.443)	92.541*** (5.151)	30.868** (12.450)	85.213*** (2.918)	83.806*** (3.372)	93.033*** (5.120)	25.815* (13.324)
R 平方	0.199	0.285	0.200	0.209	0.190	0.278	0.197	0.203
观测值	1297	1297	1297	1297	1297	1297	1297	1297

注：回归均控制了贝利员主试固定效应和村庄集聚效应。

* $p<5\%$；** $p<1\%$；*** $p<0.1\%$

表 5 - 12 稳健性检验：家庭社会经济地位对儿童发展影响(控制组样本)

自变量	因变量：儿童评估期发展得分									
	认知	语言	运动	社交情绪	认知	语言	运动	社交情绪
家庭社会经济地位	2.884***	2.860***	2.227***	−8.568***				
	(0.813)	(0.806)	(0.797)	(2.087)				
家庭社会经济地位低 (1=是)					−3.390***	−3.450**	−2.354*	7.449**
					(0.943)	(1.293)	(1.190)	(3.223)
基期能力(贝利测试)	0.142***	0.216***	0.288***	0.396***	0.159***	0.234***	0.306***	0.411***
	(0.032)	(0.041)	(0.049)	(0.064)	(0.032)	(0.041)	(0.050)	(0.067)
常数项	83.923***	80.736***	83.895***	11.198	84.502***	81.317***	84.229***	−3.200
	(3.448)	(6.103)	(6.513)	(10.886)	(3.495)	(6.232)	(6.706)	(10.785)
R 平方	0.251	0.373	0.220	0.202	0.226	0.357	0.210	0.181
观测值	623	623	623	623	623	623	623	623

注：加入的控制变量有：儿童月龄、性别、出生体重、是否早产、是否贫血、主要照养人是否为母亲以及母亲年龄；回归均控制了贝利主试员固定效应和村庄集聚效应；括号内为标准差。

* p＜5%；** p＜1%；*** p＜0.1%。

报情况。因此,本研究采用替换核心解释变量的方法,将家庭收入替换为代表农村家庭资产拥有量的家庭资产系数,与父母最高教育水平和职业地位生成家庭 SES 指数参与回归。

只使用控制组样本的结果与全样本的结果是一致的(见表 5-12),家庭社会经济地位与儿童发展产生了显著的影响,但是估计的系数更大,也就是说家庭社会经济地位对儿童早期认知与非认知能力不利影响的结论是稳健的,全样本的回归估计可能一定程度上低估了家庭社会经济地位的影响。

三、家庭经济环境对儿童早期发展影响的路径机制分析

通过下表 5-13 发现,家庭社会经济地位显著降低了家庭在养育儿童过程中的物质投资和时间投资,且对物质投资的不利影响更大。

表 5-13   家庭社会经济地位对家庭养育物质投资和时间投资的影响

自变量	因变量:家庭养育物质投资和时间投资	
	物质投资	时间投资
家庭社会经济地位低(1=是)	−0.434*** (0.054)	−0.254*** (0.055)
常数项	−0.675** (0.308)	−0.411** (0.160)
R 平方	0.123	0.061
观测值	1 297	1 297
是否加入控制变量	是	是

注:加入的控制变量有:儿童月龄、性别、出生体重、是否早产以及是否贫血,主要照养人是否为母亲和母亲年龄;回归均控制了贝利员主试固定效应和村庄集聚效应;括号内为标准差。
* $p<5\%$;** $p<1\%$;*** $p<0.1\%$

为了进一步了解物质投资和时间投资的作用,本文通过物质投资或时间投资影响儿童发展进行单一机制检验。与表 5-11 基本估计结果相比,表 5-14 中家庭社会经济地位的回归系数显著降低,并且物质投资或时间投资的回归系数显著为正,表明家庭的物质投资或时间投资均会在家庭社会经济地位对儿童早期认知与非认知能力影响中起到中介作用。特别地,对儿童运动发展而言,当加入物质投资或时间投资时,家庭社会经济地位对儿童运动能力发展的不利影响变得不再显著,意味着贫困影响儿童运动能力发展的因素,主要是通过降低家庭在养育儿童过程中的物质投资或时间投资来实现的,主要影响哪方面的投资有待进一步验证。

表 5 - 14　贫困和物质投资或时间投资对儿童早期发展的影响

自变量	因变量：评估期儿童早期发展得分							
	认知	语言	运动	社交情绪	认知	语言	运动	社交情绪
家庭社会经济地位低（1=是）	-2.478*** (0.635)	-2.850*** (0.797)	-0.723 (0.805)	5.125** (2.286)	-2.621*** (0.604)	-3.174*** (0.778)	-1.158 (0.808)	6.118*** (2.200)
物质投资	1.301*** (0.335)	1.635*** (0.378)	1.713*** (0.444)	-4.596*** (1.255)				
时间投资					1.639*** (0.360)	1.525*** (0.435)	1.152** (0.461)	-3.159** (1.365)
R 平方	0.198	0.288	0.206	0.211	0.202	0.286	0.200	0.206
观测值	1297	1297	1297	1297	1297	1297	1297	1297
是否加入基期得分	是	是	是	是	是	是	是	是
是否加入控制变量	是	是	是	是	是	是	是	是

注：使用家庭收入水平值代表财富生成家庭 SES 指数；加入的控制变量有：儿童月龄、性别、出生体重、是否早产、是否贫血、主要照养人是否为母亲和母亲年龄；回归均控制了贝利均值试园主试员主试园固定效应和村庄集聚效应；括号内为标准差。

* p<5%；** p<1%；*** p<0.1%

最后,将单一机制检验中显著性成立的两个机制变量同时加入到回归模型进行联合机制检验。表5-15的结果显示,家庭的物质投资和时间投资是家庭社会经济地位影响儿童认知和语言能力的共同渠道,家庭社会经济地位不仅对儿童认知和语言能力有直接显著的负面影响,也通过物质投资和时间投资产生间接影响。特别注意的是,对儿童认知能力而言,家庭的时间投资比物质投资更重要;当加入两个机制变量之后,家庭社会经济地位对儿童运动能力的直接影响变得不再显著,家庭社会经济地位主要通过降低家庭对儿童的物质投资来实现,进而间接对运动能力产生负面影响。不同的是,家庭社会经济地位对社交情绪的直接影响仍然存在,能够通过降低物质投资间接影响儿童社交情绪能力发展。

表5-15 贫困影响儿童早期发展的联合检验

自变量	因变量:儿童评估期发展得分			
	认知	语言	运动	社交情绪
家庭社会经济地位低 (1=是)	−2.382*** (0.627)	−2.786*** (0.790)	−0.689 (0.803)	5.019** (2.264)
物质投资	0.769** (0.344)	1.242*** (0.384)	1.514*** (0.522)	−4.080*** (1.391)
时间投资	1.299*** (0.370)	0.988** (0.450)	0.496 (0.540)	−1.276 (1.503)
R平方	0.204	0.290	0.206	0.211
观测值	1297	1297	1297	1297
是否加入基期得分	是	是	是	是
是否加入控制变量	是	是	是	是

注:使用家庭收入水平值代表家庭财富生成家庭SES指数;加入的控制变量有:儿童月龄、性别、出生体重、是否早产、是否贫血、主要照养人是否为母亲和母亲年龄;回归均控制了贝利员主试固定效应和村庄集聚效应;括号内为标准差。

* p<5%; ** p<1%; *** p<0.1%

四、结论与讨论

本研究依托在西部农村地区收集的两期面板数据,尝试从促进儿童早期发展的视角,结合家庭在养育儿童过程中的物质投资和时间投资,探究家庭社会经济地位对儿童早期能力发展的影响及其作用机制,为阻断贫困的代际传递提供实证研究证据。

研究发现随着家庭社会经济地位的提高,儿童认知与非认知能力均有显著提高,也就是说如果儿童发展早期可以为儿童提供较高的家庭社会经济地位环境,则可以更好地促进儿童的发展。本文的结论与已有一些研究结论一致,较低的社会经济地位会损害儿童早期能力的发展,使得儿童发展错过了关键的敏感期,影响了儿童的发展(Bradley,Corwyn,2002;Hackman,2009;Khanam,Nghiem,2016;Yeung et al.,2014)。

家庭社会经济地位影响儿童认知与非认知能力的途径可能在于显著降低了家庭在养育儿童过程中的物质投资和时间投资。高社会经济地位的家庭能够为子女置办丰富的游戏材料和刺激性学习资源,并且参与亲子活动,促进人力资本的发展,而贫困家庭在获取帮助子女发展资源的途径有限(Yeung et al.,2014;Yeung,Brooksgunn,2014)。最新的研究进一步指出,父母的养育投资,特别是在物质方面的投资(例如购买故事书、绘本书和玩具等),是儿童认知和社交情绪能力发展的重要决定因素(Attanasio et al.,2020)。本节则发现,家庭的物质投资不仅是家庭社会经济地位影响儿童认知和社交情绪能力发展的渠道,而且对儿童语言和运动能力同样存在显著的影响,结论更加强调了家庭对儿童物质投资的重要性。也有研究表明,对儿童认知能力而言,父母的时间投资比物质投资更重要(Bono et al.,2016)。本研究不仅证实了这一结论,并且还发现家庭的时间投资也可作为影响儿童语言发展的渠道,但父母的物质投资比时间投资对儿童语言发展更重要。对儿童运动和社交情绪能力发展而言,时间投资的机制作用变得不再显著,查阅相关文献后发现,农村地区的家长受限于较低的教育水平,较多从事劳动强度大、工作时间长的工作,家长参与儿童亲子互动游戏的程度和质量都较低,所以家庭的时间投资对儿童运动和社交情绪能力发展不存在显著作用(Altafim et al.,2018;Conger,Donnellan,2007)。

第三节　有无兄弟姐妹对儿童早期发展的影响研究

在探索儿童早期发展和家庭环境之间关系的大量文献中,大家普遍认为兄弟姐妹较少的儿童在认知发展和学业发展中表现的更好。来自美国的研究表明,小型家庭的孩子的学业表现更好(Blake,1989;Hanushek,1992),他们普遍有更高的受教育年限以及更强的言语表达能力(Alwin,1991;Kuo & Hauser,1997;Leibowitz,1974),而且比有兄弟姐妹同龄人有更高的认知得分(Falbo,Polit,1986;Mercy,Steelman,1982;Steelman,1985)。欧洲的一些相关研究表明,是否有兄弟姐妹与儿童的受教育程度以及认知发展呈负相关(Belmont,Marolla,1973;Björklund et al.,2004;Eysenck,Cookson,1970;Marjoribanks et al.,1975;Nisbet,Entwistle,1967)。

从理论方面进行分析,"数量——质量权衡模型"将一个家庭的孩子数量和父母对每个孩子的投资看做反映经济实力的选择变量(Angrist et al.,2010),该模型假设,质量(孩子的发展水平)相对数量(孩子的数量)的边际成本增加会影响父母的生育决策(Becker,Lewis,1973;Becker,Tomes,1976;Zhang et al.,2018);"资源稀释理论"也经常被许多社会科学的学者引用,它解释了为什么边际成本会增加,兄弟姐妹的增加稀释了促进认知发展和教育机会的家庭资源(如亲子互动和财务资源),导致每个孩子的投资减少(Downey,2001;Tsui,Rich,2002)。新的研究表明,这种动态可能会由于兄弟姐妹在家庭中的地位不同而产生不同的影响(Black et al.,2021)。最后,"合流模型"认为儿童的认知发展水平是由所在家庭所有成员的平均认知得分决定的(Zajonc,1976;Zajonc,Markus,1975;Zajonc,Mullally,1997),而家庭成员的平均认知得分会因为家庭中孩子数量的增加而降低。

然而,以上因果关系的理论分析由于研究结果的显著异质性而变得复杂,也就是说这些研究评估不了不同背景下是否有兄弟姐妹和儿童发展水平之间的关系,特别是在发展中国家。这些研究认为,这种关系要么会受到其他社会经济因素的影响,要么存在一定的虚假风险,同时,研究设计的变化也使结果的比较变得更为复杂。

例如,部分学者认为,在低收入的环境下,"数量—质量权衡模型"更明显,因为儿童教育花费占家庭预算比例更高(Li et al.,2008),在政府对于儿童保育以及教育方面的补助下,物质资源对孩子发展水平的重要性以及兄弟姐妹数量的负面影响均被削弱了(Lu，Treiman，2008；Park，2008)。

　　另一些学者则强调家庭形成和亲属关系网络在同胞教育中的中介作用,对南非黑人和白人家庭儿童的总体教育水平进行了比较,发现兄弟姐妹个数只对白人西方式的核心家庭有负面影响(Lu，2005)。相比之下,在发展中国家更常见的大家庭网络中可以防止资源稀释,因为儿童保育和教育的成本由更广泛的社会网络分担(Downey，2001；Lu，2005；Shavit，Pierce，1991),所以在这些方面,"数量——质量权衡模型"将不明显(Lu，2005；Maralani，2004)。

　　近期许多研究者对于以上理论模型分析的因果关系表示怀疑,他们使用复杂的实证模型去衡量有无兄弟姐妹和儿童发展之间的关系。研究发现,在控制了家庭环境、遗传和儿童自身特征后,有无兄弟姐妹和儿童认知发展之间没有关系(Guo et al.，1999)。除此之外,瑞典、挪威和以色列的大规模研究中发现,当使用双胎出生作为可变异的外生来源并控制出生顺序和其他因素时,家庭规模对儿童发展没有显著影响(Angrist et al.，2010；Åslund，Grönqvist，2010；Black et al.，2005)。

　　最后,少部分研究表明,有兄弟姐妹可能会对儿童的发展和教育有一定的好处。肯尼亚和博茨瓦纳的研究中发现,一个家庭中孩子的数量对该家庭儿童的受教育年限有积极的影响(Chernichovsky，1985；Gomes，1984)。海瑟林顿(Hetherington)还发现,由于儿童经历了与兄弟姐妹之间的养育冲突等,他们往往在处理同伴关系上比独生子女更有经验,所以有更积极的同伴关系(Hetherington，1988)。

　　综上所述,以往的文献研究表明,兄弟姐妹个数和认知发展之间确实存在关系,但也可能会受到地理、文化和经济背景等因素的影响。因此,要厘清二者之间关系的关键在于明确在目标人群中影响兄弟姐妹效应的决定因素。

　　迄今为止,来自中国的较小规模的兄弟姐妹文献普遍发现,有兄弟姐妹的儿童在认知和教育方面相对于独生子女而言处于劣势(Rosenzweig，Zhang，2009)。经济学家使用数量—质量权衡模型证明了独生子女政策对个人收入和福利有积极的影响(Gu，2021)。有研究者使用两种认知量表(韦氏学前和小学婴儿量表和韦氏儿童智力量表)评估了安徽省204对6—15岁的配对儿童,发现独生子女的儿童认知水平高于有兄弟姐妹的儿童(Yisen，Jiulai，2002)。

　　然而,我国的一些研究发现了一些不一样的结论。李宏彬等的研究发现,数量——质量权衡模型在农村地区中有用,但在城市地区会减弱甚至消失。此外,最近在中国西部农村地区进行的两项研究未能发现有无兄弟姐妹和儿童的发展水平之间有任何负相关,比如周欢等发现,9—16岁有兄弟姐妹的儿童和独生子女的健康水平和焦虑水平在统计学上没有区别,而有兄弟姐妹的孩子在认知测试中表现更好(Zhou et al.，2016)。岳爱等还发现,有无兄弟姐妹的儿童在18—30个月大时认知发展速度在统计学上没有区别(Yue et al.，2017)。

　　这些结果可能并不矛盾,而是反映了过去几十年中国教育政策和家庭组成实践的巨大转变,这些转变可能影响了独生子女和有兄弟姐妹的子女之间的差距(Zhou et al.，2016)。例如，有研究呼吁关注独生子女政策对兄弟姐妹数量与教育之间关系的影响，这表明只有在该政策期间出生的孩子得到了照养人更多的投资，从而带来了更高的发展成果(Jiao et al.，1996)。研究者研究了 1996 年以来 20—69 岁成年人的数据集中有无兄弟姐妹与完成学业年限之间的关系，他们将这批人分为四个不同的历史时期("前共产主义时代"、"共产主义早期"、"文化大革命"和"改革开放时代")，他们发现，兄弟姐妹的影响在每个时期都有很大不同，只有在上学机会有限的时期，多个兄弟姐妹才会对教育产生不利影响(Lu，Treiman，2008)。呼吁关注儿童性别在有无兄弟姐妹与儿童发展之间的重要意义，兄弟姐妹的数量对教育成果的影响因孩子的性别而异，即使在教育竞争激烈的时期，兄弟姐妹的数量对男性也没有影响。由于中国传统的父系亲属关系和婚姻制度，照养人对女儿的教育投资比儿子少，因为女儿在结婚后会离开家庭(Jiao et al.，1996；Tsui，Rich，2002)。大量研究表明，重男轻女继续影响着现代中国的教育成就，女孩更有可能辍学，接受教育的时间也比男孩少，特别是在农村地区(Brown，Park，2002；Song et al.，2006；Wang，2005)。

基于文献综述，关于兄弟姐妹影响的文献存在以下特点。首先，在大部分关于兄弟姐妹的文献中，通常以学龄或成年子女为样本，大多将年龄较大儿童(6—15 岁及以上)的教育成就作为衡量有无兄弟姐妹影响的结果变量。然而，如果兄弟姐妹的存在与受家庭资源影响的教育结果之间存在因果关系，那么儿童早期可能是一个非常重要的时期，因为儿童早期的发展高度依赖于父母的投入和家庭环境(Heckman，James，2006；Richter et al.，2017；Yue，Shi，et al.，2017)。此外，儿童早期发展与晚年生活的一系列结果有关，包括教育、就业、收入、健康和非认知能力，如动机和自信(Gertler et al.，2014；Heckman，2008；Heckman et al.，2010；Lozoff et al.，2000；Walker et al.，2011)。因此，研究兄弟姐妹数量对儿童早期发展之间的关系至关重要。

第二，目前性别与有无兄弟姐妹对该儿童发展的影响还不清楚。以往研究表明，性别与同胞效应的关系在历史上有所不同；总的来说，中国和其他国家的关于兄弟姐妹的异质性文献强调了各种各样的政治和社会文化因素，这些因素可能会影响有无兄弟姐妹与儿童发展的关系。之前的数据来自 90 年代中期，自那以后，中国发生了巨大的经济和社会变革。在过去的几十年里，中国经历了生育率的急剧下降，从 2013 年到 2016 年，中国从"独生子女"政策转变为"二孩"政策。这些变化需要新的研究来检验有无兄弟姐妹和儿童发展之间的关系，以及性别在这种关系中的作用。

最后，在中国农村地区，父母教养方式和照养人类型在调节有无兄弟姐妹效应中的作用还有待研究。最近的研究发现，在农村地区，作为主要照养人的祖母很少参与对儿童发展比较重要的养育行为(Gertler et al.，2014；Luo et al.，2019；Sylvia et al.，2017；Yue et al.，2017)。如果兄弟姐妹会稀释家庭资源，例如数量——质量权衡模型所假设的亲子互动，那么照养人类型和做法可能是这些资源关于性别分配背后的一种机制。但截至目前，还没有研究立足在性别、兄弟姐妹数量和儿童发展之间的关系。

本小节使用数据集一的基线和三期追踪数据,通过分析中国农村地区 6—30 个月龄有无兄弟姐妹,性别与儿童认知、运动和社交情绪发展水平得分的关系,根据儿童性别对数据进行分类。具体有三个目标:首先,鉴于文献中的差异,我们探索有无兄弟姐妹是否与样本儿童发展水平相关,通过有无兄弟姐妹来比较认知、运动和社交情绪的结果;第二,通过检验研究结果是否因孩子的性别不同而不同,进行异质性分析;第三,试图确定养育行为和照养人类型相关性背后的机制作用。

一、性别、是否有兄弟姐妹与儿童早期发展关系

表 5 - 16 显示,在 18—23 月之前,每个年龄组别中是独生子女的儿童的认知发展得分都显著高于有兄弟姐妹的儿童(p<0.05)。然而,当我们将数据按照性别分类,这种差异只在女孩中有显著差异(尽管男孩也有同样的趋势)。独生子女的女孩和非独生子女的女孩认知发展得分差异在 6—11 月龄最显著(p<0.01),在 12—17 月龄和 18—23 月龄中显著性略小(p<0.1)。并且,女孩的认知发展得分几乎总是高于男孩(在有无兄弟姐妹情况下均是)。比如,12—17 月龄的样本中,家中只有一个女孩的认知发展得分均值为 97.62,有兄弟姐妹的女孩认知发展得分均值下降到了 94.94 分(p<0.1)。家中只有一个男孩的认知发展得分均值为 93.44 分,有兄弟姐妹的男孩认知发展得分均值为 91.95,但这种差异并不显著。

表5 - 16　是否有兄弟姐妹和不同性别分类下样本儿童的认知发展

	是否有 兄弟姐妹	样本量 N	认知		
			均值	95% 的置信区间	P 值
6—11 月龄					
全样本	独生子女	1,108	97.55	96.56—98.53	0.02**
	有兄弟姐妹	694	95.62	94.35—96.89	
男孩	独生子女	556	96.18	94.81—97.57	0.92
	有兄弟姐妹	393	96.31	94.64—97.95	
女孩	独生子女	552	98.92	97.51—100.33	0.00***
	有兄弟姐妹	301	94.74	92.76—96.73	
12—17 月龄					
全样本	独生子女	854	95.54	94.25—96.82	0.02**
	有兄弟姐妹	579	93.23	91.75—94.71	
男孩	独生子女	426	93.44	91.69—95.20	0.25
	有兄弟姐妹	331	91.95	90.11—93.79	

	是否有 兄弟姐妹	样本量 N	认知		
			均值	95%的置信区间	P值
12—17 月龄					
女孩	独生子女	428	97.62	95.77—99.46	0.08*
	有兄弟姐妹	248	94.94	92.53—97.35	
18—23 月龄					
全样本	独生子女	852	85.82	84.53—87.11	0.05**
	有兄弟姐妹	568	83.78	82.18—85.39	
男孩	独生子女	431	83.9	82.02—85.78	0.45
	有兄弟姐妹	322	82.81	80.68—84.94	
女孩	独生子女	421	87.78	86.03—89.54	0.07*
	有兄弟姐妹	246	85.06	82.61—87.51	
24—30 月龄					
全样本	独生子女	881	81.41	79.92—82.89	0.24
	有兄弟姐妹	591	80.03	78.31—81.75	
男孩	独生子女	438	80.37	78.25—82.48	0.25
	有兄弟姐妹	319	78.49	76.13—80.84	
女孩	独生子女	443	82.44	80.33—84.54	0.77
	有兄弟姐妹	263	81.94	79.41—84.47	

注：* $p < 5\%$；** $p < 1\%$；*** $p < 0.1\%$

在运动发育分数的结果里也出现了类似的情况（表5-17）。在6—11（$p < 0.01$）、18—23（$p < 0.1$）、24—30（$p < 0.01$）月龄的组中，家中只有一个女孩比拥有兄弟姐妹的女孩的分数高。比如在6—11月龄的女孩中，家中只有一个女孩的运动发育分数均值为91.88，有兄弟姐妹的女孩运动发育分数均值下降到了88.25分（$p < 0.01$）。虽然12—17月龄年龄组的独生女孩的运动发展得分高于有兄弟姐妹的女孩，但差异无统计学意义。男孩也表现出了相同的趋势，但这种差异在统计意义上并不显著。

表5-17　是否有兄弟姐妹和不同性别分类下样本儿童的运动发展

	是否有 兄弟姐妹	样本量 N	运动		
			均值	95%的置信区间	P值
6—11 月龄					
全样本	独生子女	1,108	90.93	89.95—91.92	0.01
	有兄弟姐妹	694	88.75	87.38—90.12	

	是否有兄弟姐妹	样本量 N	运动		
			均值	95% 的置信区间	P 值
6—11 月龄					
男孩	独生子女	556	89.99	88.61—91.37	0.44
	有兄弟姐妹	393	89.13	87.41—90.86	
女孩	独生子女	552	91.88	90.49—93.28	0.00
	有兄弟姐妹	301	88.25	86.03—90.48	
12—17 月龄					
全样本	独生子女	854	95.65	94.03—97.28	0.51
	有兄弟姐妹	579	94.78	92.79—96.77	
男孩	独生子女	426	94.29	91.91—96.67	0.99
	有兄弟姐妹	331	94.28	91.69—96.87	
女孩	独生子女	428	97.02	94.79—99.25	0.41
	有兄弟姐妹	248	95.46	92.33—98.58	
18—23 月龄					
全样本	独生子女	852	105.09	102.41—107.79	0.28
	有兄弟姐妹	568	103.13	101.51—104.77	
男孩	独生子女	431	105.17	100.13—110.22	0.68
	有兄弟姐妹	322	103.91	101.69—106.12	
女孩	独生子女	421	105.02	103.12—106.92	0.07
	有兄弟姐妹	246	102.13	99.68—104.57	
24—30 月龄					
全样本	独生子女	881	104.07	102.75—105.39	0.00
	有兄弟姐妹	591	101.02	99.48—102.55	
男孩	独生子女	438	103.61	101.69—105.52	0.11
	有兄弟姐妹	319	101.27	99.11—103.44	
女孩	独生子女	443	104.53	102.69—106.36	0.00
	有兄弟姐妹	263	100.69	98.52—102.86	

在社交情绪分数中，只有18—23月龄、24—30月龄的女孩在有无兄弟姐妹的情况下分数有显著性差异（表5-18）。18—23月龄，家中只有一个女孩的社交情绪分数均值为17.05，有兄弟姐妹的女孩社交情绪分数均值下降到了9.63分（p＜0.01）。24—30月龄女孩组也有显著性差异，但显著性降低了（p＜0.05）。在男孩中差异都不显著。在每一个年龄

分组中,无论是否有兄弟姐妹,女孩的社交情绪分数都比男孩低。

表5-18　是否有兄弟姐妹和不同性别分类下样本儿童的社交情绪发展

	是否有兄弟姐妹	样本量 N	社交情绪		
			均值	95% 的置信区间	P 值
6—11 月龄					
全样本	独生子女	1,108	−0.82	(−2.39—0.75)	0.31
	有兄弟姐妹	694	−2.11	(−4.01—0.21)	
男孩	独生子女	556	1.09	(−1.17—3.36)	0.14
	有兄弟姐妹	393	−1.51	(−4.03—1.02)	
女孩	独生子女	552	−2.75	(−4.93—0.58)	0.94
	有兄弟姐妹	301	−2.89	(−5.78—0.01)	
12—17 月龄					
全样本	独生子女	854	5.08	3.29—6.86	0.81
	有兄弟姐妹	579	4.73	2.57—6.89	
男孩	独生子女	426	6.29	3.79—8.81	0.68
	有兄弟姐妹	331	7.08	4.27—9.89	
女孩	独生子女	428	3.86	1.31—6.41	0.29
	有兄弟姐妹	248	1.59	−6.73	
18—23 月龄					
全样本	独生子女	852	19.76	17.16—22.36	0.02
	有兄弟姐妹	568	14.97	12.08—17.78	
男孩	独生子女	431	22.54	18.66—26.42	0.25
	有兄弟姐妹	322	19.19	15.09—23.29	
女孩	独生子女	421	17.05	13.57—20.52	0.00
	有兄弟姐妹	246	9.63	5.83—13.42	
24—30 月龄					
全样本	独生子女	881	19.52	16.92—22.12	0.02
	有兄弟姐妹	591	14.97	12.10—17.84	
男孩	独生子女	438	22.45	18.57—26.32	0.23
	有兄弟姐妹	319	18.91	14.79—23.02	
女孩	独生子女	443	16.67	13.19—20.15	0.02
	有兄弟姐妹	263	100.69	98.52—102.86	

二、性别、是否有兄弟姐妹与家庭环境关系

表 5-19 展示了有无兄弟姐妹的儿童被母亲或奶奶照养的比例。在全样本中,相对于没有兄弟姐妹的儿童,有兄弟姐妹的儿童母亲为主要照养人的比例较高（p<0.01）。对于6—11 月龄的儿童,只有一个女孩的家庭,母亲是主要照养人占比 75.9%,如果样本儿童为女孩且有兄弟姐妹,母亲为主要照养人占比 91.4%（p<0.01）。男孩和女孩有兄弟姐妹的照养人身份占比几乎相同。然而,随着孩子年龄的增长,母亲是主要照养人的百分比在下降。到 24—30 月龄,只有一个女孩的家庭,母亲是主要照养人仅占比 49.4%,如果儿童为女孩有且兄弟姐妹,母亲为主要照养人占比 79.8%（p<0.01）。

在独生子女和非独生子女的家庭中,养育行为出现了差异（表 5-20）。在有些年龄组别中,例如 6—11、12—17、24—30 月龄的男孩,18—23 月龄的女孩相比于非独生子女的家庭,独生子女的家庭中的照养人更有可能陪孩子玩。6—11 月龄的儿童中,独生男孩的家庭中有 63.7% 的照养人过去一天陪宝宝玩,非独生男孩家庭中有 47.9% 的照养人过去一天陪宝宝玩（p<0.01）。虽然男孩和女孩在每个年龄组中均表现出相似的陪宝宝玩的比例,但随着年龄的增长,这个比例在下降。到 24—30 月龄,独生男孩家庭中只有 45.8% 的照养人过去一天陪宝宝玩,非独生男孩的家庭中只有 36.0% 的照养人过去一天陪宝宝玩。

除了陪宝宝玩,独生子女和非独生子女的照养人在给宝宝唱歌的行为上也有差异（表 5-20）。在 6—11 月龄儿童中,独生女孩家庭中有 36.4% 的照养人给宝宝唱歌,非独生女孩家庭中有 27.0% 的照养人给宝宝唱歌（p<0.1）。在 12—17、24—30 月龄中男孩也是如此。与陪宝宝玩相反的是,给宝宝唱歌的比例会随着孩子年龄的增长而增加。在其他养育行为方面,独生子女和非独生子女的家庭没有显著差异。

表 5-20 的最后一列比较了独生男孩和独生女孩家庭中照养人的养育行为。唯一有显著差异的是唱歌行为,在 12—30 月龄时,相比于独生男孩家庭,独生女孩家庭中的照养人会更有可能给宝宝唱歌（p<0.05）。比如,12—17 月龄中,独生女孩的照养人过去一天给宝宝唱歌的比例为30.3%,独生男孩的照养人过去一天给宝宝唱歌的比例为 22.1%（p<0.05）。

表 5-19 是否有兄弟姐妹和不同性别下样本儿童的主要照养人情况

		样本量(N)	妈妈是主要照养人	奶奶是主要照养人
6—11 月龄				
男孩	独生子女	556	427(76.79)	115(20.68)
	有兄弟姐妹	393	356(90.58)	32(8.14)
	P 值		0.00	0.00

		样本量(N)	妈妈是主要照养人	奶奶是主要照养人
6—11 月龄				
女孩	独生子女	552	419(75.91)	113(20.47)
	有兄弟姐妹	301	275(91.36)	20(6.64)
	P 值		0.00	0.00
男孩	有兄弟姐妹	393	356(90.58)	32(8.14)
女孩	有兄弟姐妹	301	275(91.36)	20(6.64)
	P 值		0.72	0.46
12—17 月龄				
男孩	独生子女	428	266(62.15)	149(34.81)
	有兄弟姐妹	332	270(81.33)	53(15.96)
	P 值		0.00	0.00
女孩	独生子女	430	254(59.07)	164(38.14)
	有兄弟姐妹	250	213(85.2)	28(11.2)
	P 值		0.00	0.00
男孩	有兄弟姐妹	332	270(81.33)	53(15.96)
女孩	有兄弟姐妹	250	213(85.2)	28(11.2)
	P 值		0.22	0.11
18—23 月龄				
男孩	独生子女	433	227(52.42)	186(42.96)
	有兄弟姐妹	327	258(78.89)	62(18.96)
	P 值		0.00	0.00
女孩	独生子女	424	220(51.88)	187(44.10)
	有兄弟姐妹	247	198(80.16)	41(16.59)
	P 值		0.00	0.00
男孩	有兄弟姐妹	327	258(78.89)	62(18.96)
女孩	有兄弟姐妹	247	198(80.16)	41(16.59)
	P 值		0.71	0.47
24—30 月龄				
男孩	独生子女	440	209(47.5)	213(48.41)
	有兄弟姐妹	331	253(76.44)	67(20.24)
	P 值		0.00	0.00

		样本量(N)	妈妈是主要照养人	奶奶是主要照养人
24—30 月龄				
女孩	独生子女	451	223(49.44)	212(47.01)
	有兄弟姐妹	267	213(79.77)	49(18.35)
	P 值		0.00	0.00
男孩	有兄弟姐妹	331	253(76.44)	67(20.24)
女孩	有兄弟姐妹	267	223(79.77)	49(18.35)
	P 值		0.33	0.56

三、是否有兄弟姐妹对儿童早期发展的影响

表 5-21 展示了儿童/照养人特征和儿童发展的多元回归结果。对于每个发展结果进行了两个回归模型，一个模型包含了性别和是否有兄弟姐妹的交互项，另一个回归只是单独加入了性别和是否有兄弟姐妹的变量。当不包括兄弟姐妹与性别的交互变量时，有无兄弟姐妹与认知发展得分显著负相关（p<0.05）。当交互项被纳入到模型后，有兄弟姐妹与女孩的认知发展（p<0.01）、运动发育（p<0.05）存在负相关关系。此外，交互项前的系数显示，有兄弟姐妹对男孩认知发展的影响比女孩高 4.1 分（p<0.05）。有兄弟姐妹或性别与社交情绪分数之间不存在显著相关性关系。在两个模型中，母亲的受教育程度均与儿童的社交情绪分数呈负相关的关系（p<0.01）。母亲的年龄与儿童的社交情绪分数呈负相关的关系（p<0.05）。家庭资产指数和儿童的认知发展（p<0.01）、运动发育（p<0.01）呈正相关关系，但和儿童的社交情绪（p<0.01）呈负相关关系。

表 5-22 展示了儿童/照养人特征和养育行为的多元回归结果。回归模型与表 5-20 相似，解释变量相同，但养育行为是因变量。当不包括兄弟姐妹与性别的交互变量时，非独生子女家庭中照养人陪宝宝玩、给宝宝唱歌的行为比独生子女家庭少。当包括交互项时，有兄弟姐妹的男孩和其他类型之间没有统计学上的显著差异。我们没有发现有无兄弟姐妹对阅读养育行为的显著影响，可能是因为样本家庭给孩子读书的比例非常低（低于 5%）。

表5-20 是否有兄弟姐妹和不同性别下样本儿童的养育行为情况

	男孩			女孩			
	独生子女(1)	有兄弟姐妹(2)	P值(1)—(2)	独生子女(3)	有兄弟姐妹(4)	P值(3)—(4)	P值(2)—(4)
6—11月龄							
陪宝宝玩	167(63.74)	90(47.87)	0.00***	173(61.78)	61(48.41)	0.01**	0.93
给宝宝讲故事	12(4.58)	6(3.19)	0.45	16(5.71)	6(4.76)	0.69	0.47
给宝宝读书	3(1.45)	3(1.59)	0.69	7(2.5)	2(1.59)	0.56	0.99
给宝宝唱歌	87(33.21)	49(26.06)	0.09*	102(36.43)	34(26.98)	0.06*	0.84
孩子数量	262	188		280	126		
12—17月龄							
陪宝宝玩	218(50.82)	133(40.18)	0.00***	211(49.18)	108(43.03)	0.12	0.49
给宝宝讲故事	26(6.06)	16(4.83)	0.47	35(8.16)	17(6.77)	0.51	0.32
给宝宝读书	10(2.33)	12(3.63)	0.29	19(4.43)	6(2.39)	0.17	0.39
给宝宝唱歌	133(31.01)	73(22.05)	0.00***	144(33.57)	76(30.28)	0.39	0.02**
孩子数量	429	331		429	251		
18—23月龄							
陪宝宝玩	182(42.52)	133(40.67)	0.61	191(45.58)	94(38.52)	0.08*	0.61
给宝宝讲故事	47(10.98)	33(10.09)	0.72	55(13.13)	24(9.83)	0.21	0.91
给宝宝读书	20(4.67)	12(3.67)	0.51	25(5.96)	9(3.69)	0.19	0.99

	男孩			女孩			
	独生子女(1)	有兄弟姐妹(2)	P值(1)—(2)	独生子女(3)	有兄弟姐妹(4)	P值(3)—(4)	P值(2)—(4)
18—23月龄							
给宝宝唱歌	140(32.71)	89(27.22)	0.11	156(37.23)	88(36.07)	0.83	0.02**
孩子数量	428	327		419	244		
24—30月龄							
陪宝宝玩	201(45.79)	118(35.98)	0.00***	174(39.19)	90(33.83)	0.15	0.59
给宝宝讲故事	56(12.76)	38(11.59)	0.63	69(15.54)	39(14.66)	0.75	0.27
给宝宝读书	22(5.01)	14(4.27)	0.63	32(7.21)	16(6.01)	0.54	0.33
给宝宝唱歌	179(40.77)	103(31.40)	0.00***	202(45.49)	104(39.09)	0.11	0.04**
孩子数量	439	328		444	266		

注：* p<5%；** p<1%；*** p<0.1%

表5-21　性别、有无兄弟姐妹与儿童发展的关系

	认知		运动		社交情绪	
	(1)	(2)	(3)	(4)	(5)	(6)
有兄弟姐妹 (1=是,0=否)	−4.673*** (−0.32)	−2.436** (−2.17)	−2.709* (−1.83)	−1.156 (−1.02)	0.303 (0.13)	−0.480 (−0.27)
性别 * 有无兄弟姐妹 (1=男孩且有兄弟姐妹,0=其他)	4.124** (2.38)		2.864 (1.63)		−1.443 (−0.53)	
性别 (1=男孩,0=女孩)	−2.857*** (−2.66)	−1.275 (−1.51)	−1.789 (−1.64)	−0.690 (−0.81)	2.159 (1.27)	1.605 (1.20)
母亲是主要照养人 (1=是,0=否)	0.379 (0.32)	0.353 (0.30)	−0.371 (−0.31)	−0.388 (−0.33)	0.400 (0.22)	0.409 (0.22)
早产 (1=是,0=否)	1.508 (1.08)	1.521 (1.08)	0.997 (0.70)	1.005 (0.71)	−1.012 (−0.46)	−1.016 (−0.46)
母亲受教育年限>9年 (1=是,0=否)	0.819 (0.72)	0.853 (0.75)	1.596 (1.39)	1.620 (1.41)	−4.872*** (−2.73)	−4.884*** (−2.74)
母亲年龄≤25 (1=是,0=否)	0.118 (0.11)	0.119 (0.12)	−0.806 (−0.77)	−0.806 (−0.77)	−3.802** (−2.33)	−3.803** (−2.34)
家庭资产指数	1.364*** (3.42)	1.366*** (3.42)	1.752*** (4.34)	1.753*** (4.34)	−1.560** (−2.48)	−1.561** (−2.48)
月龄虚拟变量	Yes	Yes	Yes	Yes	Yes	Yes
县的固定效应	Yes	Yes	Yes	Yes	Yes	Yes
样本量	1 802	1 802	1 802	1 802	1 802	1 802

注：标准误在村级层面进行聚类。

*** $p<0.01$；** $p<0.05$；* $p<0.1$

表 5-22 性别、有无兄弟姐妹与养育行为的关系

	陪宝宝玩		给宝宝讲故事		给宝宝读书		给宝宝唱歌	
	(1)	(2)	(3)	(4)	(5)	(6)	(7)	(8)
有兄弟姐妹 (1=是,0=否)	-0.185** (-2.50)	-0.204*** (-3.61)	-0.033 (-1.03)	-0.025 (-1.02)	-0.023 (-1.21)	-0.005 (-0.34)	-0.166** (-2.45)	-0.130** (-2.51)
性别*有无兄弟姐妹 (1=男孩且有兄弟姐妹,0=其他)	-0.035 (-0.40)		0.014 (0.39)		0 (0.00)		0.067 (0.83)	
性别 (1=男孩,0=女孩)	0.021 (0.4)	0.008 (0.19)	-0.028 (-1.22)	-0.022 (-1.24)	-0.021 (-1.52)	-0.009 (-0.79)	-0.055 (-1.14)	-0.031 (-0.81)
母亲是主要照养人 (1=是,0=否)	0.026 (0.43)	0.026 (0.44)	0.053** (2.06)	0.053** (2.05)	0.027* (1.72)	0.027* (1.69)	0.171*** (3.08)	0.171*** (3.06)
早产 (1=是,0=否)	0.073 (0.99)	0.072 (0.98)	0.032 (1.04)	0.032 (1.04)	0.005 (0.28)	0.006 (0.31)	-0.054 (-0.81)	-0.053 (-0.79)
母亲受教育年限>9年 (1=是,0=否)	-0.053 (-1.00)	-0.054 (-1.02)	0.016 (0.71)	0.016 (0.72)	0.009 (0.67)	0.010 (0.71)	-0.035 (-0.71)	-0.033 (-0.68)
母亲年龄≤25 (1=是,0=否)	0.049 (0.93)	0.049 (0.93)	0.019 (0.84)	0.019 (0.84)	-0.006 (-0.40)	-0.005 (-0.40)	0.081* (1.66)	0.081* (1.66)
家庭资产指数	0.036* (1.78)	0.036* (1.81)	0.017** (2.04)	0.017** (2.03)	0.005 (1.05)	0.005 (0.99)	0.067*** (3.65)	0.066*** (3.62)
月龄虚拟变量	Yes	Yes	Yes	Yes	Yes	Yes	Yes	Yes
县的固定效应	Yes	Yes	Yes	Yes	Yes	Yes	Yes	Yes
样本量	856	856	856	856	856	856	856	856

注: *** p<0.01; ** p<0.05; * p<0.1

四、结论与讨论

在中国和其他国家,关于有无兄弟姐妹对一系列教育发展结果的影响,有各种各样且常常结论相反的研究。本研究试图探索中国西部农村地区儿童早期发展和有无兄弟姐妹之间是否存在关系,试图在6—30月龄的样本儿童中,确定有无兄弟姐妹和儿童认知、运动、社交情绪发展的相关关系。此外,还根据孩子的性别对结果进行了比较。

本章研究发现有兄弟姐妹与儿童认知、运动和社交情绪分数之间存在负相关关系,这似乎证实了文献中长期存在的关于兄弟姐妹数量负影响的理论。然而,样本中,这种负相关只在女孩中存在,在男孩中不存在。这与在我国已有的一系列针对不同历史时期的研究发现一致,这些研究发现在对女孩有影响的时期,同一时期没有发现兄弟姐妹规模对男孩教育成就会产生负效应(Lu, Treiman, 2008)。这归因于男女教育资源投资的差异,他们认为是中国传统文化中持续的重男轻女导致的。

本研究的研究结果没有明确指出这些性别差异背后的原因。资源稀释理论包括物质资源和非物质资源,这包括父母的时间和注意力,一些学者强调后者——非物质资源在塑造儿童智力发展中的重要性(Marjoribanks et al., 1975)。虽然我们的样本中有兄弟姐妹的孩子在过去一天照养人与其玩耍和唱歌的频率低于独生子女,但这种现象在男孩和女孩之间没有显著差异。我们发现有兄弟姐妹的男孩和女孩中,照养人给儿童唱歌的养育行为有显著差异,但是对于男孩唱歌的频率并没有女孩高。这些发现令人惊讶,因为这并不能解释有兄弟姐妹的男孩和有兄弟姐妹的女孩之间认知发展得分的显著差异。一种可能的解释是,在有多个孩子的家庭中物质资源分配方面,女孩比男孩遭受更多的不足,这种差异形成了本研究中发展分数中的性别差异。唐尼(Downey)发现物质资源比非物质资源更容易随着兄弟姐妹规模的增加而被更快地稀释,也表明这是一个值得探索的途径(Downey, 1995)。此外,在我们的样本中,家庭资产指数和认知、运动发展呈正相关的关系,也支持了这一假设。养育行为,至少在我们调研中测量到的这些养育行为,似乎不太可能是导致我们样本中有兄弟姐妹的女孩低发展结果的原因。

男孩和女孩认知发展分数的比较也揭示了一个复杂的现象。虽然女孩的认知发展得分受到有无兄弟姐妹的负面影响,但她们始终高于男性,特别是在独生子女中。因此,与其说有兄弟姐妹时女孩落后于男孩,更准确的描述应该是,当女孩有兄弟姐妹时,她们的认知发展优势会略小一些。然而,在社交情绪方面,情况正好相反:女孩的社交情绪发育一直会比男孩好。如上所述,贝克尔(Becker)的数量质量替代模型指出,当婴儿有兄弟姐妹时,父母会将注意力和家庭资源重新分配给其他孩子(Becker, 1976)。由于中国文化重男轻女的传统,当家庭中男孩和女孩都有时,父母会选择将更多的资源分配给男孩。这可能可以解释有无兄弟姐妹对儿童发展的性别影响,但不包括社交情绪指标。

我们的发现对今后的研究有几点启示。首先，因为学者无法使用实验方法来分析兄弟姐妹规模的影响，许多人进行了准实验或自然实验研究，以确定有无兄弟姐妹对各种结果的因果影响。然而，很少有研究关注儿童早期发展。本研究为未来研究兄弟姐妹规模对儿童早期发展的影响，提供了一个起点。其次，本研究发现，为了改善有兄弟姐妹家庭中女孩的早期发展，需要对有无兄弟姐妹中的性别差异进行更多的原因探索。如上所述，分析家庭内部的物质资源分配以及家庭资产在调节有无兄弟姐妹与发展结果之间的关系是一个值得探索的途径。这也将检验资源稀释理论在解释本研究结果的有效性。此外，未来的研究应该更多探究这种关系在中国的城市中是否同样存在。考虑到最近独生子女政策的转变，兄弟姐妹数量对儿童早期发展的负面影响可能会对中国的计划生育政策产生显著的政策影响。然而，具体的政策应对将取决于驱动这种负相关关系的机制。

本章小结

本章节从母亲外出务工、家庭社会经济地位和兄弟姐妹的数量三个因素出发，分析了每个因素与儿童早期发展的关系，主要得出以下的结论：

第一，目前外出务工对儿童早期的认知发展有显著的负面影响，而且母亲外出务工的时间越长，对0—3岁儿童的负面影响越大。

第二，根据本章的研究结果我们发现，家庭社会经济地位越低，儿童的认知、语言和社交情绪发展越差。

第三，有兄弟姐妹与儿童认知、运动和社交情绪分数之间存在负相关关系，而且样本中，这种负相关只在女孩中存在，在男孩中不存在。

第六章

我国西部农村地区儿童
早期发展的模式和实践探索

随着我国经济的发展,人口出生率的下降,我国儿童发展还存在一定的挑战,养育模式基本处于自然养育的发展模式,家庭养育环境,尤其是科学养育行为和养育知识严重不足,即使是城市地区也存在类似的风险,除此之外,基层管理部门对于儿童早期发展对于家庭、社会的长期影响了解不足也造成了一定的制约(李树燕,等,2019)。

农村儿童是我国未来社会劳动生产力的重要力量,政府提供普惠服务是农村家庭接受婴幼儿照护服务与科学育儿指导的重要途径,但如何将全国性政策落地实施,需要在实证研究的基础上提出干预有效、成本可控的可操作方案。研究团队自2012年开始,基于儿童早期发展理论和中国农村地区儿童发展的现状,使用随机干预实验方法,联合儿童早期发展领域专家设计、实施、评估了一系列儿童早期发展项目,旨在结合当地实际情况以及农村社区支持环境,探索可推广、能复制、易落地的儿童早期发展服务方案,促进农村婴幼儿早期发展,为政府在农村地区提供普惠性科学育儿指导服务提供参考和借鉴,进一步推进国家乡村振兴战略的实施。

首先,研究团队从制约儿童发展潜能实现的"营养"元素方面开始探索,设计了"营养包补充"项目,为农村地区儿童每天补充一包富含铁及微量元素的营养包并利用随机干预实验评估影响。

其次,在第一阶段试验结束后,基于第一阶段试验的结果,结合国内外经验,研究团队从制约儿童发展潜能实现的另一个主要元素"养育"出发,设计了"养育师入户开展亲子指导"随机干预实验研究项目,让经过研究团队培训的养育师每周进行一次入户家访,指导照养人与婴幼儿开展科学的一对一亲子活动。项目持续开展了6个月的时间。

第三,本研究采用的干预方式是经验证有效的一对一亲子活动,为使这种活动能覆盖更多的儿童,研究团队在儿童居住相对聚集的农村社区建立"村级儿童早期发展活动中心",合计建立了50个。不仅扩大了儿童早期干预项目的覆盖面,也为照养人(主要为妈妈或奶奶)提供了一个交流并获得更多社会支持的场所。

第四,在完成了村级儿童早期发展活动中心模式的开展和具体操作模式后,项目组将村级儿童早期发展活动中心与入户模式相结合,探索政府主导、专家提供技术指导的"整县模式"。

研究团队开展的上述随机干预实验研究均在农村地区实施,采用组群层面抽样、随机分配样本村为干预组或控制组。下图为项目的研究过程(见图6-1)。

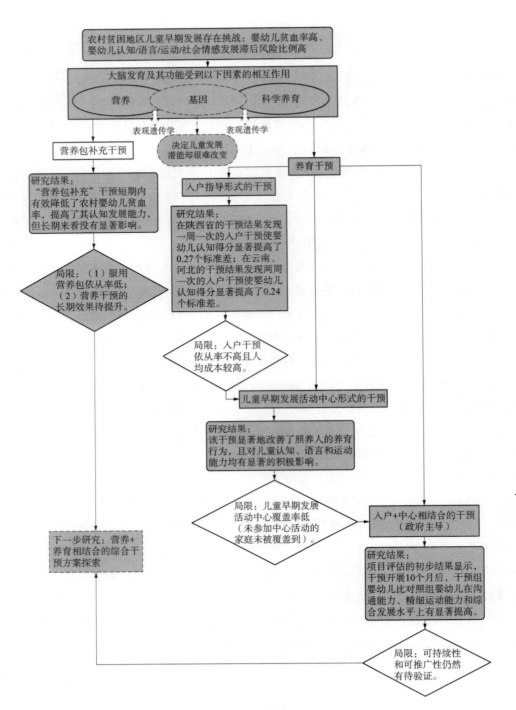

图 6-1 儿童早期发展实践探索阶段梳理

第一节 "营养包补充"随机干预实验研究

一、样本特征描述与婴幼儿发展现状

本研究使用数据集一基期和三次评估追踪调查形成的四期面板数据。

基线调查中,两批次样本一共有1834名婴幼儿,我们排除了32名患有严重疾病的儿童。表6-1展示了在基线分析中包含的婴幼儿的特征。在1802名婴幼儿中,1592(88%)名婴幼儿在12—17月龄时参与了第一次追踪调查,1585(88%)名婴幼儿在18—23月龄时参与了第二次追踪调查,1490(82%)名婴幼儿在24—29月龄时参与了第三次追踪调查。

表6-1 基线不同组别特征比较(N=1802)

特 征	控制组(n=610)	免费营养包(MNP)组[1] (n=1192)	P值[2]
家庭社会经济地位			
月龄[3]	9.46±1.90	9.50±1.83	0.75
女孩(%)	49.0(299)	46.5(544)	0.26
出生低体重(%)	4.4(27)	4.7(56)	0.80
第一胎(%)	62.3(380)	62.7(747)	0.88
是否为低保家庭(%)	24.4(149)	23.2(276)	0.45
照养人和母亲特征			
母亲是否为主要照养人(%)	79.2(483)	81.8(975)	0.31
母亲受教育年限≥9年(%)	78.4(478)	82.3(981)	0.07
母亲年龄(岁)	26.2±4.3	26.5±4.7	0.25

特 征	控制组(n=610)	免费营养包(MNP)组[1] (n=1 192)	P值[2]
喂养行为			
受过母乳喂养(%)	87.7(535)	89.3(1 064)	0.36
纯母乳喂养或主要母乳喂养 <6个月(%)	37.7(230)	37.8(451)	0.97
仍母乳喂养>12个月(%)	39.2(239)	37.3(444)	0.14
服用过配方奶粉(%)	63.4(387)	66.4(792)	0.07
6个月后补充辅食(%)	65.9(402)	65.3(778)	0.87
养育行为			
过去一天和宝宝玩玩具(%)	49.8(304)	46.7(557)	0.12
过去一天给宝宝唱歌(%)	29.0(177)	28.7(342)	0.78
发展状况			
血红蛋白浓度(g/L)[4]	109.3±13.0	109.1±12.5	0.71
贫血率(%)[5]	49.3(297)	48.5(573)	0.88
认知分数[6]	97.2±17.0	96.6±16.9	0.87
运动分数[7]	90.1±18.0	90.1±16.7	0.85

注：对于分类变量，数据以均值±标准差或%(n)展示。[1]MNP=微量营养元素包。[2]P值来源于对营养包组和控制组之间无差异的原假设的检验，根据批次、县固定效应和村级聚类效应进行调整。[3]免费营养包组4名婴幼儿数据缺失。[4]免费营养包组10名婴幼儿数据缺失，控制组7名婴幼儿数据缺失。[5]免费营养包组4名婴幼儿数据缺失，控制组1名婴幼儿数据缺失。[6]免费营养包组5名婴幼儿数据缺失，控制组2名婴幼儿数据缺失。[7]免费营养包组2名婴幼儿数据缺失，控制组4名婴幼儿数据缺失。

在基线调查中，6—11月龄婴幼儿的血红蛋白浓度为109 g/L，将近一半的样本婴幼儿(49%)患有缺铁性贫血；14%的婴幼儿认知发育迟缓(认知<80)，24%的婴幼儿运动发育迟缓(运动<80)，29%的婴幼儿存在认知或运动发育迟缓风险。在研究过程中，每月平均服用营养包为14包(表6-2)，随着项目的运行，平均每月营养包服用的数量略有下降，从前6个月的每月16包降至第三个月13包。

表6-2 平均袋装营养包消耗数量

干预时间	免费营养包组[a]
	每月平均消耗袋装营养包的数量
第一个6个月的干预	15.73±12.1
第7到第12月的干预	14.1±11.0
第13到第18月的干预	12.9±11.6
平均	14.3±11.6

注：数据以均值±标准差展示；[a]MNP=微量营养元素包

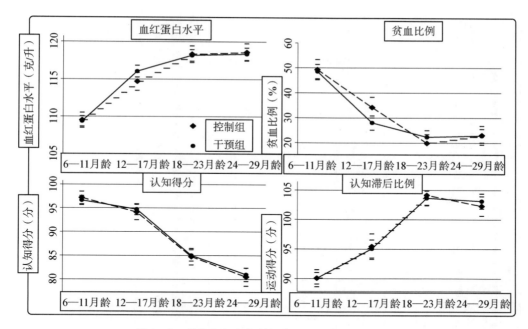

图 6-2　营养包组和控制组在 4 次调查的置信区间

图 6-2 分别展示了营养包组和控制组在 4 次调查中的平均血红蛋白浓度和贫血率 95％的置信区间。总体上来看，在整个研究过程中，两组婴幼儿的血红蛋白水平都在稳步上升（贫血率也在稳步下降）。在控制组，平均血红蛋白浓度由 6—11 月龄时的 109 克/升上升到 24—29 月龄时的 118 克/升。相应的贫血率下降了一半以上，但仍然很高（23％）。图中也展示了认知和运动的趋势。在研究过程中，认知的平均分数明显下降，从 97 分下降到 81 分。存在认知发育迟缓风险婴幼儿的数量从 6—11 月龄时的 14％增加到 24—29 月龄时的 49％。与认知相反，我们发现平均运动分数随着时间的推移而提高，从 90 分上升到 102 分。

二、营养包干预对儿童早期发展的影响

表 6-3 基于平均效果分析估计了营养包干预对血红蛋白浓度、贫血、认知和运动的影响。对于每一个结果变量，本研究报告了服用营养包对 6 个月后、12 个月后、18 个月后儿童早期发展的影响。相比于未接受干预的婴幼儿，接受了营养包干预的婴幼儿，6 个月后（婴幼儿 12—17 月龄时）血红蛋白浓度提高了 1.77 克/升（P＝0.048，95％的置信区间：0.02—3.52 克/升），营养包对干预后 12 个月和 18 个月的婴幼儿血红蛋白浓度没有显著的影响。营养包干预 6 个月后，贫血率降低了 6 个百分点（18％），但是不显著。同样研究发现营养包干预对 12 个月和 18 个月后婴幼儿的贫血没有显著影响。

表6-3 提供营养包对血红蛋白浓度(Hb)、贫血率和贝利认知和运动发展分数的影响

	血红蛋白浓度(g/L)[1]		贫血率(血红蛋白浓度<110g/L)[1]		认知分数(分)[2]		运动分数(分)[2]	
	边际效应(95% CI)	P值	边际效应(95% CI)	P值	边际效应(95% CI)	P值	边际效应(95% CI)	P值
发放营养包6个月后的影响(婴幼儿12—18个月)	1.769 (0.017—3.520)	0.048*	-0.058 (-0.127—-0.010)	0.095	2.230 (0.061—4.399)	0.044*	-0.266 (-3.328—2.796)	0.864
发放营养包12个月后的影响	-0.115 (-2.189—1.959)	0.913	0.034 (-0.039—0.107)	0.357	0.487 (-2.071—3.046)	0.708	-0.461 (-2.938—2.016)	0.715
发放营养包18个月后的影响	0.127 (-1.850—2.105)	0.899	-0.001 (-0.071—0.070)	0.982	0.828 (-1.787—3.444)	0.534	0.084 (-2.277—2.445)	0.715
组内相关性(ICC)[3]	0.09		—		0.08		0.02	
R平方	0.14		0.10		0.27		0.21	
观测值	6 092		6 092		6 204		6 186	

注：[1] 意向干预分析，使用多元线性回归模型，调整性别、年龄、Hb分析仪和县级的固定效应。标准误差在村级层面进行聚类。Hb数据有349个缺失的观测者(基线17个月、6个月后随访12个月后随访18个月后随访)。[2] 意向干预分析，使用多元线性回归模型，调整性别、年龄、养育行为(照养人过去一天是否与孩子一起玩玩具，给孩子念书念子唱歌)，BSID测试员和县级的固定效应。标准误差在村级层面进行聚类。认知发展数据有214个缺失的观测者(基线5个月、6个月后随访、12个月后随访18个月后随访)，运动发展数据有233个缺失的观测者(基线7个月、6个月后随访、12个月后随访、18个月后随访分别为102、98和26)。[3] 终期(最后一期)组内相关性。

*P<0.05。95%CI为95%的置信区间

营养包干预对认知能力的影响表现出与血红蛋白浓度相似的结果。与未服用营养包的婴幼儿相比，经过 6 个月的营养包补充，服用营养包的婴幼儿的认知得分提高了 2.23 分（P＝0.044，95％的置信区间：0.061—4.399 分），相当于提高了 0.13 个标准差。同样发现对 12 个月后和 18 个月后的婴幼儿的认知得分无显著影响（P＞0.5）。对于运动得分，在干预后的任一时期都没有发现显著影响。与使用认知或者运动得分连续变量的结果相比，分析营养包干预对是否存在发育迟缓风险（认知＜80，运动＜80）的影响时，没有任何的显著影响（见表 6－4）。

表6－4　提供袋装营养包对和认知和运动发展迟缓的影响

	认知发展滞后(认知＜80)		运动发展滞后(运动＜80)	
	边际效应(95%的置信区间)	P 值	边际效应 95% 的置信区间	P 值
发放营养包 6 个月后的影响(婴幼儿 12—18 个月)	0.000(−0.001—0.000 2)	0.146	−0.000(−0.000—0.000)	0.936
发放营养包 12 个月后的影响	−0.001(−0.001—0.000)	0.101	0.000(−0.00—0.00)	0.323
发放营养包 18 个月后的影响	−0.000(−0.001—0.000)	0.396	0.00(−0.001—0.001)	0.667
R 平方	0.23		0.12	
观测值	6 204		6 186	

注：调整性别、年龄、养育行为（照养人过去一天是否与孩子一起玩玩具，给孩子唱歌）、BSID 测试员和县级的固定效应。标准误在村级层面进行聚类。认知发展数据有 214 个缺失的观测者（基线 5 个，6 个月后随访、12 个月后随访、18 个月后随访分别为 101、88 和 20），运动数据有 233 个缺失的观测者（基线 7 个，6 个月后随访、12 个月后随访、18 个月后随访分别为 102、98 和 26）

三、使用工具变量法估计营养包干预的影响

表 6－5 报告了在考虑不完全依从的情况下，使用工具变量法的分析结果，将服用营养包数量作为工具变量进行影响估计。研究发现，干预 6 个月后，每多服用一包营养包，血红蛋白浓度就会增加 0.023 克/升（P＝0.04，95％的置信区间：0.001—0.045 克/升）。这一估计表明，如果完全按照建议每天服用一袋营养包（即完全依从），营养包干预将会使得血红蛋白浓度增加到 4.14 克/升（180 天×0.023 克/升）。如果是 50％的依从率，意味着增加浓度为 2.07 克/升，这一结果与平均影响效果的估计结果一致，同样，没有发现营养包干预在 12 个月和 18 个月后对血红蛋白浓度的显著影响，且在基线后的任一时期，服用营养包对贫血率无显著影响。

使用工具变量分析营养包干预对婴幼儿认知的分析发现，干预 6 个月后，每多服用一袋营养

表6-5 袋装营养包摄入量对血红蛋白浓度(Hb)、贫血率和贝利认知和运动发展分数的量效影响

	血红蛋白浓度(g/L)[1]		贫血率(血红蛋白浓度<110g/L)[1]		认知分数(分)[2]		运动分数(分)[2]	
	边际效应(95% CI)	P值	边际效应(95% CI)	P值	边际效应(95% CI)	P值	边际效应(95% CI)	P值
袋装营养包摄入量6个月后的影响(婴幼儿12—18个月)	0.023 (0.001—0.045)	0.040*	−0.001 (−0.002—0.001)	0.087	0.028 (0.002—0.054)	0.034*	−0.001 (−0.038—0.035)	0.943
袋装营养包摄入量12个月后的影响	−0.002 (−0.026—0.022)	0.883	0.000 (−0.001—0.001)	0.427	0.007 (−0.022—0.035)	0.640	−0.004 (−0.031—0.023)	0.774
袋装营养包摄入量18个月后的影响	0.002 (−0.022—0.027)	0.861	−0.000 (−0.001—0.001)	0.977	0.015 (−0.016—0.047)	0.346	0.003 (−0.026—0.031)	0.843
R平方	0.14		0.10		0.26		0.21	
观测值	6 003		6 003		6 113		6 096	

注：1 平均意向干预分析，将总体袋装营养包的消耗量作为实际干预效果分析中的工具变量。使用多元线性回归模型，调整性别、年龄、Hb分析仪和县级的固定效应。标准误在村级层面进行聚类。血红蛋白浓度数据有206个缺失的观测者(6个月后随访,12个月后随访,18个月后随访分别为74、91和41)。

2 平均意向干预分析，将总体袋装营养包的消耗量作为实际干预效果分析中的工具变量。使用多元线性回归模型，调整性别、年龄、养育行为（照养人过去一天是否与孩子一起玩玩具、给孩子唱歌）和县级的固定效应。标准误在村级层面进行聚类。认知数据有214个缺失的观测者(基线5个、6个月后随访,12个月后随访,18个月后随访分别为101、88和20),运动数据有233个缺失的观测者(基线7个、6个月后随访,12个月后随访,18个月后随访分别为102、98和26)。

* p<5%； ** p<1%； *** p<0.1%,95% CI为95%的置信区间

198　我国西部农村地区0—3岁儿童早期发展研究

包,认知得分会提高 0.028 分(P=0.034,95%的置信区间:0.002—0.054 分)。但是随着干预的开展,干预 12 个月后,这种影响也减弱了。同样没有发现营养包干预对于婴幼儿运动得分的影响。

四、营养包干预对婴幼儿发展影响的机制路径

前面了解了营养包干预对婴幼儿发展的影响,我们希望了解干预从哪些渠道对婴幼儿发展产生了影响,找到影响的路径。

通过干预对饮食表现的分析我们发现,在基线调查阶段(6—11 月龄婴幼儿),控制组和干预组的婴幼儿都很少吃富含铁的食物,约 18%的婴幼儿调研的前一天吃了肉类或鱼类,约 18%的婴幼儿吃豆类、坚果和种子类食物。大部分的婴幼儿主要食用谷物等主食(86%),58%的婴幼儿服用奶制品,55%的婴幼儿食用富含维生素 A 的水果和蔬菜。34%的婴幼儿食用鸡蛋,48%的婴幼儿食用其他水果和蔬菜(见表 6-6)。我们也可以看出喂养方式随着婴幼儿年龄的增长而转变。在四次调查中,控制组中照养人以下三个方面发生了变化。

首先,在孩子 6—11 月龄到 12—17 月龄之间,是辅食加入的时期,儿童的整体饮食发生了巨大的变化,所有种类食物的摄入都有显著的增长。

第二,谷物类、鸡蛋、水果和蔬菜的摄入最初有增长,随后趋于平稳。几乎所有 12—17 月龄婴幼儿昨天都会摄入谷物类,大约 45%的婴幼儿在 12—17 月龄的时候开始吃鸡蛋,水果和蔬菜的摄入量在增加,直到婴幼儿 18—23 月龄,大约 80%的婴幼儿前一天吃了富含维生素 A 的蔬菜或水果,大约 70%的儿童吃了其他水果和蔬菜。

最后,在这四次调查中,富含铁的食物(肉类和鱼类、豆类、坚果类和种子类)的摄入量都在逐渐增加。但是到 24—29 月龄阶段,豆类、坚果类和种子类的摄入量仍低于 50%,肉类和鱼类的摄入量仍低于 60%。

在控制组和干预组中,这些改变基本上是一致的,也就是说,没有发现干预对喂养行为的影响。尽管干预组的婴幼儿在 12—17 月龄时摄入了更多富含维他素 A 的蔬菜和水果,在 24—29 月龄时摄入更多的奶制品,但两者的差异并不显著。同样,也没有证据表明干预会影响其他营养食物的摄入。

五、讨论和结论

通过在中国农村地区进行的一项关于营养包补充的大规模随机干预实验,本研究发现为 0—3 岁婴幼儿开展的营养包补充干预项目,6 个月后显著地提高了 12—17 月龄婴幼儿的血红蛋白浓度,但是一年或者一年半后没有显著影响。婴幼儿 6—30 月龄期间,饮食状况在不断变化,

表 6 - 6 不同年龄、实验组别样本婴幼儿的喂养行为比较[1]

	6—11 月龄			12—17 月龄			18—23 月龄			24—29 月龄		
	控制组 (n=285)	营养包组[2] (n=549)	P值[3]	控制组 (n=514)	营养包组 (n=989)	P值	控制组 (n=510)	营养包组 (n=988)	P值	控制组 (n=511)	营养包组 (n=968)	P值
肉类或鱼类	18.3(52)	18.4(101)	0.94	34.8(179)	39.1(386)	0.09	51.0(210)	51.1(505)	0.89	56.2(287)	57.2(553)	0.62
豆类、坚果类、种子类	17.9(51)	18.0(99)	0.90	26.9(138)	26.6(263)	0.78	36.5(186)	35.1(347)	0.45	42.3(216)	38.6(374)	0.13
奶制品	57.9(165)	60.1(330)	0.46	78.4(402)	81.0(801)	0.19	82.1(417)	81.7(806)	0.79	67.1(343)	72.9(704)	0.03*
鸡蛋	33.7(96)	30.6(168)	0.39	45.3(233)	47.1(465)	0.43	44.1(225)	47.7(471)	0.20	45.1(230)	46.7(452)	0.47
富含维生素 A 的蔬菜水果	55.3(157)	54.8(300)	0.84	73.0(375)	78.9(779)	0.02*	80.6(411)	81.8(807)	0.60	80.8(413)	84.6(819)	0.07
其他蔬菜水果	47.7(136)	45.0(247)	0.44	59.0(303)	61.3(606)	0.43	69.8(306)	68.5(677)	0.71	69.2(353)	67.1(649)	0.32
谷物类	85.6(244)	86.3(474)	0.77	94.8(487)	95.2(941)	0.78	97.8(498)	97.4(962)	0.55	97.9(500)	99.1(960)	0.07

注：对于分类变量，数据以%(n)展示。[1] 本研究只收集了第二批了婴幼儿在基线时（6—11 月龄）的喂养信息，但对于 12—30 月婴幼儿，本研究对两批孩子都收集了喂养信息。[2] MNP=微量营养素包。[3] P 值来源于对营养包组和控制组之间无差异的原假设的检验，根据批次、县固定效应和村级聚类效应进行调整。

* P<0.05

控制组婴幼儿的血红蛋白水平快速增长，但贫血水平仍然很高。营养包干预促进了最初 6 个月的婴幼儿贫血的改善，然而，随着 12—17 月龄和 18—23 月龄婴幼儿血红蛋白水平增长的加快，这些积极的影响随之消退。

随着时间推移，干预对认知能力的影响（通过贝利测试的认知分数来衡量）与对血红蛋白浓度的影响结果类似。研究发现干预对 6 个月后婴幼儿的认知分数有显著提高。然而，尽管有理由相信即使营养包干预对 12 个月后和 18 个月后婴幼儿的贫血水平不再产生影响，营养包干预对认知发育有持续的影响，但是研究结果发现，干预对认知能力没有产生持续的影响。在实验期间中，营养包干预对运动发育也没有任何显著的影响。

在考虑到依从率的情况下，使用工具变量方法分析发现了相似的影响结果。也就是说，影响有效性的减弱不是由于袋装营养包摄入的减少。此外，也可以得出，6 个月后项目没有产生显著影响不是因为低的统计功效。整个实验过程都保持着识别出最小影响效果的能力，之后几轮实验中对影响效果估计相对较紧密的置信区间也证明了这一点。

虽然很难说是什么原因导致了影响效果的减弱，但我们注意到，结果与在哥伦比亚开展的一项营养包实验的结果惊人的相似。哥伦比亚的研究显示，没有影响或者较低影响可能是由于随着时间的推移，控制组儿童的贫血率迅速下降的原因。类似于我们的研究，他们发现控制组婴幼儿的血红蛋白浓度在 12—30 月龄婴幼儿中显著增加。与此形成对比的是，在其他营养包试验成功的地区，血红蛋白浓度（无干预情况下）的增长速度较慢（Jack et al.，2012；Soofi et al.，2013）。其次，没有发现营养包干预改变饮食摄入的证据，这表明观察到的影响减弱不是由于挤出效应。

另一种可能的原因是本研究使用的袋装营养包含铁量（6 mg）太低。大多数之前的营养包实验使用的是含有 12.5 毫克的袋装营养包（Andrew et al.，2016；Suchdev et al.，2020）。为了符合中国的规定，这些袋装营养包中的铁含量被设定为 6 毫克（中华人民共和国卫生部，2008）。在一项通过地方卫生机构发放袋装营养包的国家项目中，建议使用铁含量较低的袋装营养包。

本研究和拟实施的国家项目最大的不同是，国家计划通过当地的卫生机构发放袋装营养包，而本项目是通过研究人员将袋装营养包定期送到照养人的家中。因此，国家项目的接受率会更低，平均效果可能会比送到家中的效果小。通过当地卫生机构发放袋装营养包也可能导致选择性偏误，这可能对处于贫血中的最需要干预的儿童不利。

本研究对使用营养包解决婴幼儿微量元素缺乏的证据做出了重要贡献。主要优势在于它是一项旨在模拟政府项目效果的有效实验。大多数现有的家庭强化项目都会聘请研究人员每周或每两周进行家访，以保证干预的严格实施，这样即使大规模实施，成本也会很高（Adu-Afarwuah et al.，2008；Kounnavong et al.，2011；Menon et al.，2007；Zlotkin et al.，2003）。而本研究是每隔 6 个月向这些家庭提供一次足量的营养包，不做其他任何的干预，让其呈现一种自然发展的状态。与之前的实验相比，本研究还进行了更广泛的数据收集工作。首先，我们评估了对贫血和认知发展的影响效果。每隔 6 个月进行的随访调查也充分了解了营养包的影响是如何随着时间演变的。就作者所知,目前为止只有另外两项关于微量营养元素的研究收集了多轮的后续数据(Jack et al., 2012; Soofi et al., 2013)。

尽管具备这些优势,本研究还是有一些局限性。首先,观察到的流失率相对较高,在研究过程中 28% 的样本婴幼儿流失了。然而,总体上,97% 的样本至少进行了一次随访,这与之前的研究相比很高。流失率在控制组和干预组基本相似(表 6-7),但是如果影响流失的机制不同,结果可能会受到影响。我们没有发现这方面的证据,也不相信本研究的结论会因为自然流失而失效。其次,我们无法获取除血红蛋白以外的生物学信息。更多的铁状态、炎症以及矿物质、维生素生物学信息应该纳入考虑。第三,在西部农村地区开展试点,结果可能不能被推广到其他地区。最后,虽然进行了以上推测,但我们不能明确地说为什么营养包在降低 1 岁以上婴幼儿贫血率方面无效。

表 6-7　营养包组和控制组流失率比较(N=1802)[1]

至少在一次随访中流失(1= 是，0= 否)[1]	差异(95% 置信区间)	P 值
营养包组 VS 控制组[3]	0.018(-0.026—0.063)	0.412
R 平方	0.03	
观测值	1802	

[1] 使用多元线性回归进行回归分析,调整县级固定效应。标准误在村级层面进行聚类。

总之,本研究结果表明营养包(使用中国计划实行项目中使用的配方)不能改善 18 月龄以上婴幼儿的贫血和认知发育。虽然贫血率会随着婴幼儿年龄增长快速下降,但在儿童 2 岁时贫血率仍然较高。这些结果表明政府可能要考虑提高营养包中允许的铁的含量。更令人担忧的是,2 岁婴幼儿的认知发育迟缓的比例很高。鉴于国家计划发放营养包不太可能解决婴幼儿高水平的认知发育迟缓比例,迫切需要有效的策略来促进中国农村地区婴幼儿的发展。如果没有有效的干预,很大一部分中国的婴幼儿将无法充分发挥他们的潜能。

第二节　"养育师入户指导"随机干预实验研究

在第一节我们了解了营养包干预对儿童早期发展的影响效果,研究发现这种干预有一定影响,但是效果有限。因此为了针对营养包项目面临的挑战,探索促进儿童早期发展的可行路径,项目组查阅了儿童早期发展的文献,并与儿童早期发展的专家进行了座谈,结合牙买加等国际项目的经验,决定从婴幼儿大脑的另一个元素——"养育"出发设计随机干预实验项目。本节将使用数据集二的基线和评估期数据介绍2014年通过"计划生育委员会"开展的"养育师入户指导项目"的研究结果,找到促进我国农村地区儿童早期发展的证据。

一、项目背景:计生专干角色的转变

政策制定者面临的一个实际挑战是如何大规模、经济高效地实施儿童早期发展项目(Araujo et al.,2015;Richter et al.,2017)。大规模实施儿童早期发展项目面临的挑战主要是需要依靠已有的基础条件,有效地向有需要的家庭提供服务,而其中又有许多家庭生活在城市中的低收入地区或者人口稀少的农村地区。通过建立一个新的基础设施来支持儿童早期发展项目的成本高昂,所以一些人建议将儿童早期发展项目整合到现有的公共服务基础条件中(Richter et al.,2017)。例如,包括世界银行、美洲开发银行、联合国和世界卫生组织在内的国际机构呼吁将幼儿发展纳入健康和营养计划(Black,Dewey,2014;Chan,2013),而这样的战略能否成功是一个未知的问题,比如,目前尚不清楚在其他领域工作、几乎没有或根本没有儿童早期教育背景的人员能否接受有效实施儿童早期发展项目的培训。此外,公共部门机构往往抵制新任务,尤其是当它们被认为与组织现有任务不一致时(Dixit,2002;Wilson,2019)。近年来,中国政府放松了计划生育政策,自2016年1月起,允许生育两个孩子,放宽独生子女政策,计生委已经开始将重点转移到包括儿童早期发展的其他领域(Wu et al.,2012)。通过计划生育委员会的基础设施来开展儿童早期发展项目是可行的,但也存在挑战。因此,即使干预本身是有效的,也不清楚干预能否通过计划生育委员会的基础设施有效地进行。本研究调查了是否有可能将以前负责执行独生子女政策的计划生育干部重新培训为有效的养育师。换言之,本节研究的主要目的在于,探究之前

主要负责人口数量,具有基本养育知识的计生专干能否有效提高人力资本质量。

计划生育委员会是中国负责实施人口和计划生育政策的机构。从 1980 年起,该机构的很大一部分任务是执行《人口与计划生育法》,这是一项由一系列管理家庭规模(Hesketh,2005;Hesketh,2015)的规定组成的政策。当时的政府认为,国家面临即将到来的婴儿潮,为了提高生活水平,必须控制人口(Hesketh et al.,2015)。中国独生子女政策的实施需要家庭和地方计生干部之间的密切互动,以确保避孕方法的普及,违法行为的监督,并实施处罚。尽管该政策的实施细节因地、因时而异,但在政策实施力度最强烈的阶段,家庭必须在怀孕前获得生育许可,并向当地的计生干部处进行生育登记。一旦家庭达到允许生育的孩子数量,计生干部经常鼓励或强制绝育(Greenhalgh,1986)。鉴于众多复杂的政策工具,以及需要与家庭进行密切互动,执行计划生育政策需要一个庞大的政府机构。截至 2005 年,计划生育委员会拥有 50 多万名行政人员和 120 多万名村级计生干部(人口计生委,2006)。2016 年,支持计划生育委员会活动的预算超过88.5 亿美元(人口计生委,2016)。

然而,经过近年来关于独生子女政策继续存在的必要性的争论,政府于 2015 年 10 月宣布,该政策将于 2016 年 1 月 1 日正式终止。该政策的终止也引发了对计划生育委员会未来角色的质疑(Sonmez,2015)。一些人认为,计生委未来合适的工作重点将包括儿童早期照护与教育,这属于该机构的技术范围(Wu,et al.,2014)。目前,提供这些服务的责任分散在多个实体机构中,这在实践中导致了服务提供方面的差距(Wu,et al.,2012)。然而,计划生育委员会能否有效地填补这一角色是一个悬而未决的问题。一方面,计划生育委员会拥有提供儿童早期服务的理想基础设施:一个运作良好的大型组织,在全国每个村庄和社区都有干部代表;相对受过良好教育的劳动力;以及维护每个家庭和孩子信息的能力。另一方面,计生干部可能很难接受再培训并有效地提供儿童早期发展服务。更重要的是,该机构的历史和声誉可能会限制其效力。尽管随着时间的推移,政策的执行有所放松,但该机构有时采取的严厉措施可能会使人们对计生部门产生持久的社会敌意,从而阻碍其有效提供儿童早期发展服务。此外,鉴于该机构负责其他任务,尚不清楚计生干部是否会为养育项目分配(或被指示分配)足够的精力,以使其有效实施。

二、样本特征,平衡性检验

表 6-8 显示了控制组和干预组的描述性统计和平衡性检验。在控制组和干预组之间,儿童个体特征和照养人特征不存在显著差异。对所有基线特征的联合显著性测试也证实了控制组和干预组之间是平衡的。如表 6-8 所示,通过对控制组和干预组所有基线特征进行回归处理来进行平衡性检验,并检验所有基线特征的联合系数为零。本次检验的 P 值为 0.564。干预村未干预儿童(即所谓"溢出组")的特征也与干预组和控制组儿童的特征相平衡。

表 6-8　样本儿童特征与平衡性检验

	(1) 控制组 (N= 296)	(2) 干预组 (N= 212)	(3) 溢出组 (N= 79)	(4) 控制组比干 预组的 P 值	(5) 控制组比溢 出组的 P 值	(6) 干预组比溢 出组的 P 值
儿童特征						
月龄	24.468 (0.199)	24.454 (0.220)	24.379 (0.328)	0.962	0.814	0.842
男孩	0.450 (0.030)	0.509 (0.036)	0.582 (0.047)	0.211	0.020	0.152
出生时体重较轻	0.041 (0.012)	0.038 (0.013)	0.051 (0.029)	0.874	0.749	0.697
第一胎	0.583 (0.032)	0.612 (0.040)	0.658 (0.056)	0.581	0.246	0.524
曾母乳喂养	0.846 (0.033)	0.871 (0.035)	0.872 (0.057)	0.597	0.690	0.989
母乳喂养超过 12 个月	0.346 (0.046)	0.387 (0.051)	0.333 (0.077)	0.545	0.891	0.557
贫血（血红蛋白浓 度＜110 g/L）	0.226 (0.033)	0.272 (0.044)	0.164 (0.048)	0.399	0.283	0.102
上个月生病天数	4.323 (0.335)	4.548 (0.373)	4.768 (0.835)	0.653	0.618	0.813
认知发育滞后（认 知＜80）	0.464 (0.036)	0.389 (0.033)	0.364 (0.078)	0.118	0.236	0.760
运动发育滞后（运 动＜80）	0.124 (0.023)	0.099 (0.023)	0.127 (0.055)	0.459	0.950	0.642
社交情绪滞后（社 交情绪得分＞60）	0.251 (0.026)	0.284 (0.032)	0.321 (0.054)	0.421	0.238	0.580
家庭特征						
接受低保	0.280 (0.033)	0.250 (0.032)	0.291 (0.057)	0.519	0.865	0.504
母亲在家	0.682 (0.039)	0.621 (0.045)	0.661 (0.061)	0.305	0.771	0.589

	(1) 控制组 (N= 296)	(2) 干预组 (N= 212)	(3) 溢出组 (N= 79)	(4) 控制组比干 预组的 P 值	(5) 控制组比溢 出组的 P 值	(6) 干预组比溢 出组的 P 值
家庭特征						
照养人受过 9 年以 上教育	0.724 (0.026)	0.739 (0.035)	0.782 (0.042)	0.716	0.239	0.339
对计生部门的负面 看法	3.676 (0.091)	3.649 (0.091)	3.745 (0.159)	0.838	0.701	0.596
养育投入						
昨天给孩子讲故事	0.114 (0.020)	0.114 (0.024)	0.089 (0.038)	0.997	0.567	0.593
昨天给孩子读书	0.046 (0.013)	0.043 (0.014)	0.018 (0.018)	0.893	0.214	0.288
昨天给孩子唱歌	0.367 (0.030)	0.351 (0.038)	0.464 (0.084)	0.731	0.273	0.182
养育投入						
昨天和孩子一起玩	0.333 (0.028)	0.336 (0.033)	0.375 (0.062)	0.942	0.537	0.583
家中书籍的数量	1.597 (0.236)	1.891 (0.290)	2.304 (0.644)	0.432	0.300	0.548

注：P 值考虑了村的层面的聚类。

在项目开始时，样本儿童的平均年龄刚刚超过 24 个月，不到 5％的儿童出生时体重过轻。大部分儿童都是家里的第一个孩子（60％），超过 80％的儿童曾经接受过母乳喂养，约 35％的儿童接受母乳喂养超过一年。根据世卫组织定义的血红蛋白 110 克/升的标准，超过 20％的样本儿童患有贫血。在过去的一个月里，通过询问照养人孩子在过去一个月是否有发烧、咳嗽、腹泻、消化不良或呼吸道感染，了解到样本儿童平均生病四天。

在基线时，大约 40％的样本存在认知发展滞后风险（贝利测试的认知得分低于 80 分），但很少部分婴幼儿（10％）在运动发育方面存在滞后风险。大约 30％的儿童在基线时存在社交情绪滞后的风险。本研究还收集了照养人和家庭的信息。大约 26％的样本通过低保获得社会保障，仅在 60％的家庭中，母亲是主要照养人，当母亲外出到大城市打工时，通常由祖母来抚养孩子。数据表明，样本中略高于 70％的主要照养人（母亲或祖母）至少接受过九年的正规教育。平均而言，家庭在基线时对计生部门及计生干部的态度有些冷漠[1]。表 6-8 还显示了基线时的养育投

---

① 要求照养人对当地计生干部进行 5 级评分（1 非常喜欢；2 喜欢；既不喜欢也不讨厌；4 不喜欢；5 非常不喜欢）。

入,即照养人很少与孩子进行刺激性活动,只有 11% 的照养人在前一天会给孩子讲故事,不到 5% 的人会给孩子读一本书(平均每个家庭只有 1.6 本书),只有大约三分之一的照养人前一天和孩子一起玩耍或唱歌。

2014 年 11 月至 2015 年 5 月的总流失率低于 1%,且与干预的相关性不显著。对于开展了贝利基线测量的儿童,将流失率定义为在基线时具有贝利测试结果的儿童,在终期缺失贝利或格里菲斯测试结果(取决于年龄)。

三、养育干预对儿童早期发展的影响

(一)估计主模型

由于家庭是随机分配到干预组和控制组,对不同干预组的结果变量平均值进行比较,可以得到养育干预对结果的影响的无偏估计。而为了增加统计功率(并解释分层随机化过程),根据随机化分层(Bruhn & McKenzie,2009)和结果变量的基线值来调整估计。

本研究使用 OLS 回归分析方法来估计养育干预的意向干预效果(Intention-to-Treat,ITT),基本模型如下:

$$Y_{ijt} = \alpha_1 + \beta_1 T_{jt} + \gamma_1 Y_{ij(t-1)} + \tau_s + \epsilon_{ij}$$

其中,Y_{ijt} 是儿童早期发展的结果变量,i 代表儿童,j 代表村,T_{jt} 是一个虚拟变量,代表 j 村的随机分配情况,$Y_{ij(t-1)}$ 是儿童 i 在基线时结果变量的值,τ_s 代表分层固定效应。

(二)养育干预对婴幼儿发展的平均干预效果

对两个年龄组进行汇总,在基线时,干预村和控制组的婴幼儿技能分布存在重叠,经 K-S 检验,两者分布相似(P 值为 0.828)。评估调查中,干预组婴幼儿的发展分布向右偏移。经 K-S 检验,干预组和控制组之间存在显著差异,P 值为 0.029。

表 6-9 显示了对婴幼儿发展的平均干预效果。总体来看,通过养育干预使婴幼儿发展平均提高了 0.259 个标准差。通过对较低年龄组的认知发展指数和对较高年龄组的格里菲斯量表的个人—社会评估量表的测量,表明养育干预显著提高了认知技能。为期 6 个月的持续干预使得较低年龄组的认知发展显著增加了 0.292 个标准差,较高年龄组增加了 0.280 个标准差。干预对儿童的运动发展和社交情绪发展没有产生显著影响。这些结果与阿塔纳西奥(Attanasio)等的发现相似,在哥伦比亚的家庭养育干预使认知发展增加了 0.26 个标准差,但对运动发育方面没有显著改善(Attanasio,2014)。两个项目的干预效果大小相似,而哥伦比亚的研究持续了超过一年的时间(总共 18 个月),并招募了更小的儿童(12—24 个月)。本研究用同样的方法估计了溢出效应,结果见表 6-10。

表6-9 养育干预对婴幼儿发展的干预效果

	干预效果			
	点估计	标准误	P值	调整的P值
年龄组1:在后续调查中月龄低于30月龄的儿童(N=226)				
贝利:认知发育指数	0.292**	(0.119)	{0.016}	{0.035}
贝利:运动发育指数	−0.024	(0.120)	{0.844}	{0.995}
年龄与发育进程问卷:社交情绪	−0.010	(0.135)	{0.943}	{0.995}
年龄组2:在后续调查中月龄高于30月龄的儿童(N=277)				
格里菲斯:表现能力	0.280**	(0.112)	{0.014}	{0.026}
格里菲斯:个人社交能力	0.292**	(0.116)	{0.013}	{0.026}
格里菲斯:运动能力	−0.018	(0.121)	{0.281}	{0.465}
格里菲斯:手眼协调能力	0.136	(0.126)	{0.281}	{0.465}
年龄与发育进程问卷:社交情绪	0.118	(0.120)	{0.328}	{0.904}
婴幼儿发展因子(N=503)	0.259***	(0.081)	{0.002}	

注:在所有回归中,控制了分层固定效应(县的固定效应)、之前的营养分配状况和基线发展结果。在总体回归中,额外控制年龄组固定效应。所有的发展结果都是对每个月龄组进行非参数标准化的。由于要对两个年龄组的婴幼儿技能进行可比测量,格里菲斯语言子量表在对较高年龄组的分析中被省略,因为接受和表达语言技能没有被贝利量表明确测试。研究发现对格里菲斯语言子量表有正向但不显著的干预效果(点估计值0.023,标准误0.107)。所有的标准误都在村的层面聚类。调整后的P值使用降维方法来控制。基于调整后的P值的显著性水平:* $p<0.1$;** $p<0.05$;*** $p<0.01$。

表6-10 对干预村的非干预儿童婴幼儿发展、养育技能和养育投入的平均干预效果

	干预效果	
	点估计	标准误
婴幼儿发展因子(N=369)	0.119	(0.107)
养育技能因子(N=319)	−0.055	(0.150)
养育投入因子(N=319)	−0.045	(0.154)

注:在所有回归中,控制了分层固定效应(县的固定效应)、年龄组的固定效应、之前的营养分配状况和基线发展结果。

四、养育干预对儿童早期发展的机制分析及其依从率分析

(一)养育干预对养育技能和养育投入的影响

为了探究养育干预可能影响婴幼儿发展的机制,采用形成儿童早期发展的广义生产函数,模型如下:

$$\theta_{t+1} = f_{t+1}(\theta_t, I_{t+1}^T, I_{t+1}^P, P_{t+1}, X_t) \# (1)$$

其中,θ_t 和 θ_{t+1} 分别代表基线和评估调查时婴幼儿发展的向量,I_{t+1}^T 是来自干预的直接投入(即每周家访时与孩子在一起的时间),I_{t+1}^P 指的是干预期间的养育投入,P_{t+1} 是干预期间的养育技能,X_t 是代表家庭特征的向量。

生产函数表明了干预影响婴幼儿发展的可能机制。首先,干预可以通过每周与养育师的互动(来自干预本身的投入,I_{t+1}^T)对婴幼儿发展产生直接影响。除此之外,干预可以通过影响养育投入或通过增加养育技能对婴幼儿发展产生间接影响。虽然干预的目的是提高婴幼儿照养人互动的数量和质量,但无法确定父母是否会花更多的时间与孩子在一起。如果父母将干预视为一种实物转移,从而重新优化家庭资源的配置,则养育投入可能会被挤出。

本研究可以利用收集的数据对四种机制中的两种进行因果效应的估计,即干预对养育投入和养育技能的影响。假设测量误差足够小,那么对养育投入没有干预效果就表明养育干预的效应机制主要是通过干预的直接影响造成的。与此同时,干预养育投入和养育技能这两个指标的影响并不排除它们是可能的影响渠道。

图 6-3 显示了在基线和后续调查中控制组和干预组潜在的养育投入因子和潜在的养育技能因子的核密度估计值。在基线时,养育投入和养育技能因子在控制组和干预组的分布没有显著差异(K-S检验的 P 值分别为 0.973 和 0.889)。在评估调查中,发现养育投入因子在干预组的分布发生极大的右移。K-S检验也证明干预村和控制村的养育投入因子存在显著差异,即 P 值<0.001。而干预组在养育技能因子的分布上有一个相对温和的转变,但这一变化依然是显著的(P 值=0.003),这也说明了,干预组的照养人在整体分布中,养育技能得到了提升。

表 6-11 显示了对养育技能和养育投入的平均干预效果。研究发现,干预显著提高了养育技能,干预组的照养人的养育技能总体提高了 0.323 个标准差。就个体而言,受到干预的家庭照养人更相信阅读对儿童发展的重要性,并对自己为孩子阅读的能力更有信心。还有一些证据表明,干预组的父母对他们照顾孩子的能力更有信心(不那么紧张)。同时,干预对父母认为游戏对儿童发展的重要性以及他们与子女的沟通技能没有显著影响。

研究还表明了干预对养育投入产生了很大影响,在干预组,养育投入总体增加了 0.825 个标准差。养育干预增加了照养人与孩子一起积极参与适龄发展活动(如阅读和唱歌)的时间。此

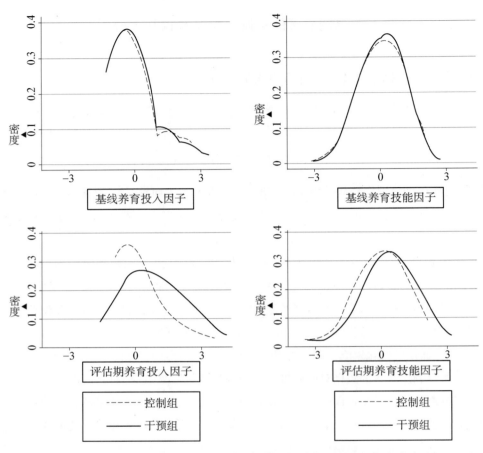

图 6-3 养育投入和养育技能的巴特利特(Bartlett)因子得分的概率密度函数

外,本研究发现,在项目结束时,接受干预的家庭比控制组家庭明显拥有更多的儿童书籍。没有证据表明养育干预会导致养育投入被挤出,因为在干预组家庭中的孩子没有明显花更多的时间看电视或自己玩。

表 6-11　对养育技能与养育投入的干预效果

	干预效果			
	点估计	标准误	P 值	调整的 P 值
后续调查中的养育技能(N=475)				
父母感到有责任帮助孩子理解世界	0.074	(0.079)	{0.348}	{0.751}
父母知道如何和孩子一起玩	0.062	(0.089)	{0.478}	{0.703}

	干预效果			
	点估计	标准误	P 值	调整的 P 值
后续调查中的养育技能（N＝475）				
父母知道如何给孩子讲故事	0.304***	(0.087)	{0.001}	{0.002}
父母知道和孩子一起玩的重要性	0.058	(0.092)	{0.528}	{0.703}
父母知道给孩子讲故事的重要性	0.304***	(0.088)	{0.001}	{0.002}
父母和孩子交流有困难	0.053	(0.099)	{0.592}	{0.751}
父母在照顾孩子时感到紧张	−0.144	(0.091)	{0.117}	{0.389}
养育技能因子	0.323***	(0.091)	{0.001}	
后续调查中的养育投入（N＝475）				
家中儿童书籍的数量	0.291***	(0.091)	{0.002}	{0.001}
每周给孩子读书的次数	0.897***	(0.116)	{<0.001}	{0.001}
每周给孩子唱歌的次数	0.362***	(0.085)	{<0.001}	{0.001}
每周带孩子出去的次数	−0.042	(0.094)	{0.658}	{0.951}
孩子每天看电视的时长（小时）	0.048	(0.244)	{0.844}	{0.991}
孩子每天自己玩的时长（小时）	0.125	(0.108)	{0.249}	{0.848}
养育投入因子	0.825***	(0.107)	{<0.001}	

注：在所有回归中，控制了分层固定效应（县的固定效应）、之前的营养分配状况和基线发展结果。在总体回归中，额外控制年龄组固定效应。所有结果都按照控制组的分布进行标准化。对养育技能采用 7 分李克特量进行测量，对每周家庭阅读、唱歌或带着孩子外出的次数采用 4 分李克特量表来测量。所有的标准误都集中在村一级。调整后的 P 值使用降维方法来控制。* $p<0.1$；** $p<0.05$；*** $p<0.01$

总的来说，通过干预，父母在养育子女方面投入了更的努力，并获得了一些更好的养育技能。这也说明了，促成干预效果的一个重要机制是父母养育行为的改变，而这不仅是养育干预的目标，也与阿塔纳西奥等人（2020）的研究结果相一致。

（二）依从性与剂量反应估计

根据养育师的报告，在研究过程中，每个家庭平均完成 16.4 次家访（总计划为 24 次）。为了评估不完全依从的原因，将报告的家访次数与儿童特征、家庭特征、养育师特征和该村到最近的计生办的距离进行回归，估计的相关系数如表 6-12 所示。

表 6-12　依从性的决定因素

	(1)	(2)	(3)	(4)	(5)
	家访次数	家访次数	家访次数	家访次数	家访次数
男孩	1.599*	1.965**	1.935**	1.849**	1.398*
	(0.823)	(0.849)	(0.841)	(0.853)	(0.831)
月龄	−0.083	−0.040	−0.038	0.005	−0.038
	(0.118)	(0.115)	(0.116)	(0.123)	(0.100)
认知发育滞后(认知<80)	−1.541*	−1.691**	−1.526*	−1.548*	−1.181
	(0.851)	(0.840)	(0.834)	(0.827)	(0.746)
运动发育滞后(运动<80)	−1.130	−1.573	−1.897*	−1.714	−0.556
	(1.201)	(1.089)	(1.072)	(1.113)	(1.026)
社交情绪滞后(社交情绪>60)	0.110	0.663	0.930	0.662	0.946
	(0.972)	(0.837)	(0.842)	(0.853)	(0.844)
生病天数	0.085	0.037	0.045	0.030	−0.045
	(0.132)	(0.131)	(0.130)	(0.129)	(0.126)
母亲在家超过2年		0.652	0.596	0.911	0.741
		(1.067)	(1.021)	(0.984)	(0.865)
母亲受教育超过9年		1.136	0.973	1.048	0.534
		(0.961)	(0.926)	(0.886)	(0.974)
家庭接受低保		−1.582	−1.916*	−1.821*	−1.412
		(0.999)	(0.985)	(1.036)	(1.069)
到计生办的距离		−0.326***	−0.331***	−0.339***	−0.334***
		(0.116)	(0.115)	(0.118)	(0.115)
对计生部门的负面看法			−1.467***	−1.562***	−1.839***
			(0.518)	(0.528)	(0.506)
养育师是男性				−1.214	−1.216
				(1.400)	(1.374)
养育师作为计生干部的工作经验				0.144	0.146
				(0.110)	(0.113)
养育师有本科学历				0.045	−0.490
				(1.417)	(1.107)
县的固定效应	否	否	否	否	是
样本量	211	211	211	211	211
R平方	0.04	0.13	0.16	0.18	0.26

　　注：对计生部门的负面看法采用5分李克特量表测量。养育师的工作经验以其作为计生干部的工作年限衡量。所有标准误均在村的层面聚类。

　　* $p<0.1$；** $p<0.05$；*** $p<0.01$

依从性与以下 4 个因素有着最强的相关性:儿童是否为男孩,干预开始时是否出现认知滞后,村到计生办的距离,以及照养人对计生部门的看法。平均而言,男孩接受的家访次数略多一些,与干预开始时正常发育的儿童相比,存在认知发育滞后风险的儿童(认知<80)平均多接受一到两次家访。离计生办较远的家庭通常也较少接受家访。这可能是由于服务提供方造成的不依从,因为养育师较少选择偏远家庭进行家访,或者反映了与偏远相关的家庭特征。然而,在样本中,观察到的家庭特征与距离的相关性较弱(表 6-13),这表明与距离的负相关更有可能是服务提供方的推诿造成的。

当所有变量都被纳入回归时,与依从性相关的最重要的因素是家庭在基线时是否对计生部门持不利看法。对计生部门持更负面看法的家庭完成的家访次数显著更少。然而,如表 6-14 所示,项目本身对公众对计生部门的看法产生了显著的正面影响,因此,如果在未来实施该项目,这一因素造成的实施障碍可能会减少。在养育干预结束时,干预对家庭对计生部门的负面看法平均干预效果为 -0.332,在 5% 的水平上显著。

表6-13 依从性的决定因素

	(1)	(2)	(3)	(4)
	到计生办的距离	到计生办的距离	对计生部门的负面看法	对计生部门的负面看法
男孩	0.784 (0.583)	0.757 (0.546)	-0.024 (0.109)	-0.043 (0.107)
月龄	0.171* (0.100)	0.149 (0.103)	0.004 (0.017)	0.003 (0.017)
认知发育滞后(认知<80)	-0.346 (0.728)	-0.289 (0.631)	0.112 (0.112)	0.128 (0.118)
运动发育滞后(运动<80)	-1.201 (1.020)	-1.295 (1.042)	-0.210 (0.140)	-0.146 (0.136)
社交情绪滞后(社交情绪>60)	0.781 (0.822)	1.069 (0.859)	0.158 (0.134)	0.136 (0.127)
生病天数	-0.121 (0.087)	-0.078 (0.090)	0.004 (0.013)	-0.004 (0.015)
母亲在家超过2年	0.956 (0.879)	0.411 (0.823)	-0.019 (0.107)	0.023 (0.097)
母亲受教育超过9年	0.630 (0.814)	1.080 (0.814)	-0.113 (0.123)	-0.167 (0.120)
家庭接受低保	0.000 (0.779)	0.232 (0.754)	-0.216** (0.095)	-0.211** (0.102)

	(1)	(2)	(3)	(4)
	到计生办的距离	到计生办的距离	对计生部门的负面看法	对计生部门的负面看法
养育师是男性	−2.046	−1.997	−0.075	−0.088
	(1.316)	(1.298)	(0.131)	(0.126)
养育师作为计生干部的工作经验	−0.084	−0.124	0.009	0.014
	(0.083)	(0.087)	(0.007)	(0.008)
养育师有本科学历	−2.480**	−3.074***	0.104	0.133
	(1.028)	(1.037)	(0.131)	(0.129)
县的固定效应	否	是	否	否
样本量	211	211	211	211
R 平方	0.04	0.13	0.16	0.18

注：标准误在村的层面聚类。* $p < 0.1$；** $p < 0.05$；*** $p < 0.01$

表 6-14 对计生部门的负面看法的平均干预效果

	(1)
	对计生部门的负面看法
干预	−0.332**
样本量	512
R 平方	0.06
控制组均值	3.80

注：控制了分层固定效应（县的固定效应）、年龄分组的固定效应和之前的营养分配状况。对计生部门的看法采用 6 分李克特量表来测量。标准误在村的层面聚类，并在括号中报告。* $p < 0.1$；** $p < 0.05$；*** $p < 0.01$

考虑到不完全依从性，对完成的家访次数与主要研究结果（婴幼儿发展、养育技能和养育投入）之间的关系进行了估计。由于对养育项目的依从性是一个选择变量，最初的随机化并不排除干预强度上的选择性偏误。因此，在估计时，需要控制引起选择性偏误的潜在混杂变量来源。一般来说在文献中，这是通过分析干预分配的依从性来实现的，但其中隐含的假设是次数—反应函数与家庭访问次数是线性的。当放宽这一假设，允许出现凹关系。具体来讲，使用控制函数法，首先假设线性关系，然后通过为完成的家访次数添加平方项来允许凹关系。控制函数法依赖于类似于两阶段最小二乘（2SLS）的识别条件，并与线性模型中的 2SLS 相吻合（Wooldridge，2015），在合理的假设下，关系的识别需要相关的工具变量且与从生产和投资函数具有排他性。对于每个感兴趣的结果变量，研究了家访次数与干预分配，和村到计生办之间的距离，以及这两个变量的交互项之间的关系。这里隐含的假设是，干预强度与家庭到计生办的距离有关，但在干预强度的条件下,距离不影响婴幼儿发展的积累过程,也不影响养育投入决策。使用 OLS 方法进行估计,对 3 个主要结果变量的第一阶段模型如下:

$$V_{ijt} = \alpha_1 + \beta_1 T_{jt} + \beta_2 T_{jt} \times D_{jt} + \beta_3 D_{jt} + \gamma_1 Y_{ij(t-1)} + \tau_s + \xi_{ij}$$

其中,V_{ijt} 是在评估调查中 j 村的儿童 i 完成家访的次数;T_{jt} 是村 j 干预分配的情况的虚拟变量;D_{jt} 是 j 村到乡镇计生办的距离;$Y_{ij(t-1)}$ 是儿童 i 在基线时结果变量的值;τ_s 代表分层固定效应。然后,利用估计的残差 $\hat{\xi}_{ij}$,对三个主要结果进行第二阶段的估计:

$$Y_{ijt} = \alpha_2 + \beta_4 V_{ijt} + \beta_5 \hat{\xi}_{ij} + \gamma_2 Y_{ij(t-1)} + \tau_s + \eta_{ij}$$

$$Y_{ijt} = \alpha_3 + \beta_6 V_{ijt} + \beta_7 V_{ijt}^2 + \beta_8 \hat{\xi}_{ij} + \beta_9 \hat{\xi}_{ij}^2 + \gamma_2 Y_{ij(t-1)} + \tau_s + \upsilon_{ij}$$

其中,Y_{ijt} 是评估调查中儿童的结果变量的值,i 代表儿童,j 代表村;$Y_{ij(t-1)}$ 是儿童 i 在基线时结果变量的值;V_{ijt} 是在后续调查中 j 村的儿童 i 完成家访的次数,V_{ijt}^2 是完成家访次数的平方项;$\hat{\xi}_{ij}$ 是第一阶段估计的残差,$\hat{\xi}_{ij}^2$ 是残差的平方项;τ_s 代表分层固定效应。

表 6-15 显示了剂量反应关系的控制函数估计。在第(1)、(3)、(5)列中,假设完成的家访次数与潜在的婴幼儿发展、养育技能和养育投入因子之间存在线性关系。研究估计,每一次家访的完成都能使婴幼儿发展增加 0.014 个标准差,养育技能增加 0.019 个标准差,养育投入增加 0.049 个标准差。考虑到非线性关系的第(2)、(4)、(6)列的结果并不表明这些关系是凹的。假设在线性关系下,家访次数达到 24 次,在完全依从的情况下,婴幼儿技能将提高 0.312 个标准差,养育技能将提高 0.456 个标准差,养育投入将提高 1.176 个标准差。

表 6-15 剂量反应关系

	(1)	(2)	(3)	(4)	(5)	(6)
	婴幼儿发展	婴幼儿发展	养育技能	养育技能	养育投入	养育投入
家访次数	0.014***	0.052	0.019***	0.056	0.049***	0.073
	(0.005)	(0.037)	(0.005)	(0.047)	(0.006)	(0.055)
家访次数的平方项	·	−0.002		−0.002		−0.002
		(0.002)		(0.003)		(0.003)
样本量	503	503	475	475	475	475
R 平方	0.22	0.22	0.08	0.09	0.25	0.25

注:第(1)、(3)、(5)列是假设 1 次家访与 24 次家访与结果变量存在线性关系的条件下,完成 1 次家访对相关结果变量影响的估计。第(2)、(4)、(6)列是在非线性关系的假设下,完成 1 次家访的平均干预效果的控制函数估计量。控制函数估计中使用的残差来自于对家访次数、干预分配情况、到计生办的距离及距离与干预分配的交互项的回归。工具变量的显著性检验 P 值<0.001。在所有回归中,控制了基线潜在因子、分层固定效应(县的固定效应)、年龄分组的固定效应和之前的营养分配状况。标准误在村的层面聚类。

    * p<0.1;** p<0.05;*** p<0.01

五、养育干预对婴幼儿发展的异质性分析

形成儿童早期发展的生产函数(方程1)表明,养育项目干预效果的异质性可能来自许多方面。如初始技能的不同,以及影响家访参与和效果的家庭和社区特征的不同,或照养人对家访的反应,不同儿童的干预效果可能不同。异质性来源的多样性带来了经验上的挑战,正如大多数随机干预实验一样,增加样本量,使其足够大并在大量的维度上检验异质性,会产生极其高昂的成本。虽然可以事先限制接受测试的数量,但这种方法会增加遗漏重要异质性来源的可能性(Almås et al.,2018)。

本研究使用了机器学习方法来分析异质性处理效果。具体来说,首先使用阿西(Athey)等人(2019)开发的广义随机森林(generalized random forests,GRF)方法来预测干预效果具有显著异质性的子群体,并将这些预测作为更传统的异质性分析的指标。这种方法可以降低过度拒绝的概率,使重要的异质性来源被忽略的概率降到最低。

利用GRF方法预测异质性影响。异质性分析第一步是评估在基线收集的哪些可观察的特征能够预测养育项目带来的干预效果的差异。将回归树和随机森林算法从一般预测工具扩展为一种算法,可以估计不同子群体的条件平均干预效果(Conditional Average Treatment Effect,CATE)(Athey,Imbens,2016;Wager,Athey,2018),阿西等人(2019)介绍了GRF算法,该算法得出的估计值具有一致性,并产生服从渐近正态分布的方差,增强进行推断的可能性。为了在GRF算法中实现统计推断,阿西等人使用了"诚实树"。诚实树将训练数据分成两个独立的子样本:一个用于执行拆分(生成树),另一个用于进行预测。然后,将估计数据中的观察值直接应用于树的"终端节点"(叶子),并通过比较每个终端节点内的干预和对照观察值来估计治疗效果(Athey,2019)。这一过程产生了一致且渐近正态的估计。GRF保留了传统随机森林的典型结构,但它不是通过取平均的方法汇总森林中所有的树木,而是估计一个权函数并使用这些权函数来求解局部矩方程。本研究使用GRF算法建立一个因果随机森林来估计CATE:

$$\tau(X) = E[Y(T=1) - Y(T=0) \mid X = x]$$

其中,Y代表结果变量,T代表干预分配,假设干预在可观测的协变量X的条件下独立于不可观测变量。由于样本相对较小,随机森林方法在较大的样本中表现更好(Davis,Heller,2017),所以使用GRF算法构建因果随机森林作为预回归分析,借用韦杰斯(Wager)和阿西(Wager & Athey,2018)的注释,简要描述预测问题如下。GRF算法以b树的平均值进行预测,如下所示:(1)对于每个b=1,…,B,抽取一个子样本$S_b \subseteq \{1, …, n\}$;(2)通过递归分区在每个这样的数据子样本上生长一棵树;(3)进行预测:$\hat{\tau}(x) = \dfrac{1}{B} \sum_{b=1}^{B} \sum_{n=1}^{n} \dfrac{Y_i 1(\{X_i \in L_b, i \in S_b\})}{|\{i : X_i \in L_b, i \in S_b\}|}$ 其

中 $L_b(x)$ 表示包含训练样本 x 的第 b 棵树的叶子。这与卡特(Carter)等人(2019)使用的策略一致。对于 GRF 算法的技术解释,参考阿西等人(2019),对于 GRF 算法在政策影响评估中的应用,参考戴维斯和海勒(Davis & Heller, 2017)以及卡特等人(2019)的研究。本研究选取了 12 个基线特征(如表 6-16 所示),在对选定的特征通过 GRF 算法进行计算后,进一步研究这些特征中哪些在预测干预的异质性方面相对更重要。

表 6-16　GRF 分析中使用的基线特征(按变量重要性排序)

基线特征	变量重要性
养育投入	27.16%
婴幼儿发展	16.73%
到计生办的距离	12.51%
生病天数	11.27%
养育技能	9.65%
家庭财产	7.75%
母亲在家	7.31%
照养人受过 9 年以上教育	2.43%
男孩	1.78%
对县级计生部门的负面看法	1.33%
家庭接受低保	1.07%
对村级计生部门的负面看法	1.02%

注:变量重要性是指在 GRF 算法中,每个可观察基线特征被用作分裂变量的频率。

在分析某些子群体是否从养育干预中获益更多或更少之前,有必要检查在项目完成时,样本中观察到的对婴幼儿发展干预的异质性影响的大小。如图 6-4 所显示的袋外条件平均干预效果(out-of-bag CATEs),在袋外预测的情况下,估计的 CATEs 只考虑观察不被用作训练集的一部分的树:$i \notin S_b$,儿童对家访干预的反应有很大差异,估计的婴幼儿发展的干预强度在 0.07 到 0.45 个标准差之间。估计的袋外平均干预效果的累积分布如图 6-5 所示,位于分布下四分位的儿童在终期时的婴幼儿的发展提升了 0.07 到 0.14 个标准差,而上四分位的儿童在终期时婴幼儿发展提升了 0.34 到 0.45 个标准差。韦杰斯和阿西(2018)提出了一种更正式地分析异质性的简单方法,该方法根据他们的袋外平均干预效果的估计值是否高于或低于中位平均干预效果的估计值来进行分组,而不是分别估计这两个子群体的平均干预效果。数据表明,两组婴幼儿发展的估计差异相对较大,为 0.334 个标准差,并在统计意义上显著(P=0.047)。因此,表 6-10 所示的 0.23 个标准差的平均干预效果掩盖了干预组内不同特征儿童干预效果的显著差异。

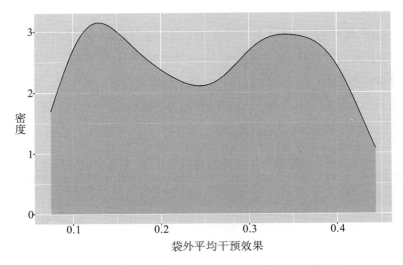

图 6 - 4　基于 GRF 算法的袋外 CATEs 的核密度函数

　　为了探索哪些特定的子群体在评估期时从干预中受益更多,首先考虑由 GRF 算法计算的变量重要性,如表 6 - 16 所示,这一指标反映了每个可观测的特征在森林中的重要性比例。比例越高,该变量在预测干预的异质性方面就越好。研究发现,到目前为止,父母在基线测量的养育投入是干预效果异质性的最佳预测因子。异质性的其他预测因子是基线时婴幼儿技能和到计生办的距离。图 6 - 5 中绘制了根据这三个特征(散点图中平滑条件平均函数周围的阴影区域是平滑

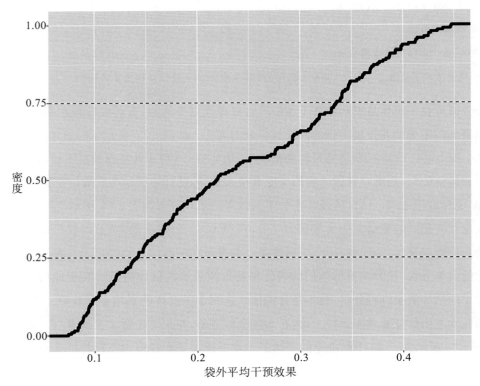

图 6 - 5　基于 GRF 算法的婴幼儿技能的袋外 CATEs 的累积分布函数

函数的置信区间,并不代表基于 GRF 算法预测方差的置信区间。因此,这不是因果推断的信息,而是可视化 GRF 算法的估计)。基于 GRF 算法的袋外平均 CATEs 的估计量,且前两个散点图呈现出一种清晰的模式。总的来说,在干预开始时处于不利地位的婴幼儿估计值较高。证据表明,较高的干预影响与基线时较低的养育投入和基线时较低的婴幼儿发展有关。家庭到计生办的距离也是影响异质性的一个重要预测因子,但散点图中,估计的袋外 CATEs 与家庭到计生办之间的距离之间的关系不清晰。

基于 GRF 的异质性分析。为了测试养育项目是否对在干预开始时处于相对劣势或生活在远离计生办的家庭的儿童更有效,本研究定义了三个虚拟变量,表明初始养育投入、婴幼儿发展和距离方面的相对劣势,用以确定儿童的该特征是否低于基线分布中的某个阈值。而阈值是根据 GRF 分析得出的在每个变量的基线分布上的袋外 CATEs。图 6-6 的散点图显示了对于基线的养育投入和距离,干预效果异质性的非线性关系,特别是在较低的样本尾部,CATEs 急剧下降。

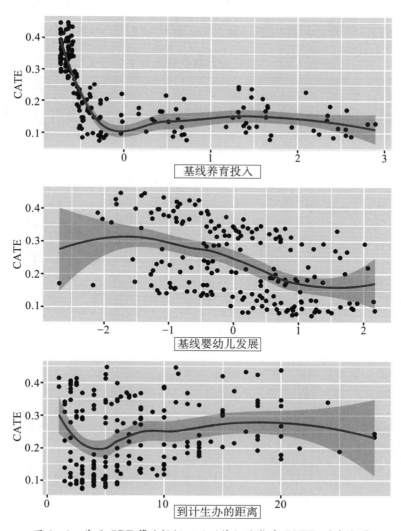

图 6-6　基于 GRF 算法根据可观测特征的袋外 CATEs 的散点图

因此，本研究为第一个四分位数定义了一个指标，采用这些新的指标，使用 OLS 方法根据以下协方差分析模型估计养育干预的 ITT 效应：

$$Y_{ijt} = \alpha_1 + \beta_1 T_{jt} + \beta_2 T_{jt} Q_{ij(t-1)} + \beta_3 Q_{ij(t-1)} + \tau_s + \epsilon_{ij}$$

其中，Y_{ijt} 是后续调查中儿童的结果变量，i 代表儿童，j 代表村；T_{jt} 是村 j 干预分配的虚拟变量；$Q_{ij(t-1)}$ 是利用感兴趣的基线特征定义的相关指标；$T_{jt}Q_{ij(t-1)}$ 是干预分配与基线特征指标的交互项；τ_s 代表分层固定效应。

表 6-17 显示了异质性分析的结果，在项目开始前，养育投入水平较低的儿童的干预效果显著较高（第 1 列）。干预前养育投入分布位于最低四分位的儿童的技能平均比基线时养育投入位于较高三个四分位的儿童高 0.456 个标准差。同时，基线技能较低的儿童从该项目中受益显著更多（第 2 列）。干预开始时，婴幼儿发展低于中位数的儿童的平均干预效果比高于中位数的儿童高 0.340 个标准差。最后，数据表明在到计生办距离没有显著差异（第 3 列）。总体来看，结果表明，养育干预是渐进的，因为它对那些认知能力滞后、养育投入基线水平较低[①]的家庭的儿童最有效。

表 6-17　对认知发展的异质性干预效果

	(1)	(2)	(3)
	婴幼儿发展	婴幼儿发展	婴幼儿发展
干预	0.072	0.065	0.259***
	(0.104)	(0.096)	(0.096)
养育投入的第一个四分位数与干预的交互项	0.456*		
	(0.238)		
养育投入的第一个四分位数	−0.398*		
	(0.206)		
低于婴幼儿发展的中位数与干预的交互项		0.340**	
		(0.153)	
低于婴幼儿发展的中位数		−0.725***	
		(0.108)	
到计生办距离的第一个四分位数与干预的交互项			−0.157
			(0.196)
到计生办距离的第一个四分位数			−0.011
			(0.144)
样本量	473	508	508
R 平方	0.07	0.13	0.05

注：在所有回归中，控制了分层固定效应（县的固定效应）和年龄组固定效应。所有的发展结果都是对每个月龄组进行非参数标准化的。所有标准误均在村的层面聚类。

* p<0.1；** p<0.05；*** p<0.01

[①] 主要的异质性分析没有包括按照养育师的特征分析的结果，因为这些特征仅适用于干预组。

六、结论与讨论

本节通过分析计划生育干部实施的入户干预的随机干预实验结果,研究发现,该项目显著提高了 6 个月后儿童的认知技能,对运动发育或社交情绪发展结果没有显著影响。该项目还对养育投入产生了相应的积极影响,并使养育技能显著提高。在干预开始时,认知能力滞后且养育投入较少的儿童从该项目中受益最多。尽管该项目的依从率相对没有那么高,但依然产生了这些效果,项目的依从率不高主要是由于服务供应方的执行问题和受益家庭对计生部门的负面看法共同造成的。然而,该项目本身对公众对计生部门的看法产生了积极影响,这表明随着项目的实施,公众的认知可能会成为一个不太重要的障碍,所以提升服务供应方执行的合规性会对项目有效性的提高产生最大影响。可以通过加强监督或将计生干部的工资与家访完成量挂钩等措施提升执行的效果,但与此同时,增加计生干部在养育项目上的努力可能会减少其在其他任务上的努力,因此应考虑到这一潜在成本。本节的研究面临一些局限性。首先,这项研究发生在中国西北部的一个经济相对欠发达的农村地区,结果可能在其他地区和环境中有所不同。虽然不具有全国代表性,但实验选择的样本反映了对于经济相对欠发达且居住人口都是汉族的农村的地区代表性,而这些地方可能会成为项目针对的目标。其次,实验开始时,儿童已经超过 18 个月大。如果儿童在更早的年龄被纳入或者干预的时间更长,影响可能会更大。最后,本研究是在干预结束时的一个时间点估计干预效果,而对研究中的儿童进行更长期的追踪是有必要的,以确定从干预中的受益是持续的,还是随着时间的推移逐渐消失。尽管存在这些限制,研究结果表明,通过国家卫健委的现有基础设施,可以有效地实施儿童早期发展项目,未来的研究应探索其他干预措施,以改善儿童早期发展结果,并比较不同模式的成本效益。

第三节 "村级儿童早期发展活动中心"随机干预实验研究

在第二节我们了解了为 0—3 岁儿童提供一对一的亲子活动可以显著的促进 0—3 岁儿童的认知发展,为我国开展相关的促进 0—3 岁儿童发展的政策提供了政策依据和决策参考,但是本研究也面临一定的挑战,养育师一对一入户家访的成本高,而且覆盖的孩子数量少,可能在一些偏远,人口稀少的地区实用,在人口密集的地方如何为 0—3 岁婴幼儿提供儿童早期发展服务是本研究思考问题。项目组和各级卫健部门商量是否可以在村上建立儿童早期发展活动中心,不仅可以为 0—3 岁儿童提供活动场所,而且可以为 0—3 岁儿童的照养人提供交流的场所。因此本小节将具体介绍项目组在西部农村地区开展的儿童早期发展活动中心的随机干预实验项目。本研究使用数据集三基线 1 626 名和评估期 1 163 名婴幼儿及其家庭的数据。

一、样本特征描述及平衡性检验

对随机干预实验数据进行效果分析的前提条件是要保证干预组和控制组在基线调查阶段的主要特征不存在显著性差异,即统计意义上的双胞胎。表 6 - 18 描述了基线时样本儿童及其家庭的基本特征和儿童早期发展水平,且比较了干预组与控制组的差异。从基线儿童基本特征的描述性统计中可以得到,样本的平均月龄为 14 月龄,大约一半(51%)的样本儿童是男性,大约 4% 的样本儿童出生时体重过低,88.6% 的儿童曾接受过母乳喂养,4.5% 的儿童属于早产儿,49.3% 的儿童是第一胎;从家庭特征的描述性统计中得到,70% 的家庭中母亲是主要照养人。主要照养人(母亲和其他人)的平均年龄在 35 岁左右,照养人的平均受教育年限为 8.2 年,大约 11.2% 的家庭是低保家庭。

表 6 - 18 结果显示,认知、语言、运动和社交情绪在基线时的平均得分分别为 96.19、92.66、97.46 和 86.05,样本儿童的认知、语言和社交情绪发展的平均分数显著低于健康人群的预期平均值,这表明发育迟缓的风险很高。大约 53.4% 的儿童表现出认知发展滞后风险,59.7% 的语言发展滞后风险,36.2% 的运动发展滞后风险和 42.7% 的社交情绪发展滞后风险。

表 6 - 18 的第 3 列报告了干预组与控制组之间的差异,结果表明,儿童及家庭特征在统计学

上均不显著。为了检验联合显著性,通过对表中报告的儿童基本特征与家庭特征所有基线特征的干预组状况进行回归,平衡的联合显著性检验表明,所有协变量的系数联合为零,本检验的 p 值为 0.999;儿童发展得分的联合显著性检验的 p 值为 0.779,说明各系数联合为零。

表6-18 儿童及家庭特征的描述和平衡性检验

变　　量	总体	控制组 (1)	干预组 (2)	P 值(1)—(2) (3)
儿童基本特征				
性别	0.511	0.516 (0.019)	0.506 (0.015)	0.670
月龄	14.363	14.444 (0.230)	14.285 (0.212)	0.610
是否早产	0.045	0.045 (0.008)	0.044 (0.007)	0.917
是否为第一胎	0.493	0.497 (0.025)	0.488 (0.020)	0.765
是否母乳喂养	0.886	0.891 (0.014)	0.880 (0.014)	0.566
是否为低体重	0.040	0.043 (0.008)	0.037 (0.008)	0.596
过去两周是否生病	3.022	3.063 (0.179)	2.984 (0.178)	0.753
贫血(Hb<110 g/L)	0.413	0.418 (0.027)	0.408 (0.026)	0.785
儿童发展得分				
基期认知得分	96.190	96.338 (0.697)	96.049 (0.811)	0.786
基期语言得分	92.660	93.081 (0.727)	92.260 (0.761)	0.435
基期运动得分	97.459	97.951 (0.912)	96.993 (0.980)	0.474
基期社交情绪得分	86.046	86.223 (1.033)	85.878 (0.768)	0.788
认知滞后风险比例(得分<95.4)	0.534	0.518 (0.028)	0.549 (0.030)	0.446
语言滞后风险比例(得分<96.7)	0.597	0.587 (0.022)	0.607 (0.025)	0.563

变　量	总体	控制组 (1)	干预组 (2)	P值(1)—(2) (3)
儿童发展得分				
运动滞后风险比例(得分<93)	0.362	0.348 (0.024)	0.375 (0.022)	0.405
社交情绪滞后风险比例(得分<85)	0.427	0.420 (0.025)	0.433 (0.025)	0.692
家庭特征				
照养人年龄(岁)	35.194	34.948 (0.622)	35.424 (0.465)	0.540
照养人受教育年限(年)	8.220	8.233 (0.127)	8.143 (0.181)	0.681
妈妈是否为主要照养人	0.700	0.703 (0.021)	0.697 (0.017)	0.804
是否低保	0.112	0.107 (0.011)	0.116 (0.014)	0.620
样本量		792	834	

注：括号内为标准误差，加入镇级固定效应与村级集聚效应。p值说明了村庄一级的聚类，通过对所有列出的协变量进行回归处理状态进行联合平衡检验，并进行F检验(不能拒绝系数为联合零)，得到的p值为0.999。

* $p<10\%$；** $p<5\%$；*** $p<1\%$

表6-19为主要照养人养育行为的描述性统计与平衡性检验。结果显示，在基线时，平均每个家庭有2.26本书，只有大约21.5%的照养人会给孩子读书。只有18.6%的照养人会给孩子讲故事，44.2%的照养人会给孩子唱歌。干预组和控制组的统计数据相似，二者统计学上不显著，联合显著性检验的p值为0.707。总体来说，平衡性检验及描述性统计表明，主要照养人的养育行为普遍不够理想，干预组与控制组之间无显著差异。

表6-19　主要照养人养育行为描述和平衡性检验

变　量	总体	控制组 (1)	干预组 (2)	P值(1)—(2) (3)
时间投入				
过去三天和宝宝一起读书或看绘本书	0.215	0.196 (0.018)	0.234 (0.025)	0.212
过去三天给宝宝讲故事	0.186	0.178 (0.019)	0.194 (0.019)	0.551

变　量	总体	控制组	干预组	P 值(1)—(2)
		(1)	(2)	(3)
时间投入				
过去三天给宝宝唱儿歌	0.442	0.439 (0.028)	0.444 (0.025)	0.910
过去三天和宝宝用玩具玩游戏	0.721	0.701 (0.027)	0.740 (0.023)	0.267
养育技能				
和宝宝读故事书的重要性	3.483	3.447 (0.063)	3.517 (0.051)	0.386
知道如何和宝宝一起看故事书	3.158	3.245 (0.067)	3.074 (0.077)	0.098
知道如何和宝宝一起玩	4.129	4.121 (0.045)	4.137 (0.040)	0.796
知道如何和宝宝一起玩	3.691	3.777 (0.050)	3.609 (0.050)	0.019
知道学校表现的重要性	4.652	4.617	4.685	0.060
养育知识				
照养人养育知识得分	−0.004	0.001 (0.059)	−0.009 (0.054)	0.898
样本量		792	834	

注：结果中均加入村级集聚效应，括号内为标准差

二、养育中心干预对婴幼儿早期发展的影响及机制分析

（一）主回归模型

如前所述，在随机化成功的条件下（即数据中，控制组和干预组在重要的基线结果和变量上通过平衡性检验），随机干预实验收集的数据能很好克服内生性问题，统计分析可以通过最小二乘法进行早期干预对儿童早期发展影响的归因分析。本文采用 Stata15.0 软件进行统计处理和分析。具体使用以下模型评估项目的平均处理效应。回归模型设定为：

$$Y_{it} = \alpha_1 + \beta_1 T_i + \gamma_i X_{i(t-1)} + \tau_s + \varepsilon_{it} \tag{6.1}$$

其中，Y_{it} 表示评估期儿童 i 的认知、语言、运动、社交情绪及总体发展水平得分；T_i 为是否被分配到干预组的虚拟变量，$T_i = 1$ 表示干预组，$T_i = 0$ 表示控制组；τ_s 各级固定效应；ε_{it} 是随

机干扰项；$X_{i(t-1)}$ 为基期系列控制变量，包括儿童月龄、性别、是否早产、出生体重、妈妈是否是主要照养人、主要照养人是否上过高中以及家庭年收入的对数。随机干预实验在村级层面随机分配，婴幼儿早期发展水平在同一村有较强的组内相关性，因此模型控制了村层面集聚效应。

(二) 养育中心干预对婴幼儿发展的影响

表 6-20 显示了养育中心干预对儿童早期发展平均干预效果的估计结果，其中，第 1 列加入了镇级固定效应，第 2 列在此基础上加入了控制变量。结果表明，养育中心的干预显著提高了儿童早期发展水平，具体表现在，在加入控制变量后，养育中心的干预使得儿童的认知、语言、运动发展水平分别提高了 0.26 个标准差（p＜0.01）、0.23 个标准差（p＜0.01）和 0.20 个标准差（p＜0.02），此外，养育中心的干预对儿童社交情绪无显著影响。

表 6-20　干预对儿童早期发展能力的平均干预效果

	(1)	(2)
	点估计	点估计
认知得分		
干预	0.25***	0.26***
	(0.06)	(0.05)
样本量	1 163	1 163
语言得分		
干预	0.22***	0.23***
	(0.06)	(0.06)
样本量	1 163	1 163
运动得分		
干预	0.16	0.20**
	(0.10)	(0.09)
样本量	568	568
社交情绪得分		
干预	−0.08	−0.09
	(0.07)	(0.07)
样本量	1 163	1 163

	(1)	(2)
	点估计	点估计
因子得分		
干预	0.22**	0.23**
	(0.01)	(0.01)
样本量	373	370
控制变量		√

注：儿童的能力得分均为标准化得分，所有回归中控制了镇级和村级固定效应与基期发展水平。

* p＜0.10；** p＜0.05；*** p＜0.01。

（三）养育干预对婴幼儿早期发展的影响机制

通过前面的阐述，已经了解到本研究中的儿童早期发展干预项目可以有效提高儿童认知发展水平，并且在两年后显著改善儿童的语言和运动能力发展。但是，干预是通过何种途径对儿童早期发展产生影响，即干预效果背后的影响机制是什么，这个问题还需要进一步的分析，本节将通过因果链上各个环节的分析验证来说明干预的影响机制，为以后提高干预效果提供科学依据。在本节中，我们将研究这些潜在的通道。

（1）干预对照养人时间投资的影响

这部分主要测量养育中心如何影响主要照养人的时间投资，干预直接提高了照养人在养育中心的时间投资，更重要的是，干预也可能提高了照养人在家庭中对儿童的时间投资。

表6-21　干预对照养人时间投资的影响

平均干预效果	估计值	标准误	p 值	控制组均值
过去三天有没有给宝宝读书	0.07**	(0.03)	0.03	0.196
过去三天有没有给宝宝讲故事	0.07**	(0.03)	0.03	0.178
过去三天有没有带宝宝一起唱儿歌	0.08***	(0.03)	0.01	0.439
过去三天有没有带宝宝一起给东西命名	−0.00	(0.03)	0.97	0.701
时间因子得分	0.14***	(0.05)	0.01	

注：回归中均控制了镇级固定效应、村庄集聚效应和控制变量。

* p＜0.10；** p＜0.05；*** p＜0.01

表6-21所展示的问题都是针对主要照养人在家庭中的时间投资，结果显示，干预对照养人

的时间投资有积极的影响,在干预组的家庭中,照养人更多的参与了儿童的养育活动,比如读书、讲故事、和孩子一起唱歌等,具体而言,干预显著增加了照养人过去三天给宝宝阅读、讲故事和唱儿歌的次数,分别是0.07次、0.07次和0.08次,提高这些养育活动的占比分别为35.7%(0.07/0.196)、39.3%(0.07/0.178)和18.2%(0.08/0.439)。这些结果表明,养育中心的干预不仅增加了照养人在孩子身上的时间投入,而且还改变了他们在家时的养育行为。

(2) 干预对照养人养育态度和养育看法的影响

已经证明,干预显著增加了照养人对儿童的时间投入。接下来,将研究干预是否会改变照养人对儿童的养育态度。虽然中国农村地区的大多数父母受教育程度低,但改善他们对育儿的态度和观点,对早期育儿和孩子的长期发展都很重要。

利用调查中的问题,询问照养人对儿童养育的价值观,表6-22的结果显示,干预对照养人的养育态度和养育观念有显著的积极影响。具体而言,干预组的照养人倾向于认为给孩子读故事很重要,更看重孩子在学校的表现。故干预不仅在短期内提高了照养人在孩子身上的时间投入,还可能通过改变照养人对教育的价值观和信念,从而对孩子未来的发展产生长期和持久的影响。

表6-22 干预对照养人养育态度的影响

	照养人认为给孩子讲故事很重要	照养人认为给陪孩子玩耍很重要	孩子的学校表现很重要
	(1)	(2)	(3)
干预	0.111**	0.063	0.059*
	(0.055)	(0.050)	(0.031)
样本量	1 163	1 163	1 163

注:结果变量被归一化,其均值为0,标准差为1,回归中均控制了镇级固定效应、村庄集聚效应和控制变量。

* $p<0.10$; ** $p<0.05$; *** $p<0.01$

(3) 干预对养育知识的影响

本部分通过测试照养人养育知识水平的问卷考察照养人的养育知识,例如,照养人是否以及在多大程度上知道如何给孩子读故事或者和孩子一起玩耍。如表6-23所示,回归的估计系数都很小,且在统计上不显著,这表明该项目对照养人养育知识的影响有限。一种可能的解释是,大多数照养人受教育程度比较低,学习能力也较低,故对于养育知识的提高有一定的局限性。

表 6-23　干预对照养人养育知识的影响

	照养人知道如何给宝宝讲故事	照养人知道如何和宝宝一起玩	养育知识得分
	(1)	(2)	(3)
干预	0.063 (0.073)	0.047 (0.057)	−0.069 (0.052)
观测值	1 163	1 163	1 163

注：结果变量被归一化，其均值为 0，标准差为 1，回归中均控制了镇级固定效应、村庄集聚效应和控制变量。

* p<0.10；** p<0.05；*** p<0.01

综上所述，机制分析中可以得出，干预显著增加了主要照养人对孩子的时间投入(不仅在养育中心，而且在家里)以及照养人养育态度和观点。然而，没有证据表明干预增加了照养人养育知识，一种可能的解释是，由于照养人受教育程度太低，可能很难提高他们读书或给孩子讲故事的能力。

最后，干预可能通过提供给干预组儿童更加舒适的环境从而直接提高儿童的早期发展水平，然而由于数据获取的局限性，我们无法直接获得此类数据，但是在之前进行的异质性分析结论中，关于干预对社会经济背景较差的儿童有更显著的影响这一结论，可以间接说明这点。

三、养育干预对婴幼儿早期发展的异质性分析

以上部分的分析证明了养育中心平均干预效果，但父母的干预效果可能会因为儿童以及家庭的不同特征而有所差异。异质性分析可以揭示这些差异效应，并通过聚焦不同子样本来提高研究的外部效应。本研究主要聚焦为三个部分的异质性，分别为以下三个部分。

(一) 儿童所在家庭层面

表 6-24 的第一部分表示儿童所在家庭经济背景与儿童发展的异质性分析。该部分使用儿童所在家庭是否为低保家庭作为衡量儿童所在家庭经济背景的标准。结果显示，干预效果因儿童所在家庭的基本经济地位而显著不同。具体而言，第(1)列的结果中，干预对贫困家庭(低保家庭)儿童的影响比普通家庭大得多，干预使得贫困家庭和非贫困家庭的儿童认知得分分别提高了0.736 个标准差和 0.172 个标准差；第(2)列的结果中，干预对基线认知得分较低的儿童有更大的影响，干预使得基线认知较低和认知较高的儿童认知得分分别提高了 0.342 个标准差和 0.122个标准差。这一结果与现有文献相同，即人力资本的干预对社会经济背景较差的学生或儿童会产生更大的影响，可能的原因是，社会经济背景较差的学生受到来自家庭的支持较少，因此，干预措施可能在他们之间会发挥更重要的作用。

表6-24 异质性分析

评估期认知得分	(1) 儿童和社会经济背景		(2) 儿童和社会经济背景		(3) 儿童人口学特征		(4) 儿童人口学特征		(5) 儿童的照养人特征		(6) 儿童的照养人特征	
基期特征	社会低保		低认知		性别		月龄<18		主要照养人(妈妈)		照养人受教育年限(>9年)	
	是	否	是	否	男	女	是	否	妈妈	其他	是	否
p值	P=0.013		P=0.055		P=0.704		P=0.0689		P=0.471		P=0.002	
是否干预(a)	0.736***(3.16)	0.172***(2.59)	0.342***(4.01)	0.122(1.29)	0.239***(2.90)	0.193**(2.01)	0.230***(0.096)	0.184*(1.73)	0.248***(3.37)	0.169(1.30)	-0.230(-0.96)	0.258***(3.99)
村级固定效应	Yes	Yes	Yes	Yes	Yes	Yes	Yes	Yes	Yes	Yes	Yes	Yes
基期认知得分	Yes	Yes	Yes	Yes	Yes	Yes	Yes	Yes	Yes	Yes	Yes	Yes
控制变量	Yes	Yes	Yes	Yes	Yes	Yes	Yes	Yes	Yes	Yes	Yes	Yes
样本量	127	1036	580	583	596	567	803	360	828	335	159	1004

注:儿童的认知能力得分均控制分布进行标准化。所有回归分析都控制了镇的固定效应,相应的基线水平和村庄集聚效应。

* p<0.10;** p<0.05;*** p<0.01

(二) 儿童性别和年龄层面

第(3)列和第(4)列为儿童性别和年龄层面的异质性分析。第(3)列结果显示,干预对男孩和女孩都是有显著正向作用的,对男孩的回归估计值较女孩更高一些,但在统计上不显著;第(4)列结果显示,干预对小于18月龄和18—36月龄的儿童均有显著正向作用,且年龄小于18月龄的儿童效果更显著。这一结论与文献中关于儿童投入会随着年龄的增长投资回报率递减这一结论一致。

表 6-25 不同固定效应和控制变量的替换(点估计)

	(1)	(2)	(3)	(4)	(5)	(6)
认知发展得分(N=1163)						
干预	0.25*** (0.06)	0.26*** (0.05)	0.26*** (0.05)	0.25*** (0.06)	0.26*** (0.05)	0.26*** (0.05)
语言发展得分(N=1163)						
干预	0.23*** (0.06)	0.23*** (0.06)	0.24*** (0.06)	0.22*** (0.06)	0.23*** (0.06)	0.23*** (0.06)
运动发展得分(N=1163)						
干预	0.09 (0.10)	0.13 (0.10)	0.13 (0.10)	0.16 (0.10)	0.19** (0.10)	0.20** (0.09)
社交情绪发展得分(N=1163)						
干预	−0.06 (0.06)	−0.07 (0.07)	−0.07 (0.07)	−0.08 (0.07)	−0.09 (0.07)	−0.09 (0.07)
因子得分(N=373)						
干预	0.21** (0.10)	0.23** (0.10)	0.21** (0.10)	0.22** (0.10)	0.25** (0.11)	0.23** (0.10)
村级固定效应	No	No	No	Yes	Yes	Yes
儿童层面	No	Yes	Yes	No	Yes	Yes
家庭层面	No	No	Yes	No	No	Yes

注:儿童的认知能力得分均按控制组的分布进行标准化。所有回归分析都控制了镇的固定效应、相应的基线水平和村庄集聚效应。

* $p < 0.10$;** $p < 0.05$;*** $p < 0.01$

(三) 儿童主要照养人层面

第(5)列和第(6)列为儿童主要照养人层面的异质性分析,第(5)列为主要照养人类型的异质性回归结果,结果表明,主要照养人为母亲的儿童比其他亲属的估计值更大;第(6)列为主要照养人受教育程度的异质性回归结果,结果显示,干预仅对其受教育年限较低照养人抚养的儿童有积极的作用,样本中大多数主要照养人教育水平较低,仅有13.6%的主要照养人为高中及以上学历。

总而言之,以上的异质性分析结果显示,干预对于样本地区的大部分儿童有显著的积极作用,除此之外,干预对低社会经济背景、低认知能力、照养人为母亲以及照养人受教育水平较低的儿童作用更大。

表6-26 更换衡量儿童早期发展的变量类型(点估计)

	(1)	(2)	(3)	(4)	(5)	(6)
认知风险滞后比例						
干预	−0.09***	−0.09***	−0.09***	−0.08***	−0.09***	−0.08***
	(0.03)	(0.03)	(0.03)	(0.03)	(0.03)	(0.03)
样本量	1163	1163	1163	1163	1163	1163
语言风险滞后比例						
干预	−0.05**	−0.06**	−0.05**	−0.06**	−0.06**	−0.06**
	(0.02)	(0.02)	(0.02)	(0.03)	(0.02)	(0.02)
样本量	1163	1163	1163	1163	1163	1163
运动风险滞后比例						
干预	0.03	0.02	0.02	0.02	0.01	0.01
	(0.03)	(0.03)	(0.02)	(0.02)	(0.02)	(0.02)
样本量	569	569	569	569	569	569
社交情绪风险滞后比例						
干预	0.07	0.06	0.09	0.10	0.09	0.12
	(0.07)	(0.07)	(0.07)	(0.07)	(0.07)	(0.08)
样本量	372	372	372	372	372	372
村级固定效应	No	No	No	Yes	Yes	Yes
儿童层面/家庭层面	No/No	Yes/No	Yes/Yes	No/No	Yes/No	Yes/Yes

注:结果变量是儿童发展水平是否滞后的虚拟变量,所有回归分析都控制了镇的固定效应、相应的基线水平和村庄集聚效应。

*p<0.10;**p<0.05;***p<0.01

四、稳健性检验与依从率分析

（一）养育中心影响效果的稳健性检验

在评估期调研中，控制组和干预组都存在一定数量的样本流失。基线时干预组的 834 名儿童中，有 602 名儿童参与了评估期调研，流失率为 28%。在控制组中，基线的 792 名儿童中有 561 名参与了评估期调研，流失率为 29%。在调研过程中，大部分样本流失是由于父母外出务工。为确保回归结果的稳健性，表 6-25 展示了对于不同控制变量以及固定效应下的回归结果，结果表明，对于语言、认知、运动、社交情绪和四者的因子得分，不同列之间的点估计值之间没有显著差异。同时，为进一步检验结果的稳健性，我们构建了一组虚拟变量，该虚拟变量为儿童在认知、语言、运动和社交情绪发展方面是否存在滞后风险，表 6-26 结果表明，在不同控制变量及固定效应下，结果也同样稳健。

（二）依从率

接下来，我们考虑项目的依从率。根据养育中心的管理记录，在干预期间，干预组家庭平均每月的访问次数为 5.7 次，相当于每周访问少于两次。超过一半（53%）的干预组家庭访问次数每月不超过四次或平均每周一次。少于四分之一（16%）的人每月至少访问 12 次（每周 3 次）。

表 6-27　到访次数对儿童认知、语言发展水平与照养人时间投资的影响

	认知发展水平		语言发展水平		时间投资	
	(1)	(2)	(3)	(4)	(5)	(6)
到访次数	0.035***	0.081**	0.026***	0.098*	0.028***	0.021
	(0.009)	(0.041)	(0.009)	(0.050)	(0.007)	(0.038)
到访次数的平方		−0.003		−0.005		0.000
		(0.003)		(0.004)		(0.003)
控制变量	yes	yes	yes	yes	yes	yes
基线发展水平	yes	yes	yes	yes	yes	yes
样本量	1 163	1 163	1 163	1 163	1 163	1 163

注：* $p < 5\%$；** $p < 1\%$；*** $p < 0.1\%$

表 6-27 为干预组家庭的到访次数与儿童早期发展水平之间的关系，在第（1）列、第（3）列和第（5）列中，如果假设他们之间是线性关系，若每月完成一次养育中心的到访，孩子的认知发展水平会提高 0.04 个标准差，语言发展水平和照养人的时间投入会增加 0.03 个标准差（$p < 0.01$），

第(2)列、第(4)列和第(6)列结果显示,在10%的显著性水平下,养育中心的到访次数的平方对儿童认知发展水平、语言发展水平和照养人时间投资没有显著影响。

关于依从率的影响因素分析中,我们发现是否前往养育中心的决策由儿童的主要照养人做出,其决策过程可能受到一些列因素的影响,主要照养人首先会观察孩子最初的发展水平,其次主要照养人本身的因素也会产生影响,然而这些因素是如何影响依从率的,我们用以下的模型进行衡量影响依从率的主要决定因素:

$$\text{Compliance}_j = \alpha + \sum \beta \cdot \text{Char}_j + \tau_c + \varepsilon_j$$

其中,Compliance_j为照养人平均每周到访养育中心的次数,Char_j为儿童主要照养人的特征(年龄、性别、他/她是否为儿童的父母,家到养育中心的距离)以及儿童的特征(月龄、性别、基期的发展水平和基期的健康状况),表6-28为回归结果显示,如果儿童的基期的认知发展水平较高,主要照养人会更频繁地去中心。

表6-28 基期儿童认知水平与主要照养人特征对依从率的影响

	两年中每月的平均到访次数			
	(1)	(2)	(3)	(4)
基期认知发展水平	0.659** (0.291)			0.615** (0.306)
基期语言发展水平		0.36 (0.339)		0.104 (0.333)
父母的时间投入			0.592 (0.427)	0.561 (0.409)
基期特征	yes	yes	yes	yes
村级固定效应	yes	yes	yes	yes
观测值	602	602	602	602

注:* p<5%;** p<1%;*** p<0.1%

五、项目的成本收益分析

养育中心干预项目成本较低,我们与中国国家卫生健康委员会进行合作,并与现有的公共基础设施相结合。在50个干预组中,建立养育中心的场地均为所在村的村委会提供的现有的建筑物(例如改建校舍、文化中心、办公场地等),项目组对于场地进行翻新和装修后,建立成养育中心。

本项目的成本比国内外大多数儿童早期发展干预项目成本低的多,干预村的成本主要包括房屋翻新与维护、养育师的培训及工资、养育中心管理人员的工资组成。经核算后,每个养育中心的固定成本为 5 万元,包括中心的翻修和玩具书记的购买,每年的维护费用约 65 000 元,其中包括员工工资以及更换玩具、打印资料、培训等其他费用。在干预组中,总计 881 名儿童和其主要照养人,这表明平均每个村庄有 17 名儿童在项目中获益。假设固定成本可以使用 5 年,且每年维修费用基本不变,则人均成本为(50 000＋65 000)/(17 * 5)＝1 352.9 元。传统的幼儿园项目,其中有巨大的投资(一般会占到总体投资的四分之三)会在建立新的学校和教室中,或者家访项目,一般会有大量的劳动力投资。关于本项目带来的收益,文献已经确定发展中国家认知能力的回报率在10％—20％之间(Hanushek,Woessmann,2008),在经过粗略估计后发现,干预增加了个人的收入2.6％—5.2％,换句话说,在儿童很小的时候,只要投资 193 美元,成年后的收入会大幅度增加。

同时,以上在成本收益分析中,对于成本的估计是其上限估计,一方面,每个中心的儿童数量远远大于 17,根据我们的粗略估计,它可以容纳大约 30 人,在扩大规模的过程中,还将鼓励干预村周边村庄的儿童及其照养人加入到项目中;另一方面,虽然我们假设建筑翻新和购买玩具的固定成本只有 5 年,但实际上这些中心可以使用更长的时间。

本章小结

从国际经验看,促进婴幼儿早期发展、消除贫困的代际传递、提高未来竞争力,是国家发展战略的一个重要选择,也是推动经济长期发展和社会稳定最具公平与效率的公共政策。中国自改革开放 40 年来的成就不容小觑,婴幼儿死亡率、低体重儿童的比例等持续下降。儿童的认知、语言、社交情绪和其他一系列与人力资本发展密切相关的能力发展在提高整体人力资本质量中显得尤为重要,但是随着中国迈向高收入国家的行列,中国农村儿童的早期发展仍然面临着严峻的挑战。针对这些挑战,国家层面也在持续积极应对,自 2012 年开始实施“农村贫困地区婴幼儿营养改善项目”,在改善儿童营养和健康方面取得了显著的成效。除了研究者和政府部门,很多社会力量也在研究机构的技术支持下开展了一系列行动研究实践项目,试图从多方合作的角度探索促进农村婴幼儿早期发展的有效方案,以期为国家探索“教育精准扶贫”的有效路径提供可参考的科学依据和可操作的执行方案。通过本章节探索,主要得到以下的结论:

第一,通过为 0—3 岁儿童提供富含微量元素的营养包,短期一定程度上促进 0—3 岁婴幼儿贫血的改善和认知的发展,但是长期来看没有显著的效果。

第二,通过为 0—3 岁儿童及其照养人提供一对一的亲子游戏活动入户活动或者在样本地区建立儿童早期发展活动中心均可以显著的促进婴幼儿的认知发展,而且研究发现这一改变主要是通过改善了婴幼儿照养人的养育行为,比如与婴幼儿开展读故事书,唱儿歌和玩游戏等行为,进而促进婴幼儿的发展。

基于以上结论提出以下的建议：

一是工作转型的方向。"养育未来"项目的实施，深受农村广大群众的欢迎，0—3周岁婴幼儿家长和孩子从中受益。这项工作有利于进一步促进农村儿童发展，缩小城乡儿童发展水平差距，提高人口总体素质。这是一件功在当代利在千秋的公益性事业。项目第一阶段工作由卫健委的计生专干牵头，在实践中充分发挥计生干部特别能吃苦、特别能奉献、特别能战斗、善于做群众工作的队伍特质。在机构改革后，面对扩职、克难、转型的具体要求，以及全国人大第十二届三次会议李克强总理政府工作报告中"推进计划生育服务管理改革"的要求，计划生育部门职能将进行工作方向上的根本转变。"养育未来"项目的实施成为促进工作转变、服务全员人口，提高人口素质工作的一项新尝试。因此建议在农村地区开展一对一的亲子活动或者用当地的闲置空间建设促进儿童早期发展的养育中心，为当地0—3岁儿童提供早期发展服务，促进儿童发展。

二是改变农村养育孩子的方式。"养育未来"项目实施前，许多农村在养育孩子方面仍然沿用传统模式，只求"吃饱、穿暖、不摔不碰"就行。"养育未来"针对0—3岁学龄前婴幼儿设计相应的养育课程，目的在于促进这些孩子的智力得到及时开发和良性发展。项目实施后，"养育师"将科学有序的养育方法传授给孩子家长。建议当地卫健系统加大科学养育环境的宣传，可以通过海报、培训等形式，普及科学养育的重要性，让更多农村家长了解科学养育的重要性，让更多的照养人与儿童开展有利于促进儿童发展的科学养育行为，促进儿童发展，最终提高全民素质，实现乡村振兴的目标。

第七章

主要结论和政策建议

第一节　主要结论

本书基于项目团队 2012 年到 2019 年在西部农村地区开展的有关儿童早期发展项目,从识别问题开始,了解了样本地区儿童早期发展面临的挑战及其可能原因,项目组和营养学家、婴幼儿早期发展专家合作查阅相关文献,基于婴幼儿早期发展理论和农村地区婴幼儿发展的现状,设计、实施、评估了三个项目尝试探索解决方案,其研究目标和愿景是探索和总结通过婴幼儿早期发展干预促进农村婴幼儿成长和发展的可行办法,并在此基础上为政府相关政策的制定、推行和完善提供参考,让所有农村婴幼儿都能更好实现其发展潜能。主要得出以下的结论。

(一) 农村地区 0—3 岁儿童早期发展面临的挑战

(1) 婴幼儿早期能力发展潜能并未得到充分的发挥。6—12 月龄婴幼儿认知或运动能力发育存在滞后风险(得分低于正常婴幼儿均值的一个标准差)和迟缓风险(得分低于正常婴幼儿均值两个标准差)的比例分别为 40% 和 17%;约 52% 的样本地区婴幼儿的语言潜能未得到充分的发挥;与语言发展类似,农村样本地区婴幼儿的社交情绪发展也面临着很大的风险,接近一半(45.2%)的 6—24 月龄婴幼儿存在社交情绪发展风险。

(2) 虽然婴幼儿运动能力随月龄增加而改善,但是认知发展风险更为严重。运动能力发展平均分从 6—12 月龄时的 90 分增长到 24—30 月龄的 102 分(正常婴幼儿为 100 分);但认知平均得分则从 6—12 月龄的 97 分下降到 24—30 月龄的 81 分(正常婴幼儿为 100 分),存在认知发育滞后和迟缓风险比例也分别从 6—12 月龄的 6% 和 21% 提高到 24—30 月龄时的 58% 和 33%。

(3) 微量营养素缺乏导致的营养不良普遍存在。体检结果显示,虽然 6—12 月龄婴幼儿体格发育情况基本正常,但贫血比例高达 48.3%。18 月龄后贫血发病率开始下降,但到 24—30 月龄仍有 23.3% 的婴幼儿存在贫血问题。考虑到 2 岁前是婴幼儿营养干预关键期,这时期贫血会严重制约其大脑发育,因此 0—2 岁婴幼儿的高贫血率仍需引起足够重视。

(二) 导致农村地区 0—3 岁儿童早期发展存在挑战的原因探析

农村地区婴幼儿家庭社会经济环境差,缺乏相应的婴幼儿早期发展服务是导致上述问题的

根源,根据项目组调查,有如下发现:

（1）照养人缺乏早期科学喂养知识,辅食添加不科学。大多数婴幼儿家长能保证孩子每天摄入一定量的主食、水果和蔬菜,但是仍有18%的婴幼儿未达到WHO要求的食物种类标准,三分之一的婴幼儿未达到WHO要求的最小进食贫血标准。更严重的是,有46%的家长不知道正确添加辅食的时间,不少家庭在孩子1岁或者1岁以后才开始添加固体辅食,即使是添加了固体辅食的家庭,也很少给孩子添加富含铁的食物,如肉等,极少家庭给孩子添加富含维生素AD等有效防止缺铁性贫血的食物。

（2）照养人缺乏科学养育知识,养育行为不科学。样本数据显示,超过90%的家长表示不知道如何和婴幼儿玩亲子游戏活动以促进其能力发展;在调查前一天,没有给婴幼儿读故事书、唱歌和一起玩游戏的家长的比例分别高达87%、62%和61%。也就是说,在中国农村样本地区大部分家庭的主要照养人很少与婴幼儿进行科学的养育互动。

（3）照养人存在抑郁倾向风险。照养人心理健康状况低下对婴幼儿的发展会产生负面的影响,研究发现样本地区婴幼儿照养人存在抑郁倾向情况比较严重,近四分之一的样本照养人（23.5%）存在抑郁倾向,奶奶的抑郁倾向比例（34.7%）明显高于孩子的妈妈。而且研究发现如果照养人有抑郁倾向,婴幼儿的认知能力发展滞后风险更高,社交情绪能力发展滞后风险更突出。

（4）缺乏婴幼儿早期发展所需要的家庭环境和相关公共服务。在2013年调查的351个样本村中,没有一个村有儿童早期发展活动中心之类的有助于婴幼儿早期发展的环境场所;98%的家庭没有给婴幼儿提供安全、卫生且有利于其能力成长的活动空间;婴幼儿早期发展服务人员或机构严重缺乏,没有一个政府职能部门负责提供婴幼儿早期发展服务。

(三) 农村地区开展0—3岁儿童早期发展服务方面的探索和效果

（1）从制约婴幼儿发展潜能实现的营养元素方面设计了营养包补充项目,为农村样本地区婴幼儿每天补充一包富含铁及微量元素的营养包。研究结果发现,提供营养包在初期（项目开始半年内）可以有效降低贫血、促进婴幼儿早期发展,但中长期无显著效果,而且依从率偏低现象突出。

（2）项目组从制约婴幼儿发展潜能发挥的第二主要元素——养育互动——出发,于2014年11月至2015年5月在秦巴山区4县开展了为期半年的亲子活动入户家访项目。基于干预前后的调查数据,我们发现干预组照养人的养育行为有很大的改变,比如阅读、唱歌和用玩具与婴幼儿玩耍的次数有显著的提高,而且一周一次的入户干预对24—30月龄的婴幼儿的认知发展有显著的促进作用,但是我们也发现一周一次入户干预的依从率仍然不高,平均为60%（即24次的入户将活动中,实际平均入户16.4次）。

（3）在评估入户干预效果的同时,项目组也在思考如何在婴幼儿居住相对聚集的农村社区建立儿童早期发展活动中心（简称"养育中心"），以扩大家庭指导项目的覆盖面，同时也可以为照养人（妈妈和奶奶）提供一个交流和获得更多社会支持的场所。初步结果表明，项目显著地改善了照养人与婴幼儿一起阅读、唱儿歌和与孩子玩耍等养育行为，而且改善了婴幼儿的发展。

但是养育中心由于距离远和其他的一些原因同样存在参与率的挑战，养育中心总体的参与率是60％，因此项目组于2018年在陕西省安康市宁陕县整县开展了养育中心和入户指导结合的模式。具体来讲项目组在人口密集的农村社区建立了养育中心，对居住在养育中心的附近的家庭通过在中心开展亲子和集体活动进行指导，对于离中心远和有特殊困难的家庭提供入户指导的活动；项目组同时在人口稀疏的农村社区建立养育服务点，主要通过入户家访和家庭小组活动指导家庭和婴幼儿进行亲子互动。

第二节 政策建议

根据《国务院办公厅关于促进3岁以下婴幼儿照护服务发展的指导意见》（国办发〔2019〕15号）中"家庭为主，托育补充"的原则，基于项目组研究结果，为促进农村地区婴幼儿健康成长，提高人口素质，打破贫困代际陷阱，夯实我国跨越中等收入陷阱的人力资本基础，项目组就"为家庭提供科学养育指导"提出如下建议：

第一，充实乡村振兴新时期工作内容，将微量营养素补充和科学育儿作为0—3岁婴幼儿早期发展服务工作重心。将亲子活动入户指导和养育中心结合的干预模式纳入乡村振兴工作内容，通过综合性婴幼儿早期发展服务，从源头上斩断贫困代际传递。

第二，鼓励相关机构工作创新，为农村地区婴幼儿早期发展服务提供人力保障。研究表明通过一周的培训和实习，以及持续的督导工作可以让农村基层计生工作人员掌握开展婴幼儿早期发展所需的基本知识和技能；相关机构做好婴幼儿早期发展服务人才培养工作，为更大规模提供0—3岁婴幼儿早期发展服务做好人口储备并实现人口和计生服务工作创新。

第三，鼓励多方参与，探索适合农村地区家庭和社区实际需要的婴幼儿早期发展服务提供模式。推动政府、社会团体及科研机构间的积极合作，在体制机制上探索和总结适合不同地区特点、可持续、易推广、经济可行且有效的婴幼儿早期发展服务提供模式。

最后，加大政府投入力度，逐步将0—3岁婴幼儿早期发展服务纳入农村地区政府公共服务提供范畴。根据项目组的测算，如果在14个低收入区运行养育中心项目，在村级层面所需投入每年也仅为155亿，即使是覆盖所有乡村人口（约6亿人计），仅为我国GDP的0.1%不到。考虑到目前我国婴幼儿早期发展服务支出相当于GDP的0.2%，远低于一些发达国家（如挪威，GDP的1.4%）及巴西和阿根廷等南美国家（GDP的0.5%）；因此有必要尽快加大婴幼儿早期发展投入力度，逐步将婴幼儿早期发展服务提供纳入政府公共服务范畴。

参考文献

白钰,郑丽娟,刘步瑶,杨宁,陈鹏.(2019).中国农村贫困地区养育行为现状及其影响的实证研究.华东师范大学学报(教育科学版),37(3),70-83.

卞晓燕,彭咏梅,魏梅,张建平.(2007).家庭社会经济状况对婴幼儿认知发育的影响.中国妇幼保健,22(22),3083-3085.

蔡臻,张劲松.(2013).婴幼儿社会性情绪和气质特点的关系研究.临床儿科杂志,31(9),862-865.

曹敏辉,王萌,牛静,冯子纯,安琪,刘黎明.(2017).130例婴幼儿认知语言运动发育与性别的关系研究.中国妇幼健康研究,28(11),1340-1342,1453.

曹裴娅,罗会强,侯利莎,杨小霞,任晓晖.(2016).中国45岁及以上中老年抑郁症状及影响因素研究.四川大学学报:医学版,47(5),763-767.

曹云鹤,张雪.(2017).关于农村留守儿童社会情感发展的研究综述.农村经济与科技,28(11),210-212.

曹志娟,苏秀娟,朱庆庆,王维洁,黄丹,花静.(2016).婴儿期引导式家庭教育训练对婴儿认知-运动能力干预效果评估.中国儿童保健杂志,24(8),800.

曾令霞,颜虹,郭雄,党少农,谢虹.(2003).中国西部40县农村3岁以下儿童营养状况浅析.中国公共卫生,19(1),55-58.

常红娟.(2010).护理人员标准预防知-信-行现状与影响因素的研究.中国护理管理,10(7),26-29.

常素英,何武,贾凤梅,陈春明.(2007).中国儿童营养状况15年变化分析——5岁以下儿童贫血状况.卫生研究,36(2),210-212.

沈纪.(2019).留守和流动对儿童健康的影响——基于儿童健康综合测量的一项研究.江苏社会科学,1,11.

陈必卿.(2015).学龄前家长对不同性别幼儿教养信念之探究.高雄应用科技大学人文与社会科学学刊,1(2),93-105.

陈春明.(2009).营养改善与相关政策研究.北京:人民卫生出版社.

陈春明,葛可佑.(2000).中国膳食营养指导.北京:华夏出版社.

陈春明,吕书红.(2012).《哥本哈根共识》简介.中国健康教育,28(06),492.

陈福美,苑春永,张彩,黎亚军,王耘.(2015).母亲抑郁、父母冲突与幼儿问题行为:有调节的中介效应.中国临床心理学杂志,23(06),1049-1052.

陈慧林,曲珠凤,李小帆,陈丽.(2003).提高母亲育儿知识,促进婴幼儿健康成长.中原医刊,30(15),11-12.

陈继红,张小兰,廖丽珠.(2007).早期教育对儿童智力发育影响的效果评价.中国妇幼保健,22(7),893-894.

陈丽,王晓华,屈智勇.(2010).流动儿童和留守儿童的生长发育与营养状况分析.中国特殊教育,8,48-54.

陈素霞.(2004).贝利婴幼儿发展量表临床测试结果分析.健康心理学杂志,12(1),19-21.

陈欣,杜建政.(2006).父母教养方式与内隐攻击性的关系研究.心理科学,29(4),798-801.

陈迎春,唐圣春,乐虹,余雪梅,王佃国,郝敏.(2006).东中西部地区农村卫生发展比较(一)——社会经济与居民健康状况比较.中国卫生经济,02,37-38.

陈志英,张峰.(2019).农村留守儿童社会情绪能力培养模式探索.闽南师范大学学报:哲学社会科学版,33(4),48-52.

池霞,张敏,洪琴,蒋宁南,张挺秀,窦淑娟,童梅玲.(2010).早产儿早期体重增长速率对体格生长发育影响的研究.中国实用儿科杂志,25(7),549-550.

崔继华,姜艳蕊,刘芸,程昱,徐小娟,江帆,章依文.(2014).婴幼儿运动发育的预测因素研究.中国妇幼健康研究,25(1),1-4.

崔艺,高嘉琪,岳爱,汤蕾,罗仁福,Rozelle,S.(2018).贫困农村地区婴幼儿发展现状及风险因素分析的队列研究.中华儿科杂志,56(2),103-109.

崔颖,瞿群,杨丽,巫琦.(2008).中国西部农村3岁以下儿童贫血状况分析.中国公共卫生,24(9),1052-1053.

崔颖,杨丽,檀丁,巫琦,杜清.(2007).中国西部10省市农村3岁以下儿童贫血状况分析.中华流行病学杂志,28(12),1159-1161.

戴琼,徐海青,汪鸿,王小燕,赵职卫,周爱琴,罗西贝,刘建琼,刘芳.(2013).婴幼儿喂养问题影响因素研究.临床儿科杂志,31(2),166-169.

丁丽丽,何守森,周倩,徐小娟,唐敬海,张艳.(2016).家庭养育环境对儿童早期发育及情绪社会性发展的前瞻性研究.中国儿童保健杂志,24(9),910-912.

丁小婷,张飞,何启强,毛宗福,李锐.(2016).江西省农村贫困地区6~18月龄婴幼儿营养干预效果分析.现代预防医学,43(20),3703-3705,3756.

董奇,陶沙,曾琦,J.凯帕斯.(1997).论动作在个体早期心理发展中的作用.北京师范大学学报:社会科学版,4,48-55.

董雪梅.(2013).子女心理健康水平与其家庭教养方式关系的初探.中学课程辅导:教学研究,7(14),47-47.

段成荣,赖妙华,秦敏.(2017).21世纪以来我国农村留守儿童变动趋势研究.中国青年研究,6,52-60.

樊文汉.(2015).襄阳市郊区农村幼儿社会性发展现状调查与分析.文教资料,31,105-106.

方志峰,唐振柱,杨虹,许晶晶,赵琳,韦元元,陈兴乐,李蕙菱,刘玄华,秦秋兰.(2010).贫困地区1324名6岁以下儿童营养状况调查.中国妇幼保健,3,381-384.

冯雪英,衣明纪.(2011).儿童喂养与进食行为研究进展.青岛大学医学院学报,47(3),278-279.

弗拉维奥·库尼亚,李珊珊,王博雅,蒋琪,岳爱,史耀疆.(2019).投资儿童早期人力资本:儿童早期发展项目设计的经济理论,数据及启示.华东师范大学学报:教育科学版,37(3),157-163.

甘雨,岳爱,高嘉琪,汤蕾,罗仁福.(2019).贫困农村地区婴幼儿抚养人抑郁症状的危险因素.中国心理卫生杂志,33(10),751-755.

高成阁,耿庆茹,伏炜,王兰花,卢彦军,路小亮,杨燕华.(2006).农村已婚妇女心理健康状态及相关因素研究.中国医学伦理学,19(2),89-90.

高玉娟,白钰,马跃,史耀疆.(2018).正负效应的先来后到:父母外出对留守儿童学业表现的影响研究.劳动经济研究,6(03),97-113.

葛可佑,常素英.(1999).中国居民微量营养素的摄入.营养学报,21(3),322-328.

郭旭.(2020).农村留守儿童语言能力发展现状及改善.才智(05),239.

国家统计局住居调查办公室.(2016).《中国住户调查年鉴》(2016).中国统计出版社.

国务院.(2011).中国儿童发展纲要(2011—2020年).

国务院办公厅.(2015).国家贫困地区儿童发展规划(2014—2020年).

国务院妇女儿童工作委员会.(2021).《中国儿童发展纲要(2021—2030年)》.

国务院人口普查办公室,国家统计局人口和就业统计司.(2010).中国2010年人口普查资料.中国统计出版社.

郝波,赵更力,张文坤,陈丽君.(2006).父母接受健康教育对儿童行为问题的影响.中国心理卫生杂志,20(5),284-287.

何守森,倪晨曦,邢光红,唐敬海,周亚平,李桂英,管国涛,李燕.(2006).家庭养育环境与早产儿及足月儿早期智力发展.中国妇幼保健,08,1079-1081.

何守森,张艳,安祥美,周亚平,王静,倪晨曦,李燕,唐敬海.(2015).家长育儿教育对幼儿情绪社会性发展的影响.中国儿童保健杂志,23(9),910-912.

侯玉娜.(2015).父母外出务工对农村留守儿童发展的影响:基于倾向得分匹配方法的实证分析.教育与经济,123(01),59-65.

胡枫,李善同.(2009).父母外出务工对农村留守儿童教育的影响——基于5城市农民工调查的实证分析.管理世界,185(02),67-74.

黄东明,杨孜,陈海燕,林迤逦,曾冠,邓成,阮世晓,邹庆红.(2006).母亲参与婴幼儿保健对母子交流情况的影响.中国妇幼保健,21(8),1041-1043.

黄志,蒋富香.(2017).武陵山区农村6—24月龄婴幼儿喂养现状及对婴幼儿营养状况的影响.卫生研究,46(05),828-831.

黄中炎,陈勇,孙佳,张汉敏.(2015).1658例婴幼儿缺铁性贫血调查分析.中国妇幼保健,30(2),266-269.

贾刚,程灶火.(2013).中国不同年代人群父母教养方式的代际差异研究.中国保健营养:下半月,(5),1445-1446.

江雯,万国斌,何慧静,韦臻.(2008).影响幼儿期智能发育的部分因素研究.中国儿童保健杂志,16(1),51-52.

蒋秋静,张华,苏祥英,周晓军.(2016).重庆市项目区县6～24个月龄婴幼儿营养干预效果研究.中国妇幼保健,31(13),2641-2643.

蒋燕,郭利娜,张荔,王超,崔颖.(2013).我国中西部4省(自治区)农村婴幼儿喂养情况及其影响因素研究.中国健康教育,29(5),394-397.

蒋长好,石长地.(2009).儿童情绪调节的发展及其影响因素.首都师范大学学报:社会科学版,4,129-133.

金华,朱舒扬,王菲,马亚萍,古桂雄.(2016).家庭运动环境对学龄前儿童运动协调能力的影响.中国妇幼保健,31(7),1519-1521.

雷洁,古桂雄.(2013).母亲社会支持系统对婴幼儿早期发展的重要性.中国妇幼保健,28(27),4580-4581.

雷庆龄,戴碧涛,宪莹,于洁.(2014).儿童营养性缺铁性贫血的危险因素分析.中国当代儿科杂志,16(1),16-19.

李东阳,王争艳,朱雪娜,王璟,潘迎,梁爱民.(2015).北京市城区婴儿养育现状调查及影响因素分析.中国儿童保健杂志,23(6),619-623.

李国凯,刘桂华,钱沁芳,葛品,谢燕钦,杨闽燕,王章琼,欧萍.(2017).家庭养育环境对发育性语言障碍儿童语言发育和社会情绪的影响.中国当代儿科杂志,19(5),555-559.

李宏彬,张俊森.(2008).同胞性别构成对受教育水平的影响.中国人力资本投资与回报》,北京:北京大学出版社.

李洁,姜艳蕊,王超霞,陈为兵,徐小娟,孙莞绮,王燕,章依文,江帆.(2014).婴幼儿认知发育的相关影响因素.中国儿童保健杂志,22(3),239-241.

李岚溪.(2018).西部贫困农村地区家庭养育环境与婴幼儿社交情绪的相关性研究.陕西师范大学.

李丽祥,常峰,徐增康,王林江,满青青,付萍,张坚,宋鹏坤.(2012).陕西宁强6～24月龄婴幼儿营养包干预半年效果评价.中国儿童保健杂志,20(5),395.

李凌艳,庞丽娟,易进,夏勇.(1997).2—6岁儿童母亲教育观念结构及其影响因素.心理科学,20(3),243-247.

李曼丽,于冬梅,刘爱东,贾凤梅,胡小琪,朴建华,赵丽云.(2011).中国贫困地区2—5岁儿童的贫血患病现状及家长喂养行为的影响因素分析.卫生研究,40(2),147-149.

李梦云,付义朝.(2020).湖北省中小学家校合作的现状、问题及对策——基于湖北省3个县市22所学校的调查与分析.教师教育论坛,33(11),30-36.

李娜,张巍.(2011).纯母乳喂养婴儿的缺铁问题研究进展.中国儿童保健杂志,19(11),999-1001.

李沛霖,刘鸿雁.(2017).中国儿童母乳喂养持续时间及影响因素分析——基于生存分析方法的研究.人口与发展,23(02),100-112.

李青颖,刘琴,刘舒丹,祝微,程绪婷,蔡林利,杜成凤,贺安然.(2013).重庆市0—36月龄婴幼儿母乳喂养现状及其影响因素分析.中国儿童保健杂志,21(11),1222.

李庆海,孙瑞博,李锐.(2014).农村劳动力外出务工模式与留守儿童学习成绩——基于广义倾向得分匹配法的分析.中国农村经济,358(10),4-20.

李珊珊,王博雅,陈鹏,汤蕾,史耀疆.(2019).中国农村贫困地区婴幼儿社交情绪发展及影响分析的实证研究.华东师范大学学报:教育科学版,37(3),37-50.

李珊珊,王博雅,岳爱,张念蕊,罗仁福,史耀疆.(2018).贫困农村地区婴幼儿社交情绪发展现状及风险因素分析.学前教育研究,4,14-27.

李珊珊,岳爱,刘国恩,孙宇.(2021).母亲外出务工对儿童早期发展的影响研究——基于养育未来随机干预调查的证据.劳动经济研究,9(2),3-25.

李树燕,唐敏,李彩彦,查文静.(2019).农村贫困地区0~3岁儿童早期发展的意义,困境与出路.当代教育论坛,6,31-40.

李艳芳.(2014).护理干预对高危妊娠产妇情绪的影响分析.基层医学论坛,18(36),4938-4939.

李艳玮,李燕芳,刘丽莎.(2012).家庭收入对儿童早期语言能力的影响作用及机制:家庭学习环境的中介作用.中国特殊教育,02,63-68,75.

李燕娟,王雨吟.(2018).自悯信书写对年轻女性客体化身体意识的作用.中国临床心理学杂志,26(1),179-183.

李英,贾米琪,郑文廷,汤蕾,白钰.(2019).中国农村贫困地区儿童早期认知发展现状及影响因素研究.教育探究,37(3),17-32.

李云森.(2013).自选择、父母外出与留守儿童学习表现——基于不发达地区调查的实证研究.经济学(季刊),12(03),1027-1050.

联合国儿童基金会.(2012).2012世界儿童状况报告.

梁颖,赵亚茹.(2002).轻度缺铁性贫血对婴幼儿智能及行为发育影响的研究.中国实用儿科杂志,17(12),738-740.

廖志梅,郝国平.(2011).6月—36月婴幼儿缺铁性贫血相关因素分析.中国医疗前沿,23,47-49.

林广起,谷梅,王宏丽,赵秀梅,孙晶华.(2012).婴幼儿早期教育对智能发育影响效果的研究.中外健康文摘,009(002),164-165.

林华川,郭敬民.(2019).儿童早期发展科学干预对婴幼儿生长发育的影响分析.中外医疗,38(3),3.

林良明,宋小芳,刘玉琳,马官福,谈藏文,蒋竟雄,刘敏,刘春燕,王力.(2003).中国儿童维生素A缺乏与贫血关系分析.中国儿童保健杂志,11(4),242-244.

凌辉,张建人,易艳,周立健,洪婉妍,文晶.(2012).分离年龄和留守时间对留守儿童行为和情绪问题的影响.中国临床心理学杂志,20(5),674-678.

刘国艳,王惠珊,张建端,连光利,黄小娜,石淑华.(2008a).父母教养方式对幼儿行为及情绪的影响.医学与社会,21(5),41-43.

刘国艳,王惠珊,张建端,连光利,黄小娜,石淑华.(2008b).中国幼儿社会性和情绪发展及影响因素.中国行为医学科学,17(3),248-251.

刘国艳,张建端,时俊新,吴静,石淑华,王惠珊,连光利,黄小娜.(2006).婴幼儿社会性和情绪发展的影响因素研究.中国儿童保健杂志,14(3),32-34.

刘黎明,王懿,陈霞,孙刚,张琳,董海鹏.(2002).农村婴幼儿喂养的家庭行为因素与教育策略.中国行为医学
科学,11(5),557-559.

刘丽莎,李燕芳.(2013).母亲抑郁和惩罚对儿童早期问题行为的影响及父亲的保护作用.心理发展与教育,
29(5),533-540.

刘爽,李骏,龚晨睿,程茅伟,李忻芝,宋毅.(2014).湖北农村地区6—23月龄婴幼儿贫血状况分析.中国公共
卫生,30(7),899-902.

刘霞,赵景欣,申继亮.(2007).农村留守儿童的情绪与行为适应特点.中国教育学刊,6,6-8.

刘学样.(2017).婴幼儿养育行为的现状及影响因素研究.陕西师范大学.

刘颖,林尧,梁仲齐,邢增才.(2013).婴幼儿家长科学喂养知识知晓率及影响因素分析.中国妇幼保健,28
(10),1554-1557.

刘云芬,李燕.(2013).婴幼儿早期发展综合干预研究进展的启示.中国保健营养旬刊,12.

龙也,钟燕.(2015).婴幼儿喂养困难影响因素研究.中国儿童保健杂志,23(2),156-158.

卢平,喻茜,冯佩,吴冰,卞晓燕.(2018).昆山市婴幼儿早期社交情绪发育状况及影响因素.江苏预防医学,29
(4),451-452.

卢珊,郭文婷,李亚庆,姜霁航,王争艳,邢晓沛.(2018).家庭社会经济地位对幼儿词汇理解的影响:多重中介
效应分析.心理科学,41(6),1359-1365.

鹿盼婷,王镜淞,江卫红,钱昌丽,李娜,朱欣娅,王玉.(2020).2018—2019年甘肃省贫困农村0—23月龄婴
幼儿喂养现状.卫生研究,49(5),731-743.

吕文慧,苏华山,黄姗姗.(2018).被忽视的潜在贫困者:农村留守儿童多维贫困分析.统计与信息论坛,33
(11),90-99.

罗仁福,张立生,梁夏,刘承芳,张林秀.(2017).陕南贫困农村地区婴幼儿喂养行为及风险因素分析.中国公
共卫生,33(09),1306-1309.

马俊龙.(2017).外出务工、教育期望与子女学习成绩.教育与经济,5,87-96.

孟丽苹,付萍,张坚,常峰,王林江,张发胜,满青青,宋鹏坤,李丽祥.(2011).陕西镇安县36月龄以下婴幼儿
营养与健康状况调查.中国儿童保健杂志,19(11),983-985.

穆凤霞,付立平,张淑一,贾妮,杜文杰,田淑英,谢艳华,戴耀华.(2008).北京市怀柔区0—2岁儿童早期发展
干预研究.中国儿童保健杂志,577-579.

齐小平,王文杰.(2005).农村婴幼儿喂养中存在的问题与对策.中国实用乡村医生杂志,12(5),67-68.

钱兴国,谭丽莎,梁可容.(2003).不同喂养方式对婴儿生长发育和常见病的影响.中国初级卫生保健,17(1),
71-72.

乔建梦.(2017).12—36月龄婴幼儿家长教养信念和行为对婴幼儿社会情绪能力的影响[博士].上海师范
大学.

秦炜森,蔡迎旗.(2013).美国儿童营养计划 WIC 项目的由来、内容及特色.学前教育研究,6,5.

全国妇联课题组.(2013).全国农村留守儿童城乡流动儿童状况研究报告.中国妇运,6,30-34.

人民网.(2015).《联合国儿基会专家:对儿童早期投入回报率达 1:17》.

邵洁.(2015).胎婴儿期合理铁营养与儿童大脑发育.中国实用儿科杂志,30(12),892-896.

申鸿,李高中,李瑞林.(2011).陕西农村婴幼儿喂养行为的影响因素.保健医学研究与实践,8(4),23-25.

十九大报告.(2017).决胜全面建成小康社会 夺取新时代中国特色社会主义伟大胜利——习近平在中国共产党第十九次全国代表大会上的报告.

石瑞琪,刘莉,邢晓沛.(2019).家庭社会经济地位与学前儿童问题行为和社会能力的关系:直接路径和间接路径.第二十二届全国心理学学术会议摘要集.

史耀疆,张林秀,常芳,刘涵,唐彬,高秋风,关宏宇,聂景春,杨洁,白钰,李英,汤蕾,岳爱,茹彤.(2020).教育精准扶贫中随机干预实验的中国实践与经验.华东师范大学学报(教育科学版),38(8),1-67.

宋佳,秦锐,张丹,李婧,赵艳,张桂香,吴娇娇,胡幼芳.(2014).南京市 1—3 岁儿童社会性与情绪问题的调查研究.中国妇幼保健,29(27),4476-4478.

宋佳,张丹,李婧,赵艳,秦锐,胡幼芳.(2016).江苏省幼儿家庭养育环境与幼儿社会性和情绪问题的相关性研究.中国儿童保健杂志,24(3),256-259.

宋月萍.(2007).中国农村儿童健康:家庭及社区影响因素分析.中国农村经济,10,69-76.

苏群,徐月娥,陈杰.(2015).父母外出务工与留守子女辍学——基于 CHNS 调查数据的经验分析.教育与经济,124(2),67-72.

孙倩倩,王俊丽,薛敏波,盛晓阳.(2009).不发达地区农村 6 至 8 月龄婴幼儿喂养指数的横断面调查与其生长发育的相关性研究.中国循证儿科杂志,4(6),499-503.

孙锐丽.(2015).河南省农村留守幼儿同伴交往能力的发展现状研究[博士].河南大学.

孙艳艳.(2015).0—3 岁儿童早期发展家庭政策与公共服务探索.收入社会科学,422(10),65-72.

汤蕾,罗霞,李英,聂景春,杨吉酉.(2019).中国农村贫困地区 6—30 月龄儿童喂养状况和影响因素的实证研究.华东师范大学学报(教育科学版),37(03),84-96.

汪琳琳.(2014).幼儿父亲教养行为,父子依恋的结构及其关系.鲁东大学.

汪之顼,盛晓阳,苏宜香.(2016).《中国 0~2 岁婴幼儿喂养指南》及解读.营养学报,38(2),105-109.

王博雅,李珊珊,岳爱,李英,史耀疆.(2019).我国西部贫困地区儿童早期语言发展现状及影响因素分析.华东师范大学学报:教育科学版,37(3),47-57.

王春阳,郭平.(2007).抑郁症患者子女行为问题及其相关因素探讨.中国实用神经疾病杂志,8,64-65.

王芳,周兴.(2012).家庭因素对中国儿童健康的影响分析.人口研究,36(2),50-59.

王飞英,倪勇,倪钰飞,刘维韦,胡鹏.(2015).南通市 427 例 1—3 岁幼儿情绪社会化发展现况研究.中国妇幼保健,30(33),5832-5836.

王丽,傅金芝.(2005).国内父母教养方式与儿童发展研究.心理科学进展,3,298-304.

王丽娟,李文仙,孙静,霍军生,董彩霞.(2011).甘肃省贫困县6—23月龄婴幼儿喂养状况调查.卫生研究,40(3),327‐330.

王沛荣.(2016).育儿知识宣教对产妇育儿知识认知及婴幼儿发育的影响.按摩与康复医学,7(2),124‐125.

王启现,孙君茂,刘自杰.(2007).我国城乡婴幼儿营养健康状况及差异分析.中国公共卫生,23(2),153‐154.

王卫平.(2013).儿科学(第8版).人民卫生出版社.

王鲜艳,姚英民,谢松敏.(2006).297例婴幼儿智力及运动发展影响因素分析.广东医学,27(1),114‐116.

王小燕,徐海青.(2008).婴幼儿生长迟缓的影响因素.中国儿童保健杂志,16(6),690‐691.

王妍,白钰,刘承芳,史耀疆.(2019).父母返乡对留守儿童学业表现的影响——基于西北贫困农村130所学校的研究.劳动经济研究,7(1),78‐98.

王瑶,景维民,张雪凯.(2019).留守儿童获得了更多的家庭教育投入吗?——基于CEPS数据的实证分析.南方人口,34(6),15‐28.

王玉琼,马新丽,王田合.(2005).留守儿童问题儿童?——农村留守儿童抽查.中国统计,1,59‐60.

王玉英,陈春明,何武.(2009).关于建立中国农村6—23月龄婴幼儿喂养指数的分析.卫生研究,38(3),304‐306.

韦桂姬,李桂萍,彭力科.(2013).城市农民工母亲婴幼儿早期教育行为态度的调查.中国妇幼保健,28(9),1460‐1462.

韦萍,左梦玲,丘小霞,陈月华,蒙晓梅.(2016).补充儿童营养素对血红蛋白影响的干预研究.中国儿童保健杂志,24(10),1110‐1112.

卫生部.(2012).中国0—6岁儿童营养发展报告(2012).

卫生部.(2012).中国妇幼卫生事业发展报告(2011).中国妇幼卫生杂志,3(2),49‐58.

魏佳琦,刘冬梅,白静波.(2010).浅谈早期教育对0—3岁婴幼儿智能发育的影响.中国实用医药,7,262‐263.

吴春艳,吴婕翎,胡华芸,付敏,罗丽辉.(2017).WPPSI—IV和ASQ—SE量表应用于儿童早期发育筛查研究.国际儿科学杂志,44(5),362‐365.

吴映雄,杜康力.(2014).父母外出打工对留守儿童的学业成绩的影响——基于性别差异的视角.特区经济,303(4),186‐189.

夏洁,高健.(2007).影响新生儿母乳喂养的相关因素及分析.中国妇幼保健,22(21),3032‐3033.

夏小英.(2020).家庭社会经济地位与儿童入学准备的关系:家长参与的中介作用.当代教育论坛,5,1‐11.

夏秀兰.(2009).山西农村婴幼儿智能发育状况分析.中国妇幼保健,24(20),2795‐2797.

肖乾玉.(2011).皮肤接触早吸吮,早开奶与泌乳状况的分析.中国中医药咨讯,3(7),374‐374.

徐娇,霍军生,孙静,黄建.(2017).国内外6—24月龄婴幼儿辅食营养包干预研究.收入中国食品卫生杂志,29(5),550‐555.

徐康,张翠梅,黄连红,付四毛,刘玉玲,陈昂,欧俊斌.(2015).6—12 月龄婴儿缺铁性贫血的危险因素分析及对神经心理发育的影响.中国当代儿科杂志,17(8),830-836.

徐曼,刘小红,杜亚梅,杨永华,李正浩.(2009).陕西关中农村婴幼儿智力运动发育水平与影响因素分析.西安交通大学学报:医学版,30(2),181-184.

徐姗姗,黄红,张劲松,卞晓燕,吕娜,吕莹波,陈瑶.(2011).贝利婴幼儿发育量表—第三版评价上海市婴幼儿发育水平的应用初探.中国儿童保健杂志,19(01),30-32.

许瑾瑾,杨育明.(2015).幼儿社会性和情绪发展影响因素研究.中外医学研究,10,80-82.

许琪,李瑞莉,金春华,张悦,张丽丽,李娜,肖峰,尹德卢,王利红,辛倩倩,政晓果,殷涛,杨慧敏,王晓燕,王建红,高海涛,王贺茹,宋文红,陈博文.(2015).北京市 0—3 岁儿童神经心理发育现状及影响因素分析.中国妇幼保健,30(20),3404-3406.

闫立英,刘月娥.(2004).对 91 名儿童进行早期教育效果的探讨.临床医药实践,013(004),319-320.

严标宾,郑雪.(2006).农村小学生父母养育方式与社交焦虑的关系.中国心理卫生杂志,20(5),291-293.

晏妮,于尧.(2017).在美国样本中母亲抑郁症状与儿童退缩的关系:教养行为的中介作用.心理发展与教育,33(1),1-10.

杨碧云.(2009).早期教育对 0~3 岁婴幼儿智能发育影响的效果评价.当代护士:学术版,6,27-29

杨进,刘小红.(2016).北京农村地区婴幼儿智力运动发育水平及影响因素.中国妇幼健康研究,1,1-4,9.

杨菊华,段成荣.(2008).农村地区流动儿童、留守儿童和其他儿童教育机会比较研究.人口研究,No.169(01),11-21.

杨宁.(2005).动作和运动在儿童早期心理发展中的作用.体育学刊,72(2),43-46.

杨振宇,赖建强,汪之顼,赵显峰,荫士安.(2011).辅食添加对婴幼儿贫血的影响.中国儿童保健杂志,19(11),3.

叶睿雪,孙率,杨文博,吴玉菊,陈跃辉,周欢.(2017).西部贫困农村地区婴幼儿社会情感现状及其影响因素研究.中国全科医学,20(12),1480-1485.

于雷.(2015).长春市婴幼儿成长现状及影响因素分析[硕士毕业论文].吉林大学.

于源浩,徐凌忠,盖若琰,崔依萌,杨平,李军.(2014).山东省农村学龄前留守儿童情绪和行为问题及影响因素分析.中国儿童保健杂志,22(9),906-909.

俞国良,陈诗芳.(2001).小学生生活压力、学业成就与其适应行为的关系.心理学报,4,344-348.

袁梦,郑筱婷.(2016).父母外出对农村儿童教育获得的影响.中国农村观察,3,53-63.

袁敏.(2015).健康教育联合辅食添加对婴幼儿缺铁性贫血的预防效果.中国妇幼保健,30(28),4779-4781.

袁晓娇,方晓义,刘杨,李芷若.(2009).教育安置方式与流动儿童城市适应的关系.北京师范大学学报:社会科学版,5,25-32.

岳爱,蔡建华,白钰,汤蕾,史耀疆,罗仁福,罗斯高.(2019).中国农村贫困地区 0—3 岁婴幼儿面临的挑战及可能的解决方案.华东师范大学学报(教育科学版),37(03),1-16.

岳爱,张念蕊,李亮亮,李珊珊,罗仁福,史耀疆.(2017).陕西省南部贫困农村婴幼儿养育行为现状及其风险因素分析.中国儿童保健杂志,25(9),921 - 924.

张丹,秦锐,宋佳,李婧,赵艳,胡幼芳.(2015).江苏省城市幼儿社会性和情绪发展现况及影响因素研究.中国儿童保健杂志,23(3),247 - 249.

张富洪,杨慧彤,冯经彩.(2015).学前儿童情绪障碍的家庭影响因素及干预策略.教育导刊月刊,1,78 - 81.

张华.(2013).随迁子女、城市和留守学龄儿童体质健康的比较研究.科技信息,23,200 - 202.

张杰,王美芳.(2009).母亲心理健康、教养行为与幼儿焦虑的关系.中国心理卫生杂志,5,353 - 357.

张洁.(2019).国外贫困与儿童语言发展研究的回顾与展望.语言战略研究,4(1),44 - 55.

张林秀.(2013).随机干预试验——影响评估的前沿方法.地理科学进展,06,5 - 13.

张璐,张永爱,张海苗.(2018).陕西省农村留守妇女家庭亲密度与适应性和抑郁、社会支持的相关性.中国健康心理学杂志,26(9),1374 - 1378.

张明红,陈菲菲.(2014).上海市0—3岁婴幼儿父母教养行为现状调查.幼儿教育:教育科学,11,40 - 43.

张倩男,孙静,贾旭东,霍军生.(2015).营养包对我国婴幼儿营养干预效果的Meta分析.卫生研究,44(6),970 - 977.

张瑞芳,孙莞绮,王文丽,范果叶,白桦,姜艳蕊,王燕,徐小娟,宋沅瑾,朱绮.(2015).110名婴幼儿认知发育的影响因素.中国妇幼健康研究,3,399 - 401.

张思敏.(2016).农村婴幼儿运动能力现状的调查研究.陕西师范大学.

张淞文.(1995).生男生女对妇女身心健康的影响.中国妇幼保健,10(2),101 - 101.

张晓,陈会昌,张银娜,孙炳海.(2009).家庭收入与儿童早期的社会能力:中介效应与调节效应.心理学报,41(7),613 - 623.

张亚南.(2016).甘肃省贫困地区6—24月龄婴幼儿营养不良状况及影响因素分析[硕士].兰州大学.

张亚钦,李辉,武华红,宗心南.(2018).2015年中国九城市婴幼儿大动作发育的调查研究.中华儿科杂志,56(12),923 - 928.

章志红,朱小康,廖承红,邓晓敏,章俊颖,章慧云.(2015).学龄前儿童家长喂养行为及其影响因素分析.中国妇幼保健,30(17),2784 - 2787.

赵惠君.(2012).儿童缺铁和缺铁性贫血的防治.实用儿科临床杂志,27(3),163 - 165.

赵记辉.(2018).政策与行动:中国儿童早期发展的探索.黑龙江教育学院学报,37(5),68 - 70.

赵静,李甦.(2012).早产对儿童认知发展的影响.国际生殖健康/计划生育杂志,31(3),220 - 224.

赵如婧,周皓.(2018).儿童健康发展的比较研究.青年研究,1,12.

赵文莉,杨海霞,陈瑞,王文龙,李慧.(2012).甘肃省贫困农村地区5岁以下儿童营养不良和贫血状况调查.中国健康教育,28(1),12 - 15.

赵振国.(2012).隔代教养对幼儿情绪调节策略发展影响的城乡差异研究.心理研究,5(4),29 - 35.

赵职卫,徐海青,戴琼,王小燕,周爱琴,汪鸿.(2013).喂养人喂养行为对婴幼儿喂养困难影响的研究.中国儿童保健杂志,21(3),262-265.

郑小璇,熊超,刘娜,杨昌友,杨森焙,张静.(2013).中国西部五省农村婴幼儿营养不良及影响因素分析.中国
公共卫生,29(1),19-22.

中国农村婴幼儿能力发展滞后.(2018).领导决策信息.

中国人民共和国国务院.(2011).《中国儿童发展纲要(2011—2020年)》.人民出版社.

《中华儿科杂志》编辑委员会,中华医学会儿科学分会血液学组,中华医学会儿科分会儿童保健学组.(2010).
儿童缺铁和缺铁性贫血防治建议.中国儿童保健杂志,18(8),724-726.

中华人民共和国卫生部,中国国家标准化管理委员会.(2008).《辅食营养补充品通用标准》(GB/T22570-
2008).

钟斌,姚树桥.(2012).农村留守妇女的抑郁症状及相关心理社会因素.中国临床心理学杂志,20(6),3.

钟宇平,陆根书.(2006).社会资本因素对个体高等教育需求的影响.高等教育研究,27(1),39-47.

周皓.(2013).家庭社会经济地位、教育期望、亲子交流与儿童发展.青年研究,3,11-26,94.

周念丽,徐芳芳.(2012).父母育儿缺失对农村幼儿社会化发展的影响——基于湖南958名3—4岁幼儿的心
理发展调查.学前教育研究,215(11),26-30.

周群峰.(2017).农村地区儿童早期发展现状调查——中国农村婴幼儿能力的隐忧.中国新闻周刊,7(25),
14-23.

周秀琴.(2010).城乡小班幼儿社交能力的发展现状与教育建议.学前教育研究,8,43-46.

周燕.(1998).我国学前儿童社会性发展研究中存在的问题.学前教育研究,2,3-7.

朱大倩,施慎逊.(2013).母亲焦虑抑郁对儿童情绪和行为的影响作用.中国儿童保健杂志,21(12),1286.

朱雪娜,梁爱民,李东阳,闫淑娟.(2011).2—3岁农村儿童气质与父母养育方式对其同期及2年后行为影响
的研究.中国儿童保健杂志,19(7),593.

朱艳梅.(2015).儿童早期发展的研究与实践.国际学术动态,2,25-28.

朱宗涵.(2011).生命最初1000天:改变一生,改变未来.中国儿童保健杂志,19(8),681-682.

朱宗涵.(2014).我国儿童保健的历程:从儿童生存到儿童发展.中国儿童保健杂志,4(6),1-3.

邹冰.(2012).儿童孤独症与特定性言语和语言发育障碍的鉴别诊断.中国儿童保健杂志,20(10),867-868.

邹薇,张芬.(2006).农村地区收入差异与人力资本积累.中国社会科学,2,67-79,206.

Abebe, L., Aman, M., Asfaw, S., Gebreyesus, H., Teweldemedhin, M. & Mamo, A. (2019).
Formula-feeding practice and associated factors among urban and rural mothers with infants 0-6 months
of age: A comparative study in Jimma zone Western Ethiopia. BMC Pediatrics, 19(1),1-10.

Aber, J.L., Jones, S. & Cohen, J. (2000). The impact of poverty on the mental health and development
of very young children. Handbook of infant mental health, 2nd ed, 113-128.

Aboud, F.E., Singla, D.R., Nahil, M.I. & Borisova, I. (2013). Effectiveness of a parenting program in
Bangladesh to address early childhood health, growth and development. Social Science, Medicine, 97,

250 - 258.

ADRIANA, G. (2003). Reading: A Route to Literacy Development. Handbook of early literacy research, 1,179 - 191.

Adu-Afarwuah, S., Lartey, A., Brown, K.H., Zlotkin, S., Briend, A. & Dewey, K.G. (2008). Home fortification of complementary foods with micronutrient supplements is well accepted and has positive effects on infant iron status in Ghana. The American journal of clinical nutrition, 87(4),929 - 938.

Akman, M., Cebeci, D., Okur, V., Angin, H., Abali, O. & Akman, A.C. (2004). The effects of iron deficiency on infants' developmental test performance. Acta Paediatrica, 93(10),1391 - 1396.

Alexander, K.L., Entwisle, D.R. & Bedinger, S.D. (1994). When expectations work: Race and socioeconomic differences in school performance. Social psychology quarterly, 283 - 299.

Al-Hassan, S.M. & Lansford, J.E. (2011). Evaluation of the Better Parenting Programme in Jordan. Early Child Development and Care, 181(5),587 - 598.

Almås, I., Attanasio, O., Jalan, J., Oteiza, F. & Vigneri, M. (2018). Using data differently and using different data. Journal of Development Effectiveness, 10(4),462 - 481.

Almond, D. & Currie, J. (2011). Human Capital Development before Age Five. Handbook of Labor Economics, 4,1315 - 1486.

Altafim, E.R.P., McCoy, D.C. & Linhares, M.B.M. (2018). Relations between parenting practices, socioeconomic status, and child behavior in Brazil. Children and Youth Services Review, 89,93 - 102.

Alwin, D.F. (1991). Family of origin and cohort differences in verbal ability. American Sociological Review, 625 - 638.

Ambler, K., Aycinena, D. & Yang, D. (2015). Channeling Remittances to Education: A Field Experiment among Migrants from El Salvador. American Economic Journal: Applied Economics, 7(2), 207 - 232.

Anderson, P.J. & Doyle, L.W. (2008). Cognitive and educational deficits in children born extremely preterm. Seminars in Perinatology, 32(1),51 - 58.

Andrew, A., Attanasio, O., Fitzsimons, E. & Rubio-Codina, M. (2016). Why is multiple micronutrient powder ineffective at reducing anaemia among 12 - 24 month olds in Colombia? Evidence from a randomised controlled trial. SSM-population health, 2,95 - 104.

Angrist, J., Lavy, V. & Schlosser, A. (2010). Multiple experiments for the causal link between the quantity and quality of children. Journal of Labor Economics, 28(4),773 - 824.

Antman, F.M. (2018). The Oxford Handbook of Women and the Economy. The Oxford Handbook of Women and the Economy. Oxford University Press.

Aram, D.M., Ekelman, B.L. & Nation, J.E. (1984). Preschoolers with language disorders: 10 years later. J Speech Hear Res, 27(2),232.

Araujo, M. C. , Ardanaz, M. , Armendáriz, E. , Behrman, J. R. , Berlinski, S. , Cristia, J. P. , Flabbi, L. , Hincapie, D. , Jalmovich, A. & Kagan, S. L. (2015). The early years: Child well-being and the role of public policy. Hampshire, UK: Interamerican Development Bank.

Asare, B. Y.-A. , Preko, J. V. , Baafi, D. & Dwumfour-Asare, B. (2018). Breastfeeding practices and determinants of exclusive breastfeeding in a cross-sectional study at a child welfare clinic in Tema Manhean, Ghana. International Breastfeeding Journal, 13(1),1 - 9.

Åslund, O. & Grönqvist, H. (2010). Family size and child outcomes: Is there really no trade-off? Labour Economics, 17(1),130 - 139.

Athey, S. & Imbens, G. (2016). Recursive partitioning for heterogeneous causal effects. Proceedings of the National Academy of Sciences, 113(27),7353 - 7360.

Attanasio, O. P. , Fernández, C. , Fitzsimons, E. O. , Grantham-McGregor, S. M. , Meghir, C. & Rubio-Codina, M. (2014). 'Using the infrastructure of a conditional cash transfer program to deliver a scalable integrated early child development program in Colombia: cluster randomized controlled trial', BMJ, vol. 349, p. g5785.

Attanasio, O. , Cattan, S. , Fitzsimons, E. , Meghir, C. & Rubio-Codina, M. (2020). Estimating the production function for human capital: Results from a randomized controlled trial in Colombia. American Economic Review, 110(1),48 - 85.

Ayoub, C. , O'Connor, E. , Rappolt-Schlictmann, G. , Vallotton, C. , Raikes, H. & Chazan-Cohen, R. (2009). Cognitive skill performance among young children living in poverty: Risk, change, and the promotive effects of Early Head Start. Early Childhood Research Quarterly, 24(3),289 - 305.

Balarajan, Y. , Ramakrishnan, U. , Özaltin, E. , Shankar, A. H. & Subramanian, S. V. (2011). Anaemia in low-income and middle-income countries. The lancet, 378(9809),2123 - 2135.

Becker, G. S. (1962). Investment in human capital: A theoretical analysis. Journal of Political Economy, 70(5, Part 2),9 - 49.

Becker, G. S. & Lewis, H. G. (1973). On the Interaction between the Quantity and Quality of Children. Journal of political Economy, 81(2, Part 2),S279 - S288.

Becker, G. S. & Tomes, N. (1976). Child endowments and the quantity and quality of children. Journal of political Economy, 84(4, Part 2),S143 - S162.

Beitchman, J. H. , Wilson, B. , Brownlie, E. B. , Walters, H. & Lancee, W. (1996). Long-term consistency in speech/language profiles: I. Developmental and academic outcomes. J Am Acad Child Adolesc Psychiatry, 35(6),804 - 814.

Belmont, L. & Marolla, F. A. (1973). Birth Order, Family Size, and Intelligence: A study of a total population of 19-year-old men born in the Netherlands is presented. Science, 182(4117),1096 - 1101.

Belsky, J. (1984). The determinants of parenting: A process model. Child development, 83 - 96.

Berlinski, S. B. A., Sebastian, G. & Paul, G. (2009). The effect of pre-primary education on primary school performance — ScienceDirect. Journal of Public Economics, 93(1 - 2),219 - 234.

Bernardes, K. I. (2010). Avaliação do Primeira Infancia Melhor através de estudos de casos: O encontro entre a educação formal e não-formal.

Bertrand, M., Duflo, E. & Mullainathan, S. (2004). How much should we trust differences-in-differences estimates? The Quarterly journal of economics, 119(1),249 - 275.

Bettes, B. A. (1988). Maternal depression and motherese: Temporal and intonational features. Child development, 1089 - 1096.

Bianchi, S. M. (2000). Maternal employment and time with children: Dramatic change or surprising continuity? Demography, 37(4),401 - 414.

Bitler, M. P., Hoynes, H. W. & Domina, T. (2014). Experimental Evidence on Distributional Effects of Head Start. Social Science Electronic Publishing.

Björklund, A., Eriksson, T., Jäntti, M., Raaum, O. & Österbacka, E. (2004). Family Structure and labour market success: The influence of siblings and birth order on the earnings of young adults in Norway, Finland and Sweden. Generational income mobility in North America and Europe (207 - 225). Cambridge University Press.

Black, M. M., Baqui, A. H., Zaman, K., McNary, S. W., Le, K., Arifeen, S. E., Hamadani, J. D., Parveen, M., Yunus, M. D. & Black, R. E. (2007). Depressive symptoms among rural Bangladeshi mothers: Implications for infant development. Journal of Child Psychology and Psychiatry, 48(8),764 - 772.

Black, M. M. & Dewey, K. G. (2014). Promoting equity through integrated early child development and nutrition interventions. Annals of the New York Academy of Sciences, 1308(1),1 - 10.

Black, M. M., Walker, S. P., Fernald, L. C. H., Andersen, C. T., DiGirolamo, A. M., Lu, C., McCoy, D. C., Fink, G., Shawar, Y. R., Shiffman, J., Devercelli, A. E., Wodon, Q. T., Vargas-Barón, E. & Grantham-McGregor, S., Lancet Early Childhood Development Series Steering Committee. (2017). Early childhood development coming of age: Science through the life course. Lancet (London, England), 389(10064),77 - 90.

Black, R. E., Victora, C. G., Walker, S. P., Bhutta, Z. A., Christian, P., de Onis, M., Ezzati, M., Grantham-McGregor, S., Katz, J., Martorell, R., Uauy, R. & Maternal and Child Nutrition Study Group. (2013). Maternal and child undernutrition and overweight in low-income and middle-income countries. Lancet (London, England), 382(9890),427 - 451.

Black, S. E., Breining, S., Figlio, D. N., Guryan, J., Karbownik, K., Nielsen, H. S., Roth, J. & Simonsen, M. (2021). Sibling spillovers. The Economic Journal, 131(633),101 – 128.

Black, S. E., Devereux, P. J. & Salvanes, K. G. (2005). The more the merrier? The effect of family size and birth order on children's education. The Quarterly Journal of Economics, 120(2),669 – 700.

Blake, J. (1989). Family size and achievement (Vol. 3). Berkeley: University of California Press.

Blustein, J., Chan, S. & Guanais, F. C. (2004). Elevated depressive symptoms among caregiving grandparents. Health Services Research, 39(6p1),1671 – 1690.

Blyth, R., Creedy, D. K., Dennis, C.-L., Moyle, W., Pratt, J. & De Vries, S. M. (2002). Effect of maternal confidence on breastfeeding duration: An application of breastfeeding self-efficacy theory. Birth, 29(4),278 – 284.

Bono, E. D., Francesconi, M., Kelly, Y. & Sacker, A. (2016). Early Maternal Time Investment and Early Child Outcomes. The Economic Journal, 126(596),F96 – F135.

Bost, K. K., Vaughn, B. E., Washington, W. N., Cielinski, K. L. & Bradbard, M. R. (1998). Social competence, social support, and attachment: Demarcation of construct domains, measurement, and paths of influence for preschool children attending Head Start. Child development, 69(1),192 – 218.

Boyle, C. A., Decouflé, P. & Yeargin-Allsopp, M. (1994). Prevalence and Health Impact of Developmental Disabilities in US Children. Pediatrics, 93(3),399 – 403.

Bradley, R. H. & Corwyn, R. F. (2002). Socioeconomic status and child development. Annual Review of Psychology, 53,371 – 399.

Bradley, R. H. & Corwyn, R. F., Whiteside-Mansell, L. (1996). Life at home: Same time, different places — An examination of the HOME inventory in different cultures. Early Development and Parenting: An International Journal of Research and Practice, 5(4),251 – 269.

Bretherton, I. (1992). The origins of attachment theory: John Bowlby and Mary Ainsworth. Developmental psychology, 28(5),759.

Breznitz, Z. & Sherman, T. (1987). Speech patterning of natural discourse of well and depressed mothers and their young children. Child Development, 395 – 400.

Britto, P. R., Lye, S. J., Proulx, K., Yousafzai, A. K., Matthews, S. G., Vaivada, T., Perez-Escamilla, R., Rao, N., Ip, P., Fernald, L. C. H., MacMillan, H., Hanson, M., Wachs, T. D., Yao, H., Yoshikawa, H., Cerezo, A., Leckman, J. F. & Bhutta, Z. A. (2017). Nurturing care: Promoting early childhood development. The Lancet, 389(10064),91 – 102.

Broadhead, J. C. & Abas, M. A. (1998). Life events, difficulties and depression among women in an urban setting in Zimbabwe. Psychological medicine, 28(1),29 – 38.

Brooks-Gunn, J. & Duncan, G. J. (1997). The effects of poverty on children. The future of children, 7,

55 – 71.

Brown, D. C. M., Copeland, D. K. A. & Sucharew, D. H. (2012). Social-emotional problems in preschool-aged children: opportunities for prevention and early intervention. Archives of Pediatrics, Adolescent Medicine, 166(10),926.

Brown, P. H. & Park, A. (2002). Education and poverty in rural China. Economics of education review, 21(6),523 – 541.

Bruhn, M. & McKenzie, D. (2009). In pursuit of balance: Randomization in practice in development field experiments. American economic journal: applied economics, 1(4),200 – 232.

Buschmann, A., Jooss, B., Rupp, A., Feldhusen, F., Pietz, J. & Philippi, H. (2009). Parent based language intervention for 2-year-old children with specific expressive language delay: A randomised controlled trial. Archives of disease in childhood, 94(2),110 – 116.

Cabrera, N. J., Fagan, J., Wight, V. & Schadler, C. (2011). Influence of mother, father, and child risk on parenting and children's cognitive and social behaviors. Child development, 82(6),1985 – 2005.

Campbell, F. A., Conti, G., Heckman, J. J., Moon, S. H., Pinto, R., Pungello, E. & Pan, Y. (2014). Early Childhood Investments Substantially Boost Adult Health. Science, 343(6178),1478.

Campbell, F. A., Pungello, E. P., Miller-Johnson, S., Burchinal, M. & Ramey, C. T. (2001). The development of cognitive and academic abilities: Growth curves from an early childhood educational experiment. Dev Psychol, 37(2),231 – 242.

Carlson, S. M., Davis, A. C. & Leach, J. G. (2005). Less is more: Executive function and symbolic representation in preschool children. Psychological science, 16(8),609 – 616.

Cassel, J. (1976). The contribution of the social environment to host resistance: The Fourth Wade Hampton Frost Lecture. American journal of epidemiology, 104(2),107 – 123.

Chan, M. (2013). Linking child survival and child development for health, equity, and sustainable development. The Lancet, 381(9877),1514.

Chan, S. W., Williamson, V. & McCutcheon, H. (2009). A comparative study of the experiences of a group of Hong Kong Chinese and Australian women diagnosed with postnatal depression. Perspectives in Psychiatric Care, 45(2),108 – 118.

Chang, S. M., Walker, S. P., Grantham-McGregor, S. & Powell, C. A. (2002). Early childhood stunting and later behaviour and school achievement. Journal of Child Psychology and Psychiatry, 43 (6), 775 – 783.

Chen, C., He, W., Wang, Y., Deng, L. & Jia, F. (2011). Nutritional Status of Children during and post-Global Economic Crisis in China. Biomedical and Environmental Sciences, 24(4),321 – 328.

Chen, C., Wang, Y. & He, W. (2015). The Formulation, Application and Development of

YingYangBao for Early Child Nutrition Improvement in China.

Chen, F.-M. & Luster, T. (1999). Factors related to parenting behavior in a sample of adolescent mothers with two-year-old children. Early Child Development and Care, 153(1),103 – 119.

Chernichovsky, D. (1985). Socioeconomic and demographic aspects of school enrollment and attendance in rural Botswana. Economic development and cultural change, 33(2),319 – 332.

Chih, H., Betts, K., Scott, J. & Alati, R. (2020). Maternal Depressive Symptoms and Infant Feeding Practices at Hospital Discharge: Findings from the Born in Queensland Study. Maternal and Child Health Journal.

Chun-Ming, C., Yu-Ying, W. & Chang, S.-Y. (2010). Effect of in-home fortification of complementary feeding on intellectual development of Chinese children. Biomedical and Environmental Sciences, 23 (2),83 – 91.

Cirelli, I., Graz, M. B. & Tolsa, J. F. (2015). Comparison of Griffiths-II and Bayley-II tests for the developmental assessment of high-risk infants. Infant Behavior and Development, 41,17 – 25.

Clarke-Stewart, K. A., Vandell, D. L., Burchinal, M., O'Brien, M. & McCartney, K. (2002). Do regulable features of child-care homes affect children's development? Early Childhood Research Quarterly, 17(1),52 – 86.

Cobb, S. (1976). Social support as a moderator of life stress. Psychosomatic medicine, 38,300 – 314.

Cohn, J. F., Matias, R., Tronick, E. Z., Connell, D. & Lyons-Ruth, K. (1986). Face-to-face interactions of depressed mothers and their infants. New Directions for Child and Adolescent Development, 1986(34),31 – 45.

Coll, C., Silveira, M., Bassani, D., Netsi, E., Wehrmeister, F. & Stein, A. (2016). Antenatal depression: Prevalence, predictors and correlates among mothers from a Brazilian population-based cohort study. J. Affect. Disord, 209,140 – 146.

Conger, R. D. & Conger, K. J. (2002). Resilience in Midwestern families: Selected findings from the first decade of a prospective, longitudinal study. Journal of Marriage and Family, 64(2),361 – 373.

Conger, R. D. & Donnellan, M. B. (2007). An interactionist perspective on the socioeconomic context of human development. Annu. Rev. Psychol., 58,175 – 199.

Conger, R. D., Wallace, L. E., Sun, Y., Simons, R. L., McLoyd, V. C. & Brody, G. H. (2002). Economic pressure in African American families: A replication and extension of the family stress model. Developmental psychology, 38(2),179.

Connelly, R., Roberts, K. & Zheng, Z. (2012). The Role of Children in the Migration Decisions of Rural Chinese Women. Journal of Contemporary China, 21(73),93 – 111.

Cortázar, Alejandra. (2015). Long-term effects of public early childhood education on academic achievement in Chile. Early Childhood Research Quarterly, 32,13 - 22.

Cummings, E. M. & Kouros, C. D. (2009). Maternal depression and its relation to children's development and adjustment. Encyclopedia on early childhood development, 2,1 - 5.

Currie, J. & Almond, D. (2011). Human capital development before age five. D. Card, O. Ashenfelter, Handbook of Labor Economics, 4,1315 - 1486.

Currie, J., Thomas, D. (2001). Early test scores, school quality and SES: Longrun effects on wage and employment outcomes. S. Polachek, Worker Wellbeing in a Changing Labor Market, 20,103 - 132.

Darling, N., Steinberg, L. (1993). Parenting Style as Context: An Integrative Model. Psychological Bulletin, 113,487 - 496.

David, K. P., James, Gaudin, M. & John, S. (1993). Maltreatment and the school-aged child: School performance consequences. Child Abuse, Neglect.

Davis, J. & Heller, S. B. (2017). Using causal forests to predict treatment heterogeneity: An application to summer jobs. American Economic Review, 107(5),546 - 550.

Dawson, G., Ashman, S. B., Panagiotides, H., Hessl, D., Self, J., Yamada, E. & Embry, L. (2003). Preschool outcomes of children of depressed mothers: Role of maternal behavior, contextual risk, and children's brain activity. Child development, 74(4),1158 - 1175.

de Brauw, A. & Giles, J. (2017). Migrant opportunity and the educational attainment of youth in rural China. Journal of Human Resources, 52(1),272 - 311.

de Brauw, A. & Mu, R. (2011). Migration and the overweight and underweight status of children in rural China. Food Policy, 36(1),88 - 100.

de Castro, F., Place, J. M., Villalobos, A., Rojas, R., Barrientos, T. & Frongillo, E. A. (2017). Poor early childhood outcomes attributable to maternal depression in Mexican women. Archives of women's mental health, 20(4),561 - 568.

Denham, S. A., Bassett, H. H., Zinsser, K. & Wyatt, T. M. (2014). How Preschoolers' Social-Emotional Learning Predicts Their Early School Success: Developing Theory-Promoting, Competency-Based Assessments. Infant and Child Development, 23(4),426 - 454.

Denham, S. A. & Brown, C. (2010). Plays Nice With Others: Social-Emotional Learning and Academic Success. Early Education and Development, 21(5),652 - 680.

Development, D. O. S. (2014). The South African child support grant impact assessment: Evidence from a survey of children, adolescents and their households. Transactions of the Korean Society of Automotive Engineers, 22(6),75 - 82.

Dhanda, A. & Narayan, T. (2007). Mental health and human rights. The Lancet, 370 (9594), 1197 - 1198.

Dishion, T. J. & Patterson, G. R. (2006). The development and ecology of antisocial behavior in children and adolescents. John Wiley, Sons, Inc.

Dixit, A. (2002). Incentives and organizations in the public sector: An interpretative review. Journal of human resources, 696 - 727.

Downey, D. B. (2001). Number of siblings and intellectual development: The resource dilution explanation. American psychologist, 56(6 - 7),497.

Downey, D. B. (1995). When bigger is not better: Family size, parental resources, and children's educational performance. American sociological review, 746 - 761.

Downey, G. & Coyne, J. C. (1990). Children of depressed parents: An integrative review. Psychological bulletin, 108(1),50 - 76.

Duan, Y., Yang, Z., Lai, J., Yu, D., Chang, S., Pang, X., Jiang, S., Zhang, H., Bi, Y., Wang, J., Scherpbier, R. W., Zhao, L. & Yin, S. (2018). Exclusive Breastfeeding Rate and Complementary Feeding Indicators in China: A National Representative Survey in 2013. Nutrients, 10(2),249.

Dudek-Shriber, L. & Zelazny, S. (2007). The effects of prone positioning on the quality and acquisition of developmental milestones in four-month-old infants. Pediatric Physical Therapy: The Official Publication of the Section on Pediatrics of the American Physical Therapy Association, 19(1),48 - 55.

Dukewich, T. L., Borkowski, J. G. & Whitman, T. L. (1996). Adolescent mothers and child abuse potential: An evaluation of risk factors. Child Abuse, Neglect, 20(11),1031 - 1047.

Duncan, G. J., Brooks-Gunn, J. & Klebanov, P. K. (1994). Economic deprivation and early childhood development. Child development, 65(2),296 - 318.

ECCRN, N. (2005). Child care and child development: Results from the NICHD study of early child care and youth development. New York, NY.

Edmond, K. M., Kirkwood, B. R., Amenga-Etego, S., Owusu-Agyei, S. & Hurt, L. S. (2007). Effect of early infant feeding practices on infection — specific neonatal mortality: An investigation of the causal links with observational data from rural Ghana. The American Journal of Clinical Nutrition, 86(4), 1126 - 1131.

Edmond, K. M., Zandoh, C., Quigley, M. A., Amenga-Etego, S., Owusu-Agyei, S. & Kirkwood, B. R. (2006). Delayed breastfeeding initiation increases risk of neonatal mortality. Pediatrics, 117(3), e380 - e386.

Elsa, E. S. S. L. dos S., Jorrit F. de K., Marsh K., Ruurd M. van E. & Jaap O. (2013). Predictive value of the Bayley Scales of Infant Development on development of very preterm/very low birth weight children: A meta-analysis. Early Human Development, 89(7),487 - 496.

Engle, P. L., Black, M. M., Behrman, J. R., Cabral de Mello, M., Gertler, P. J., Kapiriri, L.,

Martorell, R. & Young, M. E., International Child Development Steering Group. (2007). Strategies to avoid the loss of developmental potential in more than 200 million children in the developing world. Lancet (London, England), 369(9557), 229 – 242.

Etchell, A., Adhikari, A., Weinberg, L. S., Choo, A. L., Garnett, E. O., Chow, H. M. & Chang, S. E. (2018). A systematic literature review of sex differences in childhood language and brain development. Neuropsychologia, 114, 19 – 31.

Evans, M. A., Shaw, D. & Bell, M. (2000). Home literacy activities and their influence on early literacy skills. Canadian Journal of Experimental Psychology/Revue canadienne de psychologie expérimentale, 54(2), 65.

Eysenck, H. J. & Cookson, D. (1970). Personality in primary school children: 3. —Family background. British Journal of Educational Psychology, 40(2), 117 – 131.

Fadnes, L. T., Engebretsen, I. M., Wamani, H., Semiyaga, N. B., Tylleskär, T. & Tumwine, J. K. (2009). Infant feeding among HIV-positive mothers and the general population mothers: Comparison of two cross-sectional surveys in Eastern Uganda. BMC Public Health, 9(1), 1 – 14.

Falbo, T. & Polit, D. F. (1986). Quantitative review of the only child literature: Research evidence and theory development. Psychological Bulletin, 100(2), 176.

Feil, E. G. & Severson, H. H. (1995). Identification of critical factors in the assessment of preschool behavior. Development, 55, 137 – 150.

Fernald, A., Marchman, V. A. & Weisleder, A. (2013). SES differences in language processing skill and vocabulary are evident at 18 months. Developmental science, 16(2), 234 – 248.

Field, T. (2010). Postpartum depression effects on early interactions, parenting, and safety practices: A review. Infant Behavior and Development, 33(1), 1 – 6.

Field, T., Hernandez-Reif, M. & Diego, M. (2006). Intrusive and withdrawn depressed mothers and their infants. Developmental Review, 26(1), 15 – 30.

Fischbach, R. L. & Herbert, B. (1997). Domestic violence and mental health: Correlates and conundrums within and across cultures. Social science, medicine, 45(8), 1161 – 1176.

Fitzgerald, M. (1985). Behavioural deviance and maternal depressive symptoms in paediatric outpatients. Archives of disease in childhood, 60(6), 560 – 562.

Fry, P. S. (2011). Relations between teenagers' age, knowledge, expectations and maternal behaviour. British Journal of Developmental Psychology, 3(1), 47 – 55.

Gertler, P., Heckman, J., Pinto, R., Zanolini, A., Vermeersch, C., Walker, S., Chang, S. M. & Grantham-McGregor, S. (2014). Labor market returns to an early childhood stimulation intervention in Jamaica. Science, 344(6187), 998 – 1001.

Ginsburg, K. R. (2007). The importance of play in promoting healthy child development and maintaining strong parent-child bonds. Pediatrics, 119(1),182 - 191.

Gomes, M. (1984). Family size and educational attainment in Kenya. Population and Development Review, 647 - 660.

Gong, Y., Ji, C., Zheng, X., Shan, J. & Hou, R. (2008). Correlation of 4-month infant feeding modes with their growth and iron status in Beijing. Chinese medical journal, 121(05),392 - 398.

Goodman, S. H. (2007). Depression in mothers. Annu. Rev. Clin. Psychol., 3,107 - 135.

Goodman, S. H. & Gotlib, I. H. (1999). Risk for psychopathology in the children of depressed mothers: A developmental model for understanding mechanisms of transmission. Psychological review, 106 (3),458.

Goodman, S. H., Rouse, M. H., Connell, A. M., Broth, M. R., Hall, C. M. & Heyward, D. (2011). Maternal Depression and Child Psychopathology: A Meta-Analytic Review. Clinical Child, Family Psychology Review, 14(1),1 - 27.

Goodnow, J. J. (1988). Parents' ideas, actions, and feelings: Models and methods from developmental and social psychology. Child Development, 59(2),286 - 320.

Goodnow, J. J. (2002). Adding Culture to Studies of Development: Toward Changes in Procedure and Theory. Human Development, 45(4),237 - 245.

Gorman, K. S. & Pollitt, E. (1996). Does schooling buffer the effects of early risk? Child Development, 67(2),314 - 326.

Goswami, U., Gombert, J. E. & de Barrera, L. F. (1998). Children's orthographic representations and linguistic transparency: Nonsense word reading in English, French, and Spanish. Applied Psycholinguistics, 19(1),19 - 52.

Goyen, T.-A., Lui, K. (2002). Longitudinal motor development of "apparently normal" high-risk infants at 18 months, 3 and 5 years. Early Human Development, 70(1),103 - 115.

Grantham-Mcgregor, S. & Ani, C. (2001). A Review of Studies on the Effect of Iron Deficiency on Cognitive Development in Children. Journal of Nutrition, 131(2),649S - 668S.

Grantham-McGregor, S., Cheung, Y. B., Cueto, S., Glewwe, P., Richter, L., Strupp, B. & Group, I. C. D. S. (2007). Developmental potential in the first 5 years for children in developing countries. The lancet, 369(9555),60 - 70.

Grav, S., Hellzèn, O., Romild, U. & Stordal, E. (2012). Association between social support and depression in the general population: The HUNT study, a cross-sectional survey. Journal of clinical nursing, 21(1 - 2),111 - 120.

Green, C. M., Berkule, S. B., Dreyer, B. P., Fierman, A. H., Huberman, H. S., Klass, P. E.,

Tomopoulos, S. , Yin, H. S. , Morrow, L. M. & Mendelsohn, A. L. (2009). Maternal literacy and associations between education and the cognitive home environment in low-income families. Archives of pediatrics, adolescent medicine, 163(9),832 – 837.

Greenhalgh, S. (1986). Shifts in China's population policy, 1984 – 86: Views from the central, provincial, and local levels. Population and Development Review, 491 – 515.

Grossman, L. S. (2001). Eager to Learn: Educating Our Preschoolers. Journal of Developmental, Behavioral Pediatrics, 22(6),441 – 442.

Gu, J. (2021). Fertility, Human Capital, and Income: the Effects of China's One-child Policy. Macroeconomic Dynamics, 1 – 42.

Guo, G. & VanWey, L. K. (1999). Sibship size and intellectual development: Is the relationship causal?. American Sociological Review, 169 – 187.

Guo, S. & Fraser, M. W. (2014). Propensity Score Analysis: Statistical Methods and Applications (Second edition). SAGE Publications, Inc.

Haas, J. D. & Brownlie, T. (2001). Iron deficiency and reduced work capacity: A critical review of the research to determine a causal relationship. The Journal of Nutrition, 131 (2S – 2), 676S – 688S; discussion 688S – 690S.

Hackman, J. R. (2009). The perils of positivity. Journal of Organizational Behavior, 30(2),309 – 319.

Hair, N. , L. , Hanson, J. , L. , Wolfe, B, L, Pollak. (2015). Association of Child Poverty, Brain Development, and Academic Achievement (vol 169, pg 822, 2015). JAMA pediatrics, 169 (9), 878 – 878.

Hamadani, J. D. , Huda, S. N. , Khatun, F. & Grantham-McGregor, S. M. (2006). Psychosocial stimulation improves the development of undernourished children in rural Bangladesh. The Journal of nutrition, 136(10),2645 – 2652.

Hanushek, E. (1992). The trade-off between child quantity and quality. Journal of Political Economy, 100(1),84 – 117.

Hanushek, E. A. & Woessmann, L. (2008). The Role of Cognitive Skills in Economic Development. Journal of Economic Literature, 46(3),607 – 668.

Hart, B. & Risley, T. R. (1995). Meaningful differences in the everyday experience of young American children. Paul H Brookes Publishing.

Hasanbegović, E. & Sabanović, S. (2004). Effects of iron therapy on motor and mental development of infants and small children suffering from iron deficiency anaemia. Medicinski Arhiv, 58(4),227 – 229.

Heckman, J. (2007). Investing in Disadvantaged Young Children Is Good Economics and Good Public Policy. testimony before the joint economic committee.

Heckman, J. J. (2008). Schools, Skills, and Synapses. Economic inquiry, 46(3), 289.

Heckman, J. J. (2013). Giving Kids a Fair Chance. The MIT Press.

Heckman, J. J., Moon, S. H., Pinto, R., Savelyev, P. A. & Yavitz, A. (2010). The Rate of Return to the High/Scope Perry Preschool Program. other, 94(1 - 2).

Heckman, J. J. (2006). Skill Formation and the Economics of Investing in Disadvantaged Children. Science.

Heckman, J. J. & Vytlacil, E. (2001). Policy-Relevant Treatment Effects. American Economic Review.

Hesketh, T., Zhou, X. & Wang, Y. (2015). The end of the one-child policy: Lasting implications for China. Jama, 314(24), 2619 - 2620.

Hetherington, E. M. (1988). Parents, children, and siblings six years after divorce. See Hinde, Stevenson-Hinde, relationships within families.

Hetzner, N. M. P., Razza, R. A., Malone, L. M. & Brooks-Gunn, J. (2009). Associations among feeding behaviors during infancy and child illness at two years. Maternal and child health journal, 13(6), 795 - 805.

Hildebrandt, N., McKenzie, D. J., Esquivel, G. & Schargrodsky, E. (2005). The effects of migration on child health in Mexico [with comments]. Economia, 6(1), 257 - 289.

Hoddinott, J., Behrman, J. R., Maluccio, J. A., Melgar, P., Quisumbing, A. R., Ramirez-Zea, M., Stein, A. D., Yount, K. M. & Martorell, R. (2013). Adult consequences of growth failure in early childhood. The American journal of clinical nutrition, 98(5), 1170 - 1178.

Hoover-Dempsey, K. V., Bassler, O. C. & Burow, R. (1995). Parents' reported involvement in students' homework: Strategies and practices. The Elementary School Journal, 95(5), 435 - 450.

Horton, R. (2008). Maternal and child undernutrition: An urgent opportunity. The Lancet, 371 (9608), 179.

Horwitz, S. M., Irwin, J. R., Briggs-Gowan, M. J., Heenan, J. M. B., Mendoza, J. & Carter, A. S. (2003). Language delay in a community cohort of young children. Journal of the American Academy of Child, Adolescent Psychiatry, 42(8), 932 - 940.

Hou, F., Cerulli, C., Wittink, M. N., Caine, E. D. & Qiu, P. (2015). Depression, social support and associated factors among women living in rural China: A cross-sectional study. BMC women's health, 15 (1), 1 - 9.

Hu, F. (2012). Migration, remittances, and children's high school attendance: The case of rural China. International Journal of Educational Development, 32(3), 401 - 411.

Hu, H., Lu, S. & Huang, C. (2014). The psychological and behavioral outcomes of migrant and left-behind children in China. Children and Youth Services Review, 46, 1 - 10.

Hu, X., Huang, W., Su, Y., Qu, M. & Peng, X. (2017). Depressive symptoms in Chinese family caregivers of patients with heart failure: A cross-sectional study. Medicine, 96(13), e6480.

Hu, X., Zheng, Q. & Lee, G. T. (2018). Using peer-mediated LEGO ® play intervention to improve social interactions for Chinese children with autism in an inclusive setting. Journal of autism and developmental disorders, 48(7), 2444 – 2457.

Huang, K.-Y., O'Brien, C. M., Genevro, J. L. & Miller, T. L. (2005). Maternal knowledge of child development and quality of parenting among White, African-American and Hispanic mothers. Journal of Applied Developmental Psychology, 26(2), 149 – 170.

Hübenthal, M. & Ifland, A. M. (2011). Risks for children? Recent developments in early childcare policy in Germany: Childhood.

Husain, N., Creed, F. & Tomenson, B. (2000). Depression and social stress in Pakistan. Psychological medicine, 30(2), 395 – 402.

Idjradinata, P. & Pollitt, E. (1993). Reversal of developmental delays in iron-deficient anaemic infants treated with iron. Journal of the American Dietetic Association, 93(6), 710.

Irwin, L. G., Siddiqi, A. & Hertzman, G. (2007). Early child development: A powerful equalizer. Human Early Learning Partnership (HELP) Vancouver, BC.

Jack, S. J., Ou, K., Chea, M., Chhin, L., Devenish, R., Dunbar, M., Eang, C., Hou, K., Ly, S. & Khin, M. (2012). Effect of micronutrient sprinkles on reducing anemia: A cluster-randomized effectiveness trial. Archives of pediatrics, adolescent medicine, 166(9), 842 – 850.

Jennifer, O.-M. & Subhrendu K., P. (2020). Improved sanitation increases long-term cognitive test scores. World Development, 132, 104975.

Jiao, S., Ji, G. & Jing, Q. (1996). Cognitive development of Chinese urban only children and children with siblings. Child development, 67(2), 387 – 395.

Jin, X., Sun, Y., Jiang, F., Ma, J., Morgan, C. & Shen, X. (2007). "Care for Development" intervention in rural China: A prospective follow-up study. Journal of Developmental, Behavioral Pediatrics, 28(3), 213 – 218.

Kagitcibasi, C., Sunar, D. & Bekman, S. (2001). Long-term effects of early intervention: Turkish low-income mothers and children. Journal of Applied Developmental Psychology, 22(4), 333 – 361.

Karrass, J. & Braungart-Rieker, J. M. (2005). Effects of shared parent-infant book reading on early language acquisition. Journal of Applied Developmental Psychology, 26(2), 133 – 148.

Kazi, A., Fatmi, Z., Hatcher, J., Kadir, M. M., Niaz, U. & Wasserman, G. A. (2006). Social environment and depression among pregnant women in urban areas of Pakistan: Importance of social relations. Social Science, Medicine, 63(6), 1466 – 1476.

Keels, M. (2009). Ethnic group differences in early head start parents' parenting beliefs and practices and links to children's early cognitive development. Early Childhood Research Quarterly, 24(4),381 – 397.

Kessler, R. C. & Bromet, E. J. (2013). The epidemiology of depression across cultures. Annual review of public health, 34,119 – 138.

Khanam, R. & Nghiem, S. (2016). Family income and child cognitive and noncognitive development in Australia: Does money matter? Demography, 53(3),597 – 621.

Klaus, M. (1998). Mother and infant: Early emotional ties. Pediatrics, 102(5 Suppl E), 1244 – 1246.

Klebanov, P. K. , Brooks-Gunn, J. & Duncan, G. J. (1994). Does neighborhood and family poverty affect mothers' parenting, mental health, and social support? Journal of Marriage and the Family, 441 – 455.

Knudsen, E. I. , Heckman, J. J. , Cameron, J, L, Shonkoff. (2006). Economic, Neurobiological and Behavioral Perspectives on Building America's Future Workforce. World Economics.

Kolm, A. , Pölten, S. , Hitthaller, A. , Ruso, P. , Neustadt, W. , Höld, E. & Pölten, S. (2015). Determinants of complementary feeding behavior. Ernhrungs Umschau, 63(07),140 – 147.

Korat, O. , Klein, P. & Segal-Drori, O. (2007). Maternal mediation in book reading, home literacy environment, and children's emergent literacy: A comparison between two social groups. Reading and Writing, 20(4),361 – 398.

Korat, O. & Levin, I. (2002). Spelling acquisition in two social groups: Mother-child interaction, maternal beliefs and child's spelling. Journal of Literacy Research, 34(2),209 – 236.

Kounnavong, S. , Sunahara, T. , Mascie-Taylor, C. G. , Hashizume, M. , Okumura, J. , Moji, K. , Boupha, B. & Yamamoto, T. (2011). Effect of daily versus weekly home fortification with multiple micronutrient powder on haemoglobin concentration of young children in a rural area, Lao People's Democratic Republic: A randomised trial. Nutrition Journal, 10(1),1 – 11.

Kuczynski, L. (1984). Socialization goals and mother-child interaction: Strategies for long-term and short-term compliance. Developmental Psychology, 20(6),1061.

Kuo, H. -H. D. & Hauser, R. M. (1997). How does size of sibship matter? Family configuration and family effects on educational attainment. Social Science Research, 26(1),69 – 94.

Leibowitz, A. (1974). Home investments in children. Journal of Political Economy, 82(2, Part 2),S111 – S131.

Lesch, K. P. (2004). Gene-environment interaction and the genetics of depression. Journal of Psychiatry and Neuroscience, 29(3),174 – 184.

Letourneau, N. L. , Duffett-Leger, L. , Levac, L. , Watson, B. & Young-Morris, C. (2013). Socioeconomic status and child development: A meta-analysis. Journal of Emotional and Behavioral Disorders, 21(3),211 – 224.

Li, H., Zhang, J. & Zhu, Y. (2008). The quantity-quality trade-off of children in a developing country: Identification using Chinese twins. Demography, 45(1), 223 - 243.

Li, L. W., Liu, J., Zhang, Z. & Xu, H. (2015). Late-life depression in Rural China: Do village infrastructure and availability of community resources matter? International Journal of Geriatric Psychiatry, 30(7).

Li, R., Zhao, Z., Mokdad, A., Barker, L. & Grummer-Strawn, L. (2003). Prevalence of breastfeeding in the United States: The 2001 national immunization survey. Pediatrics, 111(Supplement_1), 1198 - 1201.

Lipina, S., Segretin, S., Hermida, J., Prats, L., Fracchia, C., Camelo, J. L. & Colombo, J. (2013). Linking childhood poverty and cognition: Environmental mediators of non-verbal executive control in an Argentine sample. Developmental Science, 16(5), 697 - 707.

Liu, S., Li, C., Shi, Z., Wang, X., Zhou, Y., Liu, S., Liu, J., Yu, T. & Ji, Y. (2017). Caregiver burden and prevalence of depression, anxiety and sleep disturbances in A lzheimer's disease caregivers in China. Journal of clinical nursing, 26(9 - 10), 1291 - 1300.

Liu, Z., Li, X. & Ge, X. (2009). Left too early: The effects of age at separation from parents on Chinese rural children's symptoms of anxiety and depression. American Journal of Public Health, 99 (11), 2049 - 2054.

Lombardi, C. M., Casey, B. M., Thomson, D., Nguyen, H. N. & Dearing, E. (2017). Maternal support of young children's planning and spatial concept learning as predictors of later math (and reading) achievement. Early Childhood Research Quarterly, 41, 114 - 125.

Lovejoy, M. C., Graczyk, P. A., O'Hare, E. & Neuman, G. (2000). Maternal depression and parenting behavior: A meta-analytic review. Clinical Psychology Review, 20(5), 561 - 592.

Lozoff, B., Brittenham, G. M., Wolf, A. W., Mcclish, D. K. & Krauskoph, D. (1987). Iron deficiency anemia and iron therapy effects on infant developmental test performance. Pediatrics, 79(6), 981 - 995.

Lozoff, B., Jimenez, E., Hagen, J., Mollen, E. & Wolf, A. W. (2000). Poorer behavioral and developmental outcome more than 10 years after treatment for iron deficiency in infancy. Pediatrics, 105(4), e51 - e51.

Lozoff, B., Jimenez, E. & Smith, J. B. (2006). Double burden of iron deficiency in infancy and low socioeconomic status: A longitudinal analysis of cognitive test scores to age 19 years. Archives of Pediatrics, Adolescent Medicine, 160(11), 1108 - 1113.

Lozoff, B., Wolf, A. W. & Jimenez, E. (1996). Iron-deficiency anemia and infant development: Effects of extended oral iron therapy. The Journal of Pediatrics, 129(3), 382 - 389.

Lu, Y. (2005). Sibship size, family organization and children's education in South Africa: Black-white variations. Research in Social Stratification and Mobility, 27(2),110 – 125.

Lu, Y. & Treiman, D. J. (2008). The effect of sibship size on educational attainment in China: Period variations. American Sociological Review, 73(5),813 – 834.

Luby, J. L. , Barch, D. M. , Belden, A. , Gaffrey, M. S. , Tillman, R. , Babb, C. , Nishino, T. , Suzuki, H. & Botteron, K. N. (2012). Maternal support in early childhood predicts larger hippocampal volumes at school age. Proceedings of the National Academy of Sciences of the United States of America, 109 (8),2854 – 2859.

Luiselli, J. , Happé, F. , Hurst, H. , Freeman, S. , Goldstein, G. , Mazefsky, C. , Carter, A. S. , Kaufman, A. S. , Simmons, E. S. & Eernisse, E. R. (2013). Wechsler preschool and primary scale of intelligence. Encyclopedia of autism spectrum disorders, 3351 – 3360.

Luiz, D. , Barnard, A. , Knosen, N. , Kotras, N. , Horrocks, S. , McAlinden, P. & O'Connell, R. (2006). GMDS-ER 2 – 8 Griffith mental developmental scales-extended revised: 2 to 8 years. The Test Agency.

Luo, R. , Jia, F. , Yue, A. , Zhang, L. , Lyu, Q. , Shi, Y. , Yang, M. , Medina, A. , Kotb, S. & Rozelle, S. (2019). Passive parenting and its association with early child development. Early Child Development and Care, 189(10),1709 – 1723.

Luo, R. , Shi, Y. , Zhou, H. , Yue, A. , Zhang, L. , Sylvia, S. , Medina, A. & Rozelle, S. (2014). Anemia and feeding practices among infants in rural Shaanxi Province in China. Nutrients, 6(12),5975 – 5991.

Luo, R. , Shi, Y. , Zhou, H. , Yue, A. , Zhang, L. , Sylvia, S. , Medina, A. & Rozelle, S. (2015). Micronutrient deficiencies and developmental delays among infants: Evidence from a cross-sectional survey in rural China. BMJ open, 5(10),e008400.

Luo, R. , Wang, X. , Zhang, L. , Liu, C. , Shi, Y. , Miller, G. , Rozelle, S. , Yu, E. & Martorell, R. (2011). High anemia prevalence in western China. The Southeast Asian Journal of Tropical Medicine and Public Health, 42(5),1204 – 1213.

Macours, K. & Vakis, R. (2010). Seasonal migration and early childhood development. World development, 38(6),857 – 869.

Maguire, L. K. , Niens, U. , McCann, M. & Connolly, P. (2016). Emotional development among early school-age children: Gender differences in the role of problem behaviours. Educational Psychology, 36 (8),1408 – 1428.

Maluccio, J. A. , Hoddinott, J. , Behrman, J. R. , Martorell, R. , Quisumbing, A. R. & Stein, A. D. (2009). The Impact of Improving Nutrition During Early Childhood on Education among Guatemalan Adults. The Economic Journal, 119(537),734 – 763.

Maralani, V. (2004). Family size and educational attainment in Indonesia: A cohort perspective.

Marjoribanks, K., Walberg, H. J. & Bargen, M. (1975). Mental abilities: Sibling constellation and social class correlates. British Journal of Social and Clinical Psychology, 14(2),109 - 116.

Maselko, J., Sikander, S., Bhalotra, S., Bangash, O., Ganga, N., Mukherjee, S., Egger, H., Franz, L., Bibi, A. & Liaqat, R. (2015). Effect of an early perinatal depression intervention on long-term child development outcomes: Follow-up of the Thinking Healthy Programme randomised controlled trial. The Lancet Psychiatry, 2(7),609 - 617.

Matsumoto, D., Consolacion, T., Yamada, H., Suzuki, R., Franklin, B., Paul, S., Ray, R. & Uchida, H. (2002). American-Japanese cultural differences in judgements of emotional expressions of different intensities. Cognition and Emotion, 16(6),721 - 747.

McCoby, E. E. (1983). Socialization in the context of the family: Parent-child interaction. Handbook of child psychology, 4,1 - 101.

McCoy, D. C., Peet, E. D., Ezzati, M., Danaei, G., Black, M. M., Sudfeld, C. R., Fawzi, W. & Fink, G. (2016). Early Childhood Developmental Status in Low- and Middle-Income Countries: National, Regional, and Global Prevalence Estimates Using Predictive Modeling. PLoS Medicine, 13 (6),e1002034.

McLean, E., Cogswell, M., Egli, I., Wojdyla, D. & De Benoist, B. (2009). Worldwide prevalence of anaemia, WHO vitamin and mineral nutrition information system, 1993 - 2005. Public health nutrition, 12(4),444 - 454.

McLearn, K. T., Minkovitz, C. S., Strobino, D. M., Marks, E. & Hou, W. (2006). The timing of maternal depressive symptoms and mothers' parenting practices with young children: Implications for pediatric practice. Pediatrics, 118(1),e174 - e182.

Meinzen-Derr, J. K., Guerrero, M. L., Altaye, M., Ortega-Gallegos, H., Ruiz-Palacios, G. M. & Morrow, A. L. (2006). Risk of infant anemia is associated with exclusive breast-feeding and maternal anemia in a Mexican cohort. The Journal of nutrition, 136(2),452 - 458.

Mello-Neto, J., Rondó, P. H., Morgano, M. A., Oshiiwa, M., Santos, M. L. & Oliveira, J. M. (2010). Iron concentrations in breast milk and selected maternal factors of human milk bank donors. Journal of Human Lactation, 26(2),175 - 179.

Mendelsohn, A. L., Huberman, H. S., Berkule, S. B., Brockmeyer, C. A., Morrow, L. M. & Dreyer, B. P. (2011). Primary care strategies for promoting parent-child interactions and school readiness in at-risk families: The Bellevue Project for Early Language, Literacy, and Education Success. Archives of pediatrics, adolescent medicine, 165(1),33 - 41.

Meng, X. & Yamauchi, C. (2017). Children of migrants: The cumulative impact of parental migration on children's education and health outcomes in China. Demography, 54(5),1677 - 1714.

Menon, P., Ruel, M. T., Loechl, C. U., Arimond, M., Habicht, J.-P., Pelto, G. & Michaud, L. (2007). Micronutrient Sprinkles reduce anemia among 9- to 24-mo-old children when delivered through an integrated health and nutrition program in rural Haiti. The Journal of nutrition, 137(4),1023 - 1030.

Mercy, J. A. & Steelman, L. C. (1982). Familial influence on the intellectual attainment of children. American Sociological Review, 532 - 542.

Meyerhoefer, C. D. & Chen, C. J. (2011). The effect of parental labor migration on children's educational progress in rural China. Review of Economics of the Household, 9(3),379 - 396.

Miller, S. A. (1986). Parents' Beliefs about Their Children's Cognitive Abilities. Developmental Psychology, 22(2),276 - 284.

Mirowsky, J. & Ross, C. E. (1990). Control or defense? Depression and the sense of control over good and bad outcomes. Journal of health and social behavior, 71 - 86.

Morawska, A., Winter, L. & Sanders, M. R. (2009). Parenting knowledge and its role in the prediction of dysfunctional parenting and disruptive child behaviour. Child: Care, Health and Development, 35 (2),217 - 226.

Morisset, C. E., Barnard, K. E. & Booth, C. L. (1995). Toddlers' language development: Sex differences within social risk. Developmental Psychology, 31(5),851.

Moussavi, S., Chatterji, S., Verdes, E., Tandon, A., Patel, V. & Ustun, B. (2015). Depression, chronic diseases, and decrements in health: Results from the World Health Surveys. The Lancet, 370 (9590),851 - 858.

Mu, R. & de Brauw, A. (2015). Migration and young child nutrition: Evidence from rural China. Journal of Population Economics, 28(3),631 - 657.

Müller, U., Jacques, S., Brocki, K. & Zelazo, P. D. (2009). The executive functions of language in preschool children.

Mulvaney, M. K., McCartney, K., Bub, K. L. & Marshall, N. L. (2006). Determinants of Dyadic Scaffolding and Cognitive Outcomes in First Graders. Parenting: Science and Practice, 6(4),297 - 320.

Murphy, R., Zhou, M. & Tao, R. (2016). Parents' Migration and Children's Subjective Well-being and Health: Evidence from Rural China. 22(8),766 - 780.

Najman, J. M., Aird, R., Bor, W., O'Callaghan, M., Williams, G. M. & Shuttlewood, G. J. (2004). The generational transmission of socioeconomic inequalities in child cognitive development and emotional health. Social Science, Medicine, 58(6),1147 - 1158.

Nathanson, A. I. & Rasmussen, E. E. (2011). TV viewing compared to book reading and toy playing reduces responsive maternal communication with toddlers and preschoolers. Human Communication

Research, 37(4),465 - 487.

Nelson, H.D., Nygren, P., Walker, M. & Panoscha, R. (2006). Screening for speech and language delay in preschool children: Systematic evidence review for the US Preventive Services Task Force. Pediatrics, 117(2),e298 - e319.

Nelson III, C.A., Zeanah, C.H., Fox, N.A., Marshall, P.J., Smyke, A.T. & Guthrie, D. (2007). Cognitive recovery in socially deprived young children: The Bucharest Early Intervention Project. Science, 318(5858),1937 - 1940.

Nisbet, J.D. & Entwistle, N.J. (1967). Intelligence and family size, 1949 - 1965. British Journal of Educational Psychology, 37(2),188 - 193.

Noble, K.G., Houston, S.M., Brito, N.H., Bartsch, H., Kan, E., Kuperman, J.M., Akshoomoff, N., Amaral, D.G., Bloss, C.S. & Libiger, O. (2015). Family income, parental education and brain structure in children and adolescents. Nature neuroscience, 18(5),773 - 778.

O'Donnell, K.J., Glover, V., Barker, E.D. & O'Connor, T.G. (2014). The persisting effect of maternal mood in pregnancy on childhood psychopathology. Development and Psychopathology, 26(2), 1 - 11.

O'hara, M.W. & Swain, A.M. (1996). Rates and risk of postpartum depression — A meta-analysis. International review of psychiatry, 8(1),37 - 54.

Otsuka, K., Dennis, C.-L., Tatsuoka, H. & Jimba, M. (2008). The relationship between breastfeeding self-efficacy and perceived insufficient milk among Japanese mothers. Journal of Obstetric, Gynecologic, Neonatal Nursing, 37(5),546 - 555.

Page, M., Wilhelm, M.S., Gamble, W.C. & Card, N.A. (2010). A comparison of maternal sensitivity and verbal stimulation as unique predictors of infant social-emotional and cognitive development. Infant Behavior, Development, 33(1),101 - 110.

Palmer, F.H. (1983). From 3 to 20: The early training project: By S.W. Gray, B.K. Ramsey, and R. A. Klaus. Baltimore: Univ. Park Press, 1982. Xi + 344 pp., $27. 95. Developmental Review, 3(1), 115 - 124.

Park, H. (2008). Public policy and the effect of sibship size on educational achievement: A comparative study of 20 countries. Social Science Research, 37(3),874 - 887.

Parks, P.L. & Smeriglio, V.L. (1986). Relationships among Parenting Knowledge, Quality of Stimulation in the Home and Infant Development. Family Relations, 35(3),411 - 416.

Patel, V., DeSouza, N. & Rodrigues, M. (2003). Postnatal depression and infant growth and development in low income countries: A cohort study from Goa, India. Archives of Disease in Childhood, 88(1),34 - 37.

Patel, V. & Kleinman, A. (2003). Poverty and common mental disorders in developing countries. Bulletin of the World Health Organization, 81,609 – 615.

Pears, K. C., Kim, H. K. & Fisher, P. A. (2016). Decreasing risk factors for later alcohol use and antisocial behaviors in children in foster care by increasing early promotive factors. Children and Youth Services Review, 65,156 – 165.

Pearson, V., Phillips, M. R., He, F. & Ji, H. (2002). Attempted suicide among young rural women in the People's Republic of China: possibilities for prevention. Suicide and Life-Threatening Behavior, 32 (4),359 – 369.

Peduzzi, P., Henderson, W., Hartigan, P. & Lavori, P. (2002). Analysis of randomized controlled trials. Epidemiologic reviews, 24(1),26 – 38.

Pelaez, M., Field, T., Pickens, J. N. & Hart, S. (2008). Disengaged and authoritarian parenting behavior of depressed mothers with their toddlers. Infant behavior, development, 31(1),145 – 148.

Perez-Escamilla, R., Polit, E., Lbnnerdal, B. & Dewey, K. G. (1994). Infant feeding policies in maternity wards and their effect on breastfeeding success: An analytical overview. American Journal of Public Health, 84(1),89 – 97.

Piek, J. P. (1998). Motor Behavior and Human Skill: A Multidisciplinary Approach. Human Kinetics.

Piek, J. P. (2006). Infant Motor Development. Human Kinetics.

Piek, J. P., Dawson, L., Smith, L. M. & Gasson, N. (2008). The role of early fine and gross motor development on later motor and cognitive ability. Human Movement Science, 27(5),668 – 681.

Pinto, A. I., Pessanha, M. & Aguiar, C. (2013). Effects of home environment and center-based child care quality on children's language, communication, and literacy outcomes. Early Childhood Research Quarterly, 28(1),94 – 101.

Piwoz, E. G., De Kanashiro, H. C., De Romana, G. L., Black, R. E. & Brown, K. H. (1996). Feeding practices and growth among low-income Peruvian infants: A comparison of internationally-recommended definitions. International journal of epidemiology, 25(1),103 – 114.

Powell, B. & Steelman, L. C. (1990). Beyond sibship size: Sibling density, sex composition, and educational outcomes. Social Forces, 69(1),181 – 206.

Qiu, P., Caine, E. D., Hou, F., Cerulli, C., Wittink, M. N. & Li, J. (2016). The prevalence of distress and depression among women in rural Sichuan province. PLoS One, 11(8),e0161097.

Qu, P., Mi, B., Wang, D., Zhang, R., Yang, J., Liu, D., Dang, S. & Yan, H. (2017). Association between the Infant and Child Feeding Index (ICFI) and nutritional status of 6- to 35-month-old children in rural western China. PloS One, 12(02),e0171984.

Raheem, R. A., Binns, C. W. & Chih, H. J. (2017). Protective effects of breastfeeding against acute respiratory tract infections and diarrhoea: Findings of a cohort study. Journal of Paediatrics and Child Health, 53(3),271 - 276.

Razza, R. A. & Raymond, K. (2013). Associations among Maternal Behavior, Delay of Gratification, and School Readiness across the Early Childhood Years. Social Development, 22(1),180 - 196.

Reilly, S., Wake, M., Bavin, E. L., Prior, M., Williams, J., Bretherton, L., Eadie, P., Barrett, Y. & Ukoumunne, O. C. (2007). Predicting language at 2 years of age: A prospective community study. Pediatrics, 120(6),e1441 - e1449.

Richter, L. M., Daelmans, B., Lombardi, J., Heymann, J., Boo, F. L., Behrman, J. R., Lu, C., Lucas, J. E., Perez-Escamilla, R. & Dua, T. (2017). Investing in the foundation of sustainable development: Pathways to scale up for early childhood development. The lancet, 389(10064),103 - 118.

Rivera, J. A., Sotres-Alvarez, D., Habicht, J.-P., Shamah, T. & Villalpando, S. (2004). Impact of the Mexican program for education, health, and nutrition (Progresa) on rates of growth and anemia in infants and young children: A randomized effectiveness study. Jama, 291(21),2563 - 2570.

Robinson, C. C., Mandleco, B., Olsen, S. F. & Hart, C. H. (2001). The Parenting Styles and Dimensions Questionnaire (PSDQ).

Robson, M., Luo, J., Peng, X., Zong, R., Yao, K., Hu, R., Du, Q., Fang, J. & Zhu, M. (2008). The Status of Care and Nutrition of 774 Left-Behind Children in Rural Areas in China. Public Health Reports, 123(3),382 - 389.

Rodriguez, E. T., Tamis-LeMonda, C. S., Spellmann, M. E., Pan, B. A., Raikes, H., Lugo-Gil, J. & Luze, G. (2009). The formative role of home literacy experiences across the first three years of life in children from low-income families. Journal of Applied Developmental Psychology, 30(6),677 - 694.

Romano, J. P. & Wolf, M. (2005). Stepwise multiple testing as formalized data snooping. Econometrica, 73(4),1237 - 1282.

Romano, J. P. & Wolf, M. (2016). Efficient computation of adjusted p-values for resampling-based stepdown multiple testing. Statistics, Probability Letters, 113,38 - 40.

Ronfani, L., Vecchi Brumatti, L., Mariuz, M., Tognin, V., Bin, M., Ferluga, V., Knowles, A., Montico, M. & Barbone, F. (2015). The complex interaction between home environment, socioeconomic status, maternal IQ and early child neurocognitive development: A multivariate analysis of data collected in a newborn cohort study. PloS one, 10(5),e0127052.

Rosenzweig, M. R. & Zhang, J. (2009). Do population control policies induce more human capital investment? Twins, birth weight and China's "one-child" policy. The Review of Economic Studies, 76(3),1149 - 1174.

Ross, C. E. & Mirowsky, J. (1989). Explaining the social patterns of depression: Control and problem solving — Or support and talking? Journal of health and social behavior, 206 – 219.

Rozelle, S. (2016). Human capital roots of the middle income trap: Rural China's health, nutrition, and education.

Schmeer, K. (2009). Father absence due to migration and child illness in rural Mexico. Social Science, Medicine, 69(8),1281 – 1286.

Schroeder, D. G., Martorell, R., Rivera, J. A., Ruel, M. T. & Habicht, J. P. (1995). Age differences in the impact of nutritional supplementation on growth. The Journal of nutrition, 125(suppl_4),1051S – 1059S.

Schulz, K. F. & Grimes, D. A. (2002). Generation of allocation sequences in randomised trials: Chance, not choice. The Lancet, 359(9305),515 – 519.

Seymour, J. L., Keswick, B. H., Hanifin, J. M., Jordan, W. P. & Milligan, M. C. (1987). Clinical effects of diaper types on the skin of normal infants and infants with atopic dermatitis. Journal of the American Academy of Dermatology, 17(6),988 – 997.

Shavit, Y. & Pierce, J. L. (1991). Sibship size and educational attainment in nuclear and extended families: Arabs and Jews in Israel. American sociological review, 321 – 330.

Sheikh, N., Akram, R., Ali, N., Haque, S. R., Tisha, S., Mahumud, R. A., Sarker, A. R. & Sultana, M. (2020). Infant and young child feeding practice, dietary diversity, associated predictors, and child health outcomes in Bangladesh. Journal of Child Health Care: For Professionals Working with Children in the Hospital and Community, 24(2),260 – 273.

Shenfield, T., Trehub, S. E. & Nakata, T. (2003). Maternal singing modulates infant arousal. Psychology of music, 31(4),365 – 375.

Sheng, X., Wang, J., Li, F., Ouyang, F. & Ma, J. (2019). Effects of dietary intervention on vitamin B12 status and cognitive level of 18-month-old toddlers in high-poverty areas: A cluster-randomized controlled trial. BMC Pediatrics, 19(1),1 – 9.

Shi, L., Zhang, J., Wang, Y., Caulfield, L. E. & Guyer, B. (2010). Effectiveness of an educational intervention on complementary feeding practices and growth in rural China: A cluster randomised controlled trial. Public Health Nutrition, 13(4),556 – 565.

Shinn, L. M., Tangney, C. C., Busche, C., Sharp, C. M. & Mullen, M. C. (2018). Demographic correlates of infant feeding practices and growth performance in the first year of life. International Journal of Pediatrics, 2018.

Shonkoff, J. P., Richter, L., van der Gaag, J. & Bhutta, Z. A. (2012). An integrated scientific framework for child survival and early childhood development. Pediatrics, 129(2),e460 – e472.

Sigel, I. E. (1992). The Belief-Behavior Connection: A Resolvable Dilemma?. Parental Belief Systems

(433 - 456). Psychology Press.

Simmie, E. (2006). Breastfeeding: Different ethnic background, different perceptions? British Journal of Midwifery, 14(1),20 - 26.

Smith, T. K. (2002). The Relationship between knowledge, attributions and behavior in adolescent mothers: Implications for child outcomes (Unpublished doctoral dissertation). University of California.

Song, L., Appleton, S. & Knight, J. (2006). Why do girls in rural China have lower school enrollment? World Development, 34(9),1639 - 1653.

Soofi, S., Cousens, S., Iqbal, S. P., Akhund, T., Khan, J., Ahmed, I., Zaidi, A. K. & Bhutta, Z. A. (2013). Effect of provision of daily zinc and iron with several micronutrients on growth and morbidity among young children in Pakistan: A cluster-randomised trial. The Lancet, 382(9886),29 - 40.

Sohr-Preston, S. L. & Scaramella, L. V. (2006). Implications of timing of maternal depressive symptoms for early cognitive and language development. Clinical Child and Family Psychology Review, 9(1), 65 - 83.

Sprague, J. & Walker, H. (2000). Early Identification and Intervention for Youth with Antisocial and Violent Behavior. Exceptional Children, 66(3),367 - 379.

Steelman, L. C. (1985). A tale of two variables: A review of the intellectual consequences of sibship size and birth order. Review of Educational Research, 55(3),353 - 386.

Stock, J. H. & Watson, M. W. (2003). Introduction to econometrics, 104. Boston: Addison Wesley.

Stoltzfus, R., Mullany, L. & Black, R. (2004). Comparative quantification of health risks: Global and regional burden of disease attributable to selected major risk factors. World Health Organization.

Strauss, J. & Thomas, D. (2008). Health over the life course (In Schultz, T. P., Strauss, J. (eds.), Handbook of Development Economics, 4(1),3373 - 3474.

Suchdev, P. S., Jefferds, M. E. D., Ota, E., da Silva Lopes, K. & De-Regil, L. M. (2020). Home fortification of foods with multiple micronutrient powders for health and nutrition in children under two years of age. Cochrane Database of Systematic Reviews, 2.

Surkan, P. J., Kennedy, C. E., Hurley, K. M. & Black, M. M. (2011). Maternal depression and early childhood growth in developing countries: Systematic review and meta-analysis. Bulletin of the World Health Organization, 89(8),608 - 615E.

Sylvia, S., Warrinnier, N., Luo, R., Yue, A., Attanasio, O., Medina, A. & Rozelle, S. (2021). From Quantity to Quality: Delivering a Home-Based Parenting Intervention Through China's Family Planning Cadres. The Economic Journal, 131(635),1365 - 1400.

Sylvia, S., Xue, H., Zhou, C., Shi, Y., Yi, H., Zhou, H., Rozelle, S., Pai, M. & Das, J. (2017). Tuberculosis detection and the challenges of integrated care in rural China: A cross-sectional standardized patient study. PLOS Medicine, 14(10),e1002405.

Tamis-LeMonda, C. S., Shannon, J. D., Cabrera, N. J. & Lamb, M. E. (2004). Fathers and mothers at play with their 2- and 3-year-olds: Contributions to language and cognitive development. Child Development, 75(6),1806 – 1820.

Tan, C., Luo, J., Zong, R., Fu, C., Zhang, L., Mou, J. & Duan, D. (2010). Nutrition knowledge, attitudes, behaviours and the influencing factors among non-parent caregivers of rural left-behind children under 7 years old in China. Public Health Nutrition, 13(10),1663 – 1668.

Tanner, K. & Turney, D. (2010). What do we know about child neglect? A critical review of the literature and its application to social work practice. Child, Family Social Work, 8(1),25 – 34

Thakur, N., Gupta, A., Chhabra, P. & Dadhich, J. P. (2016). A study of determinants of infant feeding practices in a resettlement colony of Delhi, India. International Journal of Community Medicine and Public Health, 3(12),3357 – 3363.

Thomas, R. & Zimmer-Gembeck, M. J. (2011). Accumulating Evidence for Parent-Child Interaction Therapy in the Prevention of Child Maltreatment. Child Development, 82(1),177 – 192.

Tomopoulos, S., Dreyer, B. P., Tamis-LeMonda, C., Flynn, V., Rovira, I., Tineo, W. & Mendelsohn, A. L. (2006). Books, toys, parent-child interaction, and development in young Latino children. Ambulatory Pediatrics, 6(2),72 – 78.

Tong, L., Shinohara, R., Sugisawa, Y., Tanaka, E., Watanabe, T., Onda, Y., Kawashima, Y., Yato, Y., Yamakawa, N., Koeda, T., Ishida, H., Terakawa, S., Seki, A., Anme, T. & Japan Children's Study Group. (2010). Relationship between children's intelligence and their emotional/ behavioral problems and social competence: Gender differences in first graders. Journal of Epidemiology, 20(Suppl 2),S466 – 471.

Trapolini, T., McMahon, C. A. & Ungerer, J. A. (2007). The effect of maternal depression and marital adjustment on young children's internalizing and externalizing behaviour problems. Child: care, health and development, 33(6),794 – 803.

Treyvaud, K., Anderson, V. A., Lee, K. J., Woodward, L. J., Newnham, C., Inder, T. E., Doyle, L. W., Anderson, P. J. (2010). Parental mental health and early social-emotional development of children born very preterm. Journal of Pediatric Psychology, 35(7),768 – 777.

Tsui, M. & Rich, L. (2002). The only child and educational opportunity for girls in urban China. Gender, Society, 16(1),74 – 92.

Tucker-Drob, E. M., Briley, D. A. & Harden, K. P. (2013). Genetic and environmental influences on cognition across development and context. Current directions in psychological science, 22(5),349 – 355.

UNICEF. (2013). Improving child nutrition: The achievable imperative for global progress. City: United

Nations Children's Fund.

UNICEF, NWCCW & NBS. (2014). Children in China: An atlas of social indicators 2014(Report).

UNICEF, ONU & OMS. (2001). Iron Deficiency Anaemia: Assessment, Prevention and Control. A guide for programme managers. OMS Washington.

Van Kleeck, A., Stone, C. A., Silliman, E. R., Ehren, B. J. & Apel, K. (2004). Joint caregiver-child storybook reading: A route to literacy development. Handbook of language and literacy: Development and disorders, 175–208.

Victora, C. G., Adair, L., Fall, C., Hallal, P. C., Martorell, R., Richter, L. & Sachdev, H. S. (2008). Maternal and child undernutrition: Consequences for adult health and human capital. The Lancet, 371(9609),340–357.

Victora, C. G., Bahl, R., Barros, A. J. D., Franç, G. V. A., Horton, S., Krasevec, J., Murch, S., Sankar, M. J., Walker, N. & Rollins, N. C. (2016). Breastfeeding in the 21st century: Epidemiology, mechanisms, and lifelong effect. The Lancet, 387(10017),475–490.

Wager, S. & Athey, S. (2018). Estimation and inference of heterogeneous treatment effects using random forests. Journal of the American Statistical Association, 113(523),1228–1242.

Walker, S. P., Chang, S. M., Vera-Hernandez, M. & Grantham-Mcgregor, S. (2011). Early childhood stimulation benefits adult competence and reduces violent behavior. Pediatrics, 127(5),849–857.

Walker, S. P., Grantham-Mcgregor, S. M., Powell, C. A. & Chang, S. M. (2000). Effects of growth restriction in early childhood on growth, IQ, and cognition at age 11 to 12 years and the benefits of nutritional supplementation and psychosocial stimulation. Journal of Pediatrics, 137(1),36–41.

Walker, S. P., Wachs, T. D., Gardner, J. M., Lozoff, B., Wasserman, G. A., Pollitt, E., Carter, J. A., Group, I. C. D. S. (2007). Child development: Risk factors for adverse outcomes in developing countries. The lancet, 369(9556),145–157.

Walker, S. P., Wachs, T. D., Grantham-McGregor, S., Black, M. M., Nelson, C. A., Huffman, S. L., Baker-Henningham, H., Chang, S. M., Hamadani, J. D., Lozoff, B., Gardner, J. M. M., Powell, C. A., Rahman, A., Richter, L. (2011). Inequality in early childhood: Risk and protective factors for early child development. The Lancet, 378(9799),1325–1338.

Wang, L., Liang, W., Zhang, S., Jonsson, L., Li, M., Yu, C., Sun, Y., Ma, Q., Bai, Y., Abbey, C., Luo, R., Yue, A., Rozelle, S. (2019). Are infant/toddler developmental delays a problem across rural China? Journal of Comparative Economics, 47(2),458–469.

Wang, L., Mesman, J. (2015). Child Development in the Face of Rural-to-Urban Migration in China: A Meta-Analytic Review. Perspectives on Psychological Science, 10(6),813–831.

Wang, W. (2005). Son preference and educational opportunities of children in China — "I wish you were a boy!". Gender Issues, 22(2),3 – 30.

Watanabe, K., Flores, R., Fujiwara, J. & Tran, L. (2005). Early childhood development interventions and cognitive development of young children in rural Vietnam. Journal of Nutrition, 135 (8), 1918 – 1925.

Waxman, S. R. & Markow, D. B. (1995). Words as Invitations to Form Categories: Evidence from 12- to 13-Month-Old Infants. Cognitive Psychology, 29(3),257 – 302.

Wei, Q. W., Zhang, J. X., Scherpbier, R. W., Zhao, C. X., Luo, S. S., Wang, X. L. & Guo, S. F. (2015). High prevalence of developmental delay among children under three years of age in poverty-stricken areas of China. Public Health, 129(12),1610 – 1617.

Weitzman, C. & Wegner, L. (2015). Section on Developmental and Behavioral Pediatrics. Committee on Psychosocial Aspects of Child and Family Health. Council on Early Childhood. Society for Developmental and Behavioral Pediatrics. American Academy of Pediatrics. Promoting optimal development: Screening for behavioral and emotional problems. Pediatrics, 135(2),384 – 395.

Whiffen, V. E., Gotlib, I. H. (1989). Infants of postpartum depressed mothers: Temperament and cognitive status. Journal of Abnormal Psychology, 98(3),274 – 279.

WHO. (2013). Essential Nutrition Actions: Improving Maternal, Newborn, Infant and Young Child Health And Nutrition. World Health Organization.

WHO. (2019). Essential Nutrition Actions: Mainstreaming Nutrition through the Life-course. World Health Organization.

WHO. (1983). Infant and young child nutrition. World Health Organization.

WHO. (2006). child growth standards: Length/height-for-age, weight-for-age, weight-for-length, weight-for-height and body mass index-for-age: Methods and development. World Health Organization.

WHO. (2009). Infant and young child feeding: Model chapter for textbooks for medical students and allied health professionals. World Health Organization.

WHO. (2011). Haemoglobin concentrations for the diagnosis of anaemia and assessment of severity. World Health Organization.

WHO. (2012). "Risks to mental health: An overview of vulnerabilities and risk factors," in Background paper by WHO Secretariat for the Development of a Comprehensive Mental Health Action Plan. World Health Organization.

Wilson, J. Q. (2019). Bureaucracy: What government agencies do and why they do it. Hachette UK.

Windsor, J., Glaze, L. E. & Koga, S. F. (2007). Language acquisition with limited input: Romanian institution and foster care.

Wolf, A. W., De Andraca, I. & Lozoff, B. (2002). Maternal depression in three Latin American samples. Social psychiatry and psychiatric epidemiology, 37(4),169 - 176.

Wu, K. B. , Young, M. E. & Cai, J. (2012). Early child development in China: Breaking the cycle of poverty and improving future competitiveness. World Bank Publications.

Wu, P. , Robinson, C. C. , Yang, C. , Hart, C. H. , Olsen, S. F. , Porter, C. L. , Jin, S. , Wo, J. & Wu, X. (2002). Similarities and differences in mothers' parenting of preschoolers in China and the United States. International Journal of Behavioral Development, 26(6),481 - 491.

Wu, Q. , Scherpbier, R. W. , Van Velthoven, M. H. , Chen, L. , Wang, W. , Li, Y. , Zhang, Y. & Car, J. (2014). Poor infant and young child feeding practices and sources of caregivers' feeding knowledge in rural Hebei Province, China: Findings from a cross-sectional survey. BMJ open, 4(7),e005108.

Yeung, J. W. , Linver, M. R. & Brooksgunn, J. (2014). How Money Matters for Young Children's Development: Parental Investment and Family Processes. Child Development, 73(1),1861 - 1879.

Yisen, Z. & Jiulai, T. (2002). Comparison of seperate intelligence quotient items between only child and child with siblings. Acta Universitis Medicinalis Nahui, 37(3),216 - 218.

Yue, A. , Gao, J. , Yang, M. , Swinnen, L. , Medina, A. & Rozelle, S. (2018). Caregiver Depression and Early Child Development: A Mixed-Methods Study From Rural China. Frontiers in Psychology, 9,2500.

Yue, A. , Shi, Y. , Luo, R. , Chen, J. , Garth, J. , Zhang, J. , Medina, A. , Kotb, S. & Rozelle, S. (2017). China's invisible crisis: Cognitive delays among rural toddlers and the absence of modern parenting. The China Journal, 78(1),50 - 80.

Yue, A. , Shi, Y. , Luo, R. , Wang, B. , Weber, A. , Medina, A. , Kotb, S. & Rozelle, S. (2019). Stimulation and early child development in China: Caregiving at arm's length. Journal of Developmental, Behavioral Pediatrics, 40(6),458 - 467.

Yue, A. , Wang, X. , Yang, S. , Shi, Y. , Luo, R. , Zhang, Q. , Kenny, K. & Rozelle, S. (2017). The relationship between infant peer interactions and cognitive development: Evidence from rural China. Chinese Journal of Sociology, 3(2),193 - 207.

Yue, A. , Zhang, N. , Liu, X. , Tang, L. , Luo, R. , Yang, M. , Rozelle, S. & Medina, A. (2018). Do infant feeding practices differ between grandmothers and mothers in rural China? Evidence from rural Shaanxi Province. Family, Community Health, 41(4),233 - 243.

Zajonc, R. B. (1976). Family Configuration and Intelligence: Variations in scholastic aptitude scores parallel trends in family size and the spacing of children. Science, 192(4236),227 - 236.

Zajonc, R. B. & Markus, G. B. (1975). Birth order and intellectual development. Psychological Review, 82(1),74.

Zajonc, R. B. & Mullally, P. R. (1997). Birth order: Reconciling conflicting effects. American

Psychologist, 52(7),685.

Zavoshy, R., Noroozi, M., Jahanihashemi, H. & Kiamiri, D. (2012). Nutritional intervention on malnutrition in 3 - 6 years old rural children in Qazvin Province, Iran. Pakistan Journal of Biological Sciences: PJBS, 15(7),347 - 352.

Zeanah, C. H., Nelson, C. A., Fox, N. A., Smyke, A. T., Marshall, P., Parker, S. W. & Koga, S. (2003). Designing research to study the effects of institutionalization on brain and behavioral development: The Bucharest Early Intervention Project. Development and Psychopathology, 15(4), 885 - 907.

Zhang, H., Behrman, J. R., Fan, C. S., Wei, X. & Zhang, J. (2014). Does parental absence reduce cognitive achievements? Evidence from rural China. Journal of Development Economics, 111,181 - 195.

Zhang, L., Shen, S., He, J., Chan, F., Lu, J., Li, W., Wang, P., Lam, K. B. H., Mol, B. W. & Yeung, S. L. A. (2018). Effect of interpregnancy interval on adverse perinatal outcomes in Southern China: A retrospective cohort study, 2000 - 2015. Paediatric and Perinatal Epidemiology, 32(2), 131 - 140.

Zheng, Y.-P. & Lin, K.-M. (1994). A nationwide study of stressful life events in Mainland China. Psychosomatic medicine, 56(4),296 - 305.

Zhou, H., Mo, D., Luo, R., Yue, A. & Rozelle, S. (2016). Are Children with Siblings Really More Vulnerable Than Only Children in Health, Cognition and Non-cognitive Outcomes? Evidence from a Multi-province Dataset in China. World Economy, 24(3),3 - 17.

Zhou, H., Sun, S., Luo, R., Sylvia, S., Yue, A., Shi, Y., Zhang, L., Medina, A. & Rozelle, S. (2016). Impact of Text Message Reminders on Caregivers' Adherence to a Home Fortification Program Against Child Anemia in Rural Western China: A Cluster-Randomized Controlled Trial. American Journal of Public Health, 106(7),1256 - 1262.

Zhou, H., Wang, X.-L., Ye, F., Zeng, X. L. & Wang, Y. (2012). Relationship between child feeding practices and malnutrition in 7 remote and poor counties, PR China. Asia Pacific Journal of Clinical Nutrition, 21(2),234 - 240.

Zhou, S., Zhao, C., Huang, X., Li, Z. & Scherpbier, R. W. (2019). The effect of a community-based, integrated and nurturing care intervention on early childhood development in rural China. Public Health, 167,125 - 135.

Zlotkin, S., Arthur, P., Schauer, C., Antwi, K. Y., Yeung, G., & Piekarz, A. (2003). Home-fortification with iron and zinc sprinkles or iron sprinkles alone successfully treats anemia in infants and young children. The Journal of Nutrition, 133(4),1075 - 1080.

附表 1 养育干预对儿童早期发展影响的因果链

		投入	活动/过程	产出	中期结果	长期结果
内容		1. 资金、物资、课程 2. 信息系统、督导系统搭建 3. 养育中心建设 4. 工作人员招募与培训	1. 开展家长培训 2. 养育师组织开展活动	1. 家长参加培训 2. 家长和儿童参加课程和活动 3. 家长借书、借玩具	1. 家长养育知识和观念转变 2. 家长心理健康得到改善 3. 家庭投资行为、养育环境、养育行为得到改善	儿童早期发展水平改善
假定条件	内容	1. 中心选址便捷 2. 玩具、绘本、IT系统及时到位 3. 培训通俗易懂，养育师和管理人员掌握工作内容 4. 课程/活动内容和配套玩具符合儿童发展需要 5. 养育师了解当地情况且数量合适 6. 资金充足	1. 家长培训内容通俗易懂，时间适宜 2. 课程、活动开展时间事宜 3. 养育师服务质量好 4. 养育中心日常管理井然有序 5. IT系统运作正常	家长理解并掌握活动内容并了解了早期发展重要性	家庭养育知识、养育态度、养育行为以及家长心理健康水平与儿童早期发展水平有因果关系	儿童早期发展水平的测试 量表通过信效度检验

衡量指标	投　入	活动/过程	产　出	中期结果	长期结果
	1. 费用支出 2. 参加培训的养育师和管理中心干事人数 3. 养育中心/服务点数量 4. 玩教具和绘本数量 5. 信息管理系统运转情况	1. 中心/服务点运营指标：开关门天数/上门服务次数、中心卫生评价 2. 服务质量指标： 强度：养育师定期提醒家庭参与课程和活动次数、养育师督促家长借书、借玩具回家次数 内容：养育师正确并通俗易懂地讲解和示范课程次数、养育师有效组织集体活动次数 关系：养育师与家庭关系、家庭间关系、家庭满意度 3. 管理中心指标：管理中心干事与养育师关系、督导次数、按时发放工资次数、组织社区宣传次数	1. 家庭参与指标： 签到率、一对一课程参与次数和时长、集体活动参与次数与时长、绘本和玩具借阅/用频率 2. 关系指标： 家长满意度、家庭交往频率	家长养育知识 家长养育观念 家长抑郁倾向 家庭养育环境 家长养育行为	儿童语言、运动、认知和社交情绪能力测评